1. Auflage 2019

Autor: Michael Fleischberger

Umschlaggestaltung: tao.de

Foto: Wegmarke im Tavignano-Tal, Corte, Korsika

© by Daniela Sailer - I´ll be with you

Verlag: tao.de in Kamphausen Media GmbH, Bielefeld

www.tao.de, e-mail: info@tao.de

Herstellung: tredition GmbH, Halenreihe 40-44, 22359 Hamburg

Bibliographische Information der deutschen Nationalbibliothek:

Die deutsche Nationalbibliothek verzeichnet diese Publikation in der Deutschen Nationalbibliographie; detaillierte bibliographische Daten abrufbar unter http://dnb.d-nb.de

ISBN Hardcover: 978-3-96240-509-0

ISBN Paperback: 978-3-96240-508-3

ISBN e-book: 978-3-96240-510-6

Inhalt

> Einleitung

> Hier und Jetzt

> Kann man Bewusstsein eigentlich messen?

> *Wo* bin ich – oder:
Hat die Seele überhaupt einen Ort?

> Morphische Resonanz

> Nichtlokalität und Selbstorganisation

> Das Sender/Empfänger-Modell der Realität

> Gibt es einen *Plan* für diese Welt?

> Der Terrorist in unserem Kopf

> Das Feuer der Liebe

> Der inneren Stille Raum geben

> Die Welt anhalten

> Absichtslos

> Vom inneren Kompass leiten lassen

> Polarität und Einheit

> Leben und Sterben für Anfänger und Profis

> Eigentum und Besitz

> Von der Waren-Demokratie -
zur *wahren* Demokratie

> Das Wesen der Erde

> Organisiert - oder lieber *organisch*?

> Plädoyer für Frieden mit der Natur

> Die Macht der Gewohnheit

> Strukturen und Muster

> Spiritualität und Entheogene

> Die Kunst der Verwandlung

> Der heilige Kreis

> Bewusstsein und Materie

> Augenblick und Ewigkeit

> Diener des Lebens

> Vom Wollen zum Sein

> Leben heißt Lieben

Einleitung

Glauben Sie, in welcher Form auch immer, an eine geistige Macht, die dieser Welt wesenhaft zugrunde liegt? Als ich jung war tat ich das zumindest nicht. Wie, so fragte ich mich einerseits, sollte man sich das Wirken eines übergeordneten, *bewussten* Wesens wohl vorstellen, das die gegenwärtig zu beobachtende Ungerechtigkeit, Gewalt und Lüge auf einem immer lückenloser von uns Menschen beanspruchten, kontrollierten und ausgebeuteten Planeten zulässt?

Mit Mitgefühl, Verbundenheit oder gar ***Liebe*** hatte das alles, meiner Meinung nach jedenfalls, herzlich wenig zu tun. Und welche Notwendigkeit sollte es andererseits auch geben, an eine transzendierende, jenseitige, immateriell-geistige Welt zu glauben, wenn doch naturwissenschaftliche Erkenntnis immer mehr Geheimnisse und Wunder der Schöpfung als objektiv-kausal erklärbar entzaubert und es nicht mehr allzu lange dauern konnte, „Gottes Plan" als bloße mathematische Gesetzmäßigkeit zu entschlüsseln, die der Mensch vollständig rational erfassen - und auch *manipulieren* - kann und darf?

Die Antwort auf die *zweite* Frage ist natürlich im Grunde genommen relativ einfach: Je tiefer die moderne Naturwissenschaft in die Geheimnisse der Natur eintaucht, desto größer werden ganz offensichtlich auch die staunenden Augen. So sind zum

Beispiel bestimmte, „nicht-lokale" Eigenschaften der subatomaren Materie - aktuell ein unglaublich wichtiger Forschungsgegenstand auf Quantenebene - mittlerweile experimentell sogar erwiesen. Und dennoch sind diese, etwas verrückt zu nennenden Phänomene bislang keineswegs vollständig zu erfassen oder gar mathematisch zu erklären. Wahrscheinlichkeit ist eben ***nicht*** gleich Exaktheit.

Bereits die rein *materiellen* Konsequenzen dieser quantenphysikalischen Realität unserer Welt sind, siehe Quantenkryptographie, Nanotechnologie, Laser usw., mitunter recht gewaltig. Welche erkenntnistheoretischen, weltanschaulichen und philosophischen Folgerungen aber darüber hinaus *noch* aus diesem geradezu *spukhaften* Verhalten (Albert Einstein) zu ziehen sind - und natürlich auch, welche neuen Möglichkeiten des Verständnisses für zwei der vielleicht wichtigsten und elementaren Rätsel bzw. Phänomene dieser Welt sich daraus ergeben könnten - ist definitiv völlig offen und bleibt weiterhin ungeheuer spannend.

Diese beiden Rätsel sind: Welcher ***Zusammenhang*** besteht eigentlich ***genau*** zwischen der objektiven, *materiellen* Welt einerseits und der Entstehung subjektiver, individueller, immaterieller, *psychischer* Bewusstseinsprozesse andererseits? Und: Kann man ***Leben*** wohl jemals ***restlos*** rein mechanisch-materiell erklären - bzw. gar künstlich erzeugen? Oder müssen wir nicht vielmehr die Möglichkeit einer objektiv nicht mehr näher bestimmbaren ***geistigen Ebene*** dieser Welt, sozusagen als grundlegende „Lebensbasis", zumindest als Arbeitshypothese in Erwägung ziehen?

Phänomene, wie *Nicht-Lokalität* oder auch die im gleichen Zusammenhang stehende *Verschränkung,* bieten uns aktuell eine recht neue Möglichkeit des *ganzheitlichen* Verständnisses, die lange Zeit objektiv und rational als absolut undenkbar galt und sogar vehement bekämpft wurde. Sie deuten nämlich an, dass es in unserer realen Welt *nachweislich* Phänomene gibt, die einen ganz konkreten, *nicht-lokalen* ***Einfluss*** rein informativer, *geistiger* Prozesse, Strukturen oder auch Felder auf die materielle Realität als ***wahrscheinlich*** nahe legen. Dieser Ansatz bietet uns somit auch die Chance, eine seit langem weltweit praktizierte spirituelle Haltung auf moderne Weise neu zu interpretieren und die mystische Erfahrung wieder mit der naturwissenschaftlichen Ebene der Erkenntnis zu verbinden.

Es gibt weitere Anhaltspunkte (die allerdings nicht als *Beweise* missverstanden werden sollten), welche uns die elementare Bedeutung naturwissenschaftlicher Forschung für ein spirituell vollständigeres oder auch *ganzheitliches* Weltbild erkennen lassen können. So sind zum Beispiel viele der elementar-relevanten physikalisch-chemischen Parameter in unserem Universum ganz exakt in *genau* der Art und Weise sozusagen *aufeinander abgestimmt*, dass nach Jahrmilliarden der Entwicklung *geradezu zwangsläufig* ein *biologisch-lebendiger* Kosmos entsteht - ein Phänomen, das die Wissenschaft in offenbar gewaltiger Überhöhung der eigenen kosmischen Relevanz „anthropologisches Prinzip" getauft hat.[1]

Diese Abstimmung (oder auch *Bezogenheit*) ist in natürlichen Systemen, Strukturen und Prozessen so allgegenwärtig, dass es den bekannten amerikanischen Physiker Freeman Dyson in den 1980er Jahren bereits zu folgender, für einen Wissenschaftler eigentlich recht bemerkenswerten Aussage animierte:

> „Es sieht also so aus, als ob das Universum in einem gewissen Sinne ***gewusst*** habe, dass es uns irgendwann geben wird."

Die *mathematische* Antwort auf dieses bewusste Wunder ist schlicht: *Gesetzmäßigkeit* und Zufall. Wir leben eben *zufällig* in eben jenem einen von unendlich vielen (Parallel)-Universen, in dem, natürlich ausschließlich von seelenlosen mathematischen Gesetzen gelenkt, Bedingungen verwirklicht sind, die Leben ermöglicht haben (und die wir somit als lebendige Wesen auch beobachten und beschreiben können). In Myriaden anderer, ebenfalls existenter Universen dagegen herrsche beziehungslose, öde Leere.

Doch abgesehen davon, dass die Widerlegung dieser „Theorie" natürlich absolut unmöglich ist, als Arbeitshypothese somit nichts taugt und daher auch keine Wissenschaftlichkeit für sich beanspruchen darf, hat die Entwicklung der Grundlagenforschung der vergangenen Jahrzehnte jedoch vor allem eines sehr deutlich gezeigt: Je mehr man ein bestimmtes Problem auf mathematisch-objektive Weise eingegrenzt zu haben glaubte, desto beharrlicher stellten sich *neue* Fragen und Erkenntnislücken ein, deren Zusammenhang mit dem ursprünglichen Phänomen einfach nicht vernachlässigbar sind.

Und je verbissener man die berühmte mathematische Formel für Alles, die Weltformel (*Theorie of everything* - TOE) zu entdecken und zu beweisen versucht, *desto weiter* scheint ein grundlegender, ***ausschließlich*** mathematischer Zusammenhang der „Welt an sich" in die Ferne zu rücken. Immer neue und geheimnisvollere Teilchen und Felder tauchten auf, freie Parameter oder auch sonstige Anpassungen an das in etlichen Computersimulationen generierte „Modell" des Universums wurden nötig usw., die das Ganze mittlerweile schon ein wenig unschön oder gar skurril erscheinen lassen. Ich sollte an dieser Stelle vielleicht erwähnen, dass diese beiden Aussagen natürlich kaum im Einklang stehen mit dem, was man wissenschaftlicher Mainstream nennt. Nach wie vor ist es das *mechanistisch-reduktionistisch-mathematische*

Universum, das als Weltmodell hartnäckig zu erklären und auch zu beweisen versucht wird - nicht zuletzt wieder verstärkt nach den beiden Jahrhundertentdeckungen des „Gottesteilchens" (Higgs-Boson) und vor allem auch der Gravitationswellen.[2]

Aber: Die Wissenschaftsgeschichte hat schon des öfteren deutlich gezeigt, dass Paradigmen oder auch Dogmen *veränderbar* sind, wenn neue Erkenntnisse dies unvermeidbar machen - mitunter sogar recht spontan, wie nicht nur am Beispiel der Relativitätstheorie anschaulich gezeigt werden kann. Und gerade auch einige der aktuelleren Erkenntnisse der modernen Naturwissenschaft ***selbst*** sind es, die die ***ausschließlich*** mathematisch-rationale Position - und zwar seit einiger Zeit bereits - tatsächlich immer unhaltbarer wirken lassen.

Manche Forschungsergebnisse, die im Informationsoverkill der heutigen Kommunikationsmöglichkeiten allerdings nicht immer so leicht zu entdecken und zu verstehen sind, machen eine objektive Realität auch auf ***rationale*** Art verständlich und erfahrbar, in der eine grundlegende ***emergente, komplementäre Verbundenheit*** des Universums ***als Ganzes*** besteht. Wir beginnen auch auf naturwissenschaftlichem Weg einen Kosmos (wieder) zu entdecken, in dem Alles mit Allem auf unglaubliche und vielfältige Weise ***miteinander verknüpft*** ist, existentiell aufeinander angewiesen ist und interagiert. Eine Welt, in der Prozesse, Felder und Systeme erkennbar sind, die ***definitiv*** nicht-messbaren (oder auch kontrollierbaren) Charakter besitzen, die somit tatsächlich *außerhalb* unseres *direkten* Einflussbereiches liegen und diesen dadurch auf objektive Weise nachvollziehbar *transzendieren.*

Die wissenschaftliche Forschung hat schon längst damit begonnen, auch auf rationalem Weg verständlich zu machen, ***wie*** der Mensch in die Gesamtheit des Weltgefüges eingebettet ist - und das er damit einen untrennbaren ***Teil*** dieser Welt darstellt, der ***auf sich alleine gestellt niemals existieren*** kann. Diese Erkenntnis aber steht nicht nur in exakter Entsprechung und Übereinstimmung zu einer jahr-tausendealten, auf intuitive, individuelle, *spirituelle* Weise errungenen Erfahrung - oder auch Gewissheit - der Mystiker von der *unzerstörbaren* ***Einheit alles Lebendigen***. Sie ist definitiv auch ganz gut dazu geeignet, uns aus sehr naheliegenden Gründen die aktuelle Notwendigkeit einer gewissen Bescheidenheit, Rücksicht, Geduld oder auch Demut hinsichtlich unserer Art der Naturaneignung ein wenig einsichtiger werden zu lassen.

Es könnte sich daher schon sehr bald herauszustellen beginnen, dass der ***wahre*** Wert und die Bedeutung der Naturwissenschaften eben ***nicht*** in erster Linie darin liegen könnte, uns die Segnungen der modernen

Technik und den dadurch realisierbaren Komfort und materiellen Wohlstand zu ermöglichen - zumal die *Grenzen* dieser Möglichkeiten aktuell schon längst erkennbar geworden sind. Es könnte sein, dass ihr eigentlicher, ihr *evolutionärer* Sinn sozusagen, in einer Erweiterung des menschlichen Bewusstseins hin zu einer *direkten rationalen Erkundung* und *Erfahrung* des „Wunders der Schöpfung" besteht.

Indem die Naturwissenschaft dazu beiträgt, „das Buch, das der Finger Gottes geschrieben hat" (Paracelsus) zu lesen - und somit *auch auf rationale Weise* zu verstehen - könnte sie im 21. Jahrhundert zu einer der wichtigsten und dringend benötigten Grundlagen einer neuen, einer ***globalen*** Spiritualität werden, die die aktuell erkennbare weltweite, ideologische, nationalistische *und* religiöse Verwirrung mit ihren gewaltigen negativen Folgen für die Menschen *und* für die Welt langfristig zu überwinden helfen kann.

Ein wichtiger Grund dieses Buches zu schreiben war es daher, anhand einiger bislang eher vernachlässigten, wissenschaftlichen Beispiele an die *grundsätzliche* ***Verwandtschaft*** der beiden seit Jahrhunderten getrennten und traditionell eher verfeindeten, elementaren Wege menschlicher Erkenntnisfähigkeit - Naturwissenschaft und Spiritualität - zu erinnern, und die ***Einheit*** dieser beiden wohl existentiellen Pfade der Weisheit auch auf kognitive, *rationale* Weise (hoffentlich) ein wenig verständlicher und erfahrbarer zu machen.

Ein anderer Grund ergab sich aus meiner ganz privaten Antwort auf die eingangs erwähnte erste Frage: ***Gibt*** es ein „geistiges Prinzip", gibt es dass, was wir im christlichen Kontext *Gott* nennen, überhaupt? Ich habe diese Frage *für mich* - und zwar ***nur*** für mich - entschieden, denn ich habe es tatsächlich kennengelernt, unmittelbar, direkt und auch ganz unabweisbar. Man kann es vielleicht am ehesten noch als eine Art *bewussten Geist* beschreiben, mit dem wir immer und überall untrennbar ***verbunden*** sind, weil er seit je in uns wohnt - und natürlich auch in allen anderen Dingen, Strukturen, Elementen, Wesen, Systemen und Prozessen im Universum.

Als ich etwa 22 Jahre alt war, „traf" mich bei einem sehr erstaunlichen Spaziergang diese Erkenntnis im Zusammenhang mit einer mystischen und gleichzeitig auch unglaublich realen, lebendigen Naturerfahrung: Egal, was in meinem Leben auch passieren mag, alles wird gut - alles ***ist*** gut - denn dieser allumfassende „Geist" *ist stets in mir*. Jederzeit, an jedem Ort, nicht verhandelbar und gleichzeitig auch absolut unzerstörbar.

Nur die individuelle ***Freiheit der Entscheidung*** ist es, die diese Erkenntnis manchmal auch heute noch vor gewisse Probleme stellt. Die *Angst*, der *Schmerz*, die *Traurigkeit*, die *Wut*, der *Frust*, das *Leid* und andere, in der Regel ausschließlich als negativ empfundene, intensive Gefühle - aber auch so positive Empfindungen wie beispielsweise die *Lust*, die nicht verstanden oder auch fehlgeleitet sein kann (und natürlich auch andere schwierige Erfahrungen und Herausforderungen des Lebens) - können aber durchaus auch als *Helfer* verstanden werden. Als eine Art *Lernaufgabe*, auf dem Weg zu einem erfüllten und sinnhaften Leben *im Einklang* mit der ***Einheit*** dieser Welt.

Auch in diesem Zusammenhang möchte ich den ein oder anderen ganz persönlichen Bezug vorstellen, der vielleicht für manchen als Anregung oder als Hilfe dienen kann, mit der ***eigenen*** Erfahrung von Leid, Angst, Frust und Schmerz usw. - vielleicht - etwas achtsamer und konstruktiver umgehen zu können.

Dieses Buch entstand zum größten Teil im Licht der Morgensonne. Es wurde jedoch weniger *geschrieben*. Es ist eigentlich eher - beinah organisch - über lange Zeit gewachsen. Es erwuchs im Laufe einer langjährigen, manchmal mitunter recht wechselhaften, leidvollen und keineswegs immer nur angenehmen *Erfahrung* mit der Welt und sollte daher auch mit einer gewissen Nachsicht gelesen werden. Manche Dinge werden sich vielleicht wiederholen, andere dagegen wohl etwas zu kurz kommen. Auch wurde mal hier etwas hinzugefügt, mal dort etwas weggelassen, was den roten Faden dieses Buches vielleicht an manchen Stellen ein wenig schwammig (oder auch „unscharf") erscheinen lassen mag. Ich hoffe und glaube aber dennoch, dass dieser rote Faden deutlich erkennbar geblieben ist: ***Wir sind alle eins***. Wir ***leben verbunden*** in ***einer*** Welt. Und: Unser *innerster Wesenskern* ist ***immer*** mystisch und heilig zugleich - egal, wie wissenschaftlich wir auch denken mögen oder was vielleicht „objektiv" in dieser Welt auch so alles geschehen mag.

Unser eigener, persönlicher, stets subjektiver, gleichzeitig aber immer auch naturwissenschaftlich unterstützter ***Kontakt*** mit der ***Einheit der Natur*** kann uns auf vielfältige Art dabei helfen, in einer aktuell offenkundig immer unsicherer und schwieriger werdenden Welt im *Hier* und *Jetzt* aufzuwachen, Geborgenheit, Sicherheit, Hilfe und inneren Frieden zu finden - und aus tiefstem Herzen zu ***lieben***.

Hier und Jetzt

Schon lange bevor Religion entstanden ist, lange bevor naturwissenschaftliche Erkenntnis unser Leben beeinflusst und verändert hat, gab es bereits die mystische Erfahrung. Seit vielen Jahrtausenden ist das ***Eins-Werden*** mit dem Urgrund Kern und Ziel dieser Erfahrung - und das weltweit, obwohl die unterschiedlichen Kulturen zumeist kaum einen Kontakt zueinander hatten. Die Antwort auf die altbekannte Frage, ob denn der moderne Mensch denn überhaupt noch Religion und Spiritualität im Sinne einer inneren Rückbesinnung auf den göttlichen Urgrund brauche - ob wir also tatsächlich an Gott *glauben* können, sollten oder auch dürfen - ist daher im Grunde *für uns alle* sehr einfach zu beantworten:

Wir ***sind*** Religion. Wir sind seit den Ursprüngen des Menschseins spirituelle Geschöpfe, deren tiefster, innerer Wesenskern göttlicher Natur ist. Daher ist auch in jedem Einzelnen von uns die Sehnsucht nach wirklicher, nach *echter* Verbundenheit im ***Hier*** und ***Jetzt*** und nach einem erfahrbaren Sinn und Ziel unseres Daseins jenseits von materieller Hast und Verblendung verborgen. Eine Vernachlässigung der Bedürfnisse dieser geistigen Dimension unseres Seins dagegen, also eine Verweigerung unserer Selbsttranszendenz, führt letztlich, beinah *automatisch*, zu mehr Krankheit, Not, Leid, Angst und Schmerz - und zwar *sowohl* individuell *als auch* im gesellschaftlich-globalen Kontext.

Nur die *Wege* der einzelnen religiösen Traditionen, Lehren und Rituale sind verschieden. Der *Kern* aller Religionen jedoch ist stets eins: Die ***Liebe*** ist ***immer*** das ***verbindende*** *Element*. Je schneller wir daher die

Notwendigkeit einer *säkularen Ethik* (Dalai Lama) oder auch einer *transkonfessionellen Spiritualität* (Willigis Jäger) im persönlichen *und* im gesellschaftlich-globalen Rahmen erfahren, verstehen und im Alltag umsetzen, desto eher besteht Hoffnung auf Veränderung und Heilung in einer Welt, deren Potenzen paradiesisch sein können, aber auch zerstörerisch, je nachdem, ***wie*** wir uns entscheiden.

Im Zusammenhang mit dem, was Mystik und Spiritualität als *Einheits-* oder auch *Erwachens-erfahrung* versteht, gibt es also ***sowohl*** eine ganz persönliche, individuelle, subjektive Ebene ***als auch*** einen globalen, kollektiven, objektiven Bezug. Der *objektive* Zusammenhang ist: Ein **Bewusstseinssprung** hin zu einem ganzheitlich orientierten Weltbild, das neben der materiellen, wissenschaftlich erfassbaren Ebene der Natur die spirituelle, geistige Dimension mit einzuschließen bereits ist, wird definitiv *eine der wichtigsten Voraussetzungen* für unseren weiteren Evolutionserfolg als Spezies auf diesem Planeten sein. Diese wohl sehr weitreichende und vielleicht auch etwas „absolut" klingende Aussage bedarf natürlich einer gewissen Erklärung, bevor ich näher auf den subjektiven Zusammenhang eingehen kann.

Die unbestreitbaren Erfolge der wissenschaftlichen Methode haben bekanntlich zur Verfestigung eines Weltbilds geführt, dass als *materialistisch* bezeichnet werden kann. Das Bild eines Universums, das als gigantische, mathematische Weltmaschine praktisch „wie ein Uhrwerk" nach *a priori* (also vor jeder Erfahrung) absolut feststehenden und unveränderbaren Regeln und *Gesetzen* funktioniert, hat die Realität auf diesem Planeten jedoch wohl umfassender und auch entscheidender verändert, als dies zunächst beabsichtigt war. Dieses „Bild der Welt" bestimmt nämlich mittlerweile nicht nur die *Richtung* nahezu der gesamten weltweiten Forschung, sondern erobert zunehmend auch unseren Alltag, wie leicht nicht nur am Siegeszug der Algorithmen erkannt werden kann.

Die Systematik der wissenschaftlichen Methode, zunächst unlösbar erscheinende Phänomene *in Teilbereiche zu zerlegen* (Reduktionismus) und sie dann im Experiment so objektiv wie möglich zu untersuchen (zu messen, zu simulieren, zu analysieren und schließlich auch zu kontrollieren), hat sich definitiv als *so* erfolgreich etabliert, dass diese Praxis zunehmend auf *alle* gesellschaftlichen Bereiche angewandt wird, auch wenn offensichtlich *nicht-rationale, nicht lokale, kausal-vernetzte, chaotische, emergente* oder auch sonstige Zusammenhänge vorliegen, die eigentlich eher *ganzheitlich* inspirierte Vorgehensweisen nahelegen.

Neben dem unbestreitbar großen Erfolg der Methode ist aufgrund dieser Form der Naturaneignung aber mittlerweile nicht nur zunehmender Wohlstand zu beobachten. Auch eine ganze Reihe von *globalen Problemen* sind entstanden, deren Folgen definitiv nicht mehr vernachlässigbar erscheinen: Überbevölkerung, Antibiotikaresistenzen und vor allem der Klimawandel (bzw. daraus resultierende, kaum mehr zu beherrschende Flüchtlingsströme) können hier nur als einige der wichtigsten und auch dringlichsten Beispiele gelten. Diese Probleme aber müssen eben *auch* als *direkte Folgen* eines mittlerweile globalisierten Kulturentwurfes angesehen werden, welcher nach wie vor objektive Rationalität und materielles, wirtschaftliches Wachstum über alles stellt - oder sogar als nicht hinterfragbare, quasi naturgegebene Notwendigkeit einer jeden wirtschaftlich-politischen Entwicklung betrachtet.

Das weltweit angewandte Prinzip Wachstum bedient sich dabei immer eindeutiger - und auch immer gnadenloser - der reduktionistisch-rational-objektiven Methode, der *Mathematisierung der Natur* also, wie sie bereits auf vielfältige Art und Weise beschrieben worden ist. Mithilfe dieses Gesellschaftsentwurfes sollen natürlich in erster Linie die momentanen Machtstrukturen etabliert und gleichzeitig auch friedliche völkerrechtliche Verhältnisse stabilisiert werden. Es wird der *Glaube* propagiert, was aufgrund der Lernerfahrung aus dem Zweiten Weltkriegs auch durchaus nachvollziehbar und „logisch" ist, dass *nur* durch den kapitalistisch orientierten Gesellschaftsentwurf des „immer mehr" einer als sozial beschriebenen Marktwirtschaft ein grundlegender Friede zwischen den Völkern - und auch zwischen den Menschen, die diese, mittlerweile globalisierte Gesellschaft bilden, entwickelt, gefördert und beibehalten werden könne.

Menschen, die miteinander auf vielfältige Art und Weise durch Handel verbunden sind, führen keine Kriege. Doch stimmt diese lange Zeit durchaus gültige Botschaft überhaupt noch in einer Welt, deren kriegerisches Potential mittlerweile Dimensionen erreicht hat, die vor 100 Jahren undenkbar, ja sogar absolut unvorstellbar waren? In der Kriege, Krisen und bewaffnete Konflikte einen *Höchststand* erreicht haben und wo so viele Menschen weltweit auf der Flucht sind, wie definitiv noch niemals zuvor? In der immer mehr Menschen der „zivilisierten Welt" aus vielerlei Gründen immer gleichgültiger werden und *Überlastungssymptome* entwickeln, die nicht mehr so einfach nur schulmedizinisch oder medikamentös weg zu therapieren sind? In der der Terror ständig zunimmt und die Doppelmoral beim Umgang mit befreundeten und gegnerischen System und Staaten beinahe zum Politikprinzip erhoben wird? Und auch eine Welt, in der gleichzeitig - und vielleicht sogar auch aus ganz ähnlichen Gründen - sich immer mehr Menschen in immer eindeutigerer Weise radikal, extrem und/oder anderweitig „psychisch auffällig" verhalten? Es liegt natürlich nahe und ist aufgrund der evolutiven Beschaffenheit der menschlichen Natur auch nur zu verständlich, dass einige der größten Ängste der wirtschaftlich/politischen Lenker dieser Welt der Verlust ihrer Macht und ihres Einflussbereiches zu sein scheint. Doch: Diese Macht schwindet offenkundig *sowieso* bereits zusehends. Und auch die Kontrolle scheint aktuell ein wenig zu entgleiten – und zwar weltweit.[3]

Es ist also aus einigen guten Gründen längst schon mehr als berechtigt die *grundsätzliche* Systemfrage zu stellen: Die Frage nämlich, ob das ***rein*** *mathematische* (mechanistische, deterministische, materielle usw.) Weltbild *eigentlich überhaupt noch zeitgemäß* ist? Deutlicher und vielleicht auch etwas krasser formuliert: Ob es nicht eine geradezu *existenzielle Lernaufgabe* des Menschen als global agierender Spezies ist, dieses jahrhundertealte und lange Zeit sehr erfolgreiche Ideal zugunsten eines zukunftsfähigen, fortschrittlicheren Weltbildes zu korrigieren, welches *einerseits* natürlich *zwingend* demokratisch orientiert sein *muss, andererseits* aber auch umfassend *ganzheitlich* inspiriert ist - dass also sowohl die elementaren Grenzen und Gesetze der Natur als auch die geistigen Prinzipien dieser Welt mit einzuschließen bereit ist. Doch:

> „Es fehlt uns der ganzheitliche Ansatz zu einem holistischen Universum. Leider dominiert immer noch das mechanische, materielle Gebäude einer Wissenschaft, die alles reduziert auf Zahl, Maß und Gewicht. Aber nur indem wir *zu einem erweiterten Wissenschaftsbegriff vorstoßen,* zu dem auch der transpersonale Raum des menschlichen Bewusstseins gehört, werden wir aus der Stagnation herausfinden.“[4]

Wir sollten in diesem Zusammenhang noch einen weiteren, sehr wichtigen Punkt bedenken: Eine absolut notwendige „Einrichtung“ in der Natur ist es ganz offenkundig, bei *sämtlichen* natürlichen Vorgängen und Prozessen unumgänglich für einen gewissen Ausgleich zu sorgen. Bei der Entstehung von Planeten- und Sternsystemen, bei thermodynamischen oder auch anderen physikalischen Prozessen - stets pendelt das jeweilige, lokale System sich irgendwann in einen Zustand des (mal mehr, mal weniger stabilen) *Fließgleichgewichts* ein, welches unfassbar lange Zeit äußerst konstant bestehen bleiben kann.

So findet im nur wenige Kilometer breiten, einzig lebensfreundlichen Bereich unseres Planeten, den wir *Biosphäre* nennen, bereits seit hunderten Millionen von Jahren in selbstorganisierender Weise immer wieder ein atmosphärischer Ausgleich statt, obwohl mitunter oft massive Extremereignisse, gewaltige Meteoriteneinschläge, galaktische Materiewolken, gigantische Vulkanausbrüche oder langanhaltende Eiszeiten usw., dieses *Fließgleichgewicht* auf der Erde mitunter sehr empfindlich stören können.

Wir haben aktuell leider schon längst damit begonnen, dieses lange Zeit stabile, natürliche *Fließgleichgewicht* unseres Planeten aktiv zu beeinflussen, zu manipulieren und sehr empfindlich zu stören. Es *ist* bereits auf vielfältige Art aus den Fugen geraten - und zwar weltweit, wie nicht nur am rapiden Anstieg der globalen Durchschnittstemperatur vor allem in den letzten drei Jahrzehnten, am gewaltigen Gletscher- und Eisschildschwund auf *allen* Kontinenten dieser Erde, an der rasanten Zunahme klimatisch bedingter Extremereignisse und „Natur"-Katastrophen und auch noch an so manch anderem globalen „Krankheits-Symptom" mittlerweile eigentlich recht deutlich erkennbar geworden sein sollte.

Der wichtigste Grund für diese wirklich absolut besorgniserregende Entwicklung ist natürlich ***nicht*** der materielle Ressourcenverbrauch einer immer globaler agierenden Wirtschaft ***allein***, wie immer noch fälschlicherweise propagiert wird, sondern vor allem der gewaltige Anstieg des ***gesamten Energieumsatzes aller Menschen***, der tatsächlich *einzig wirklich* interessanten und relevanten Kenngröße in diesem speziellen Zusammenhang. Weltweit wird aber leider *auch hier* weiterhin auf ***Wachstum*** *gesetzt*, wobei die Verbrennung *fossiler* Brennstoffe *nach wie vor* als Motor und Konjunkturantreiber gilt, allen Bemühungen um Nachhaltigkeit oder der Energiewende zum Trotz - und auch *nach* den Absichtserklärungen des sogenannten „Klimaabkommens" von Paris (2015).[5]

Nach wie vor und scheinbar unbelehrbar gilt also wohl die beunruhigende Feststellung von Erich Fromm:[6]

> „Die Gier ist ein Fass ohne Boden. Der Gierige erschöpft sich in der nie enden wollenden Anstrengung, seine Bedürfnisse zu befriedigen, *ohne dass ihm dies je gelingt*."

Welche *langfristigen* Folgen aber diese aktuelle Entwicklung nach sich ziehen, welchen unumgänglichen ***biosphärischen Ausgleich*** sie von uns fordern wird, ist in Wirklichkeit *noch nicht einmal ansatzweise* prognostizierbar, sondern tatsächlich völlig ungewiss, wie nach langen und zermürbenden Kampf der „Ökobewegung" mittlerweile auch in immer breiterem Konsens erkannt und *anerkannt* wird.

Kein Computermodell, *keine* Simulation diverser Supercomputer, wie leistungsfähig auch immer sie sein mögen, ist letztlich in der Lage, *sämtliche* Faktoren der Klimaentwicklung *wirklich realistisch* zu erfassen - oder *auch nur annähernd exakt* zu analysieren, zu interpretieren und vor allem auf die zukünftige

Entwicklung hin zu extrapolieren[7] - lassen Sie sich hier bitte nicht so ohne Weiteres das *Gegenteil* verkaufen.

Immer naheliegender, immer *wahrscheinlicher* ist aber dagegen die Möglichkeit, dass die *langfristigen Folgen* unserer Lebensart letztlich ***nicht kontrollierbar*** sein ***könnten***. Dass sie katastrophalen - und vielleicht sogar *existentiellen* - Charakter für uns alle besitzen *könnten*. Dass der ***Preis*** also, den wir für unseren, als unverzichtbar angesehenen, vielfach aber einfach nur absolut unangemessenen und maßlos übertriebenen, „Wohlstand" letztendlich „bezahlen" werden müssen, tatsächlich sehr, sehr hoch sein *könnte*.

Eine Veränderung unseres unfassbar kurzsichtigen, egozentrischen Kulturentwurfes der rein materiellen Bedürfnisbefriedigung um jeden Preis, ein *Aufwachen* ins *wahre Sein*, oder auch die Transzendierung unserer Persönlichkeitsstruktur in der Erfahrung der Einheit, wird also, auf ganz rationale, naturwissenschaftliche Weise begründbar, offenkundig *auch auf der objektive Ebene der Realität* immer wichtiger.

Eine Erweiterung unserer Ideale, ein individuelles *und* kollektives Wahrnehmen, Erkennen und ***Anerkennen*** des ***geistigen Urprinzips*** dieser Welt, der ***Urkraft der Liebe***, wie sie die mystisch-spirituelle Tradition weltweit auf unterschiedliche Art und Weise seit je erkannt, beschrieben und gelehrt hat, erscheint aus dieser *objektiven, globalen Perspektive* daher weniger als „Kann"-Option, sondern mittlerweile schlicht und ergreifend als bloße *Lernaufgabe* - allein schon aus *existentieller Überlebensnotwendigkeit*.

Was können wir nun *subjektiv* mit dieser Einsicht anfangen - vorausgesetzt natürlich, Sie können sie *teilen*? Tatsächlich erscheinen auf *globaler* Ebene die jeweiligen Handlungsoptionen des Einzelnen zunächst natürlich verschwindend gering zu sein. Doch hat sich bereits oft herausgestellt, dass sozusagen steter Tropfen den Stein letztendlich *doch* zu höhlen vermag. Und so erkennen wir - sozusagen vielleicht bereits als Ausdruck eines gewissen *Ausgleichs* für eine offenkundige Zunahme bestimmter rationaler Exzesse[8] - heutzutage auch wieder eine deutlich gestiegene Sehnsucht vieler Menschen weltweit nach Verbundenheit und *wirklicher* (echter) Kommunikation, nach *realer* Erfahrung und nach Natur, nach Ganzheit, Heilung, Frieden und Sinn. Immer mehr Menschen sind auf der Suche, und das „Ziel" unserer Suche ist im Grunde sehr leicht zu finden, denn es liegt in unseren Herzen bereit und „wartet" dort sozusagen nur auf uns. Aber in einer technologisch-materiell-digital usw. *immer totaler* organisierten und kontrollierten Welt ist es natürlich gar nicht immer so leicht, dieses Ziel zu erkennen und Spiritualität im Alltag des *Hier* und *Jetzt* auch erfolgreich zu leben. Aber es ist möglich.

Kann man Bewusstsein eigentlich messen?

Die wissenschaftliche Forschung hat vor relativ kurzer Zeit erst ein lange Zeit recht fragwürdig gebliebenes und heiß diskutiertes Phänomen der Quantentheorie experimentell bestätigen können, das nicht nur sehr weitreichende *materielle* Konsequenzen nach sich zieht, sondern auch - *oder sogar gerade* - eine fantastische spirituelle Dimension besitzt: Auf der Quantenebene gibt es tatsächlich ein *objektiv messbares* Verhalten von Teilchen, das man - etwas ratlos wie mir scheint - „Nichtlokalität" genannt hat.

Schon in der Entstehungszeit der modernen Quantenmechanik, den 1920er Jahren, wurde dieses Phänomen erkannt, beschrieben und äußerst kontrovers diskutiert. Selbst Albert Einstein konnte Zeit seines Lebens nicht an diese, bereits in der Einleitung erwähnten, nichtlokalen Eigenschaften miteinander verschränkter Teilchen glauben und verwarf den Gedanken bekanntlich als „spukhafte Fernwirkung". John Bell konnte jedoch später zunächst theoretisch beschreiben, dass das auch Einstein-Podolski-Rosen-Paradoxon genannte Phänomen auf der Quantenebene tatsächlich existiert und Alain Aspect in den 1980er Jahren und seit Mitte der 1990er Jahre vor allem eine Gruppe von Forschern um Anton Zeilinger in Wien wiesen die Quantenrealität der *Nichtlokalität* schließlich sogar zweifelsfrei *experimentell* nach - was unter anderem auch zeigt, dass sogar Genies sich irren können, und zwar mitunter gewaltig.

Nichtlokalität bedeutet, dass zwei Teilchen, die einmal in direkter Interaktion miteinander standen, *verbunden bleiben*, egal, an welchen Ort es sie auch verschlagen mag. Ändert man den Zustand - also etwa die Polarisation - des *einen* Teilchens, ändert sich spontan und *instantan* (augenblicklich, bzw. zeitgleich) auch der Zustand des *anderen* Teilchens, auch wenn beide mittlerweile beliebig weit voneinander entfernt sind.

Eigentlich stellt die Lichtgeschwindigkeit ja eine *absolute* Grenze bei der Übertragbarkeit von materiell/energetischen Signalen gleich welcher Art dar. Aufgrund der spektakulären, eher neueren Erkenntnisse müssen wir aber dennoch das Vorhandensein dieser wundersamen Aspekte der Quantenwelt als gegeben akzeptieren, auch wenn aus *rationaler* Sicht bis heute keineswegs klar erscheint, *wie genau* diese grundsätzliche Verbundenheit und die „informative Fernwirkung" eigentlich *verstanden* und *erklärt* werden könnte.

Wir können uns das Universum somit als ein ungeheuer kompliziertes Geflecht miteinander verwobener und auf vielfältige Art interagierender Teilchen, Prozesse, Strukturen, Systeme und Felder vorstellen, deren

Verbundenheit mal stärker mal schwächer ausfällt, weil verschiedene Teilchen oder Teilchensysteme natürlich immer gleich mehrfach miteinander in Beziehung stehen und deren Wirkung aufeinander sich beeinflusst und überschneidet.

In der Praxis ist der Kosmos natürlich viel zu komplex, um diese, mal subtile, mal offensichtliche Verbundenheit bis ins Detail exakt nachzuweisen. Aber *theoretisch* besteht an dieser physikalisch-objektiven Betrachtungsweise der „Welt an sich" auch nicht mehr die Spur eines Zweifels (was mittlerweile auch die Anhänger des mathematischen Universums einzuräumen längst bereit sind).

Die philosophischen, intellektuellen und natürlich auch die mystisch-spirituellen Konsequenzen, die diese auf wissenschaftlicher Basis gewonnene Erkenntnis birgt, sind jedoch noch viel gewaltiger und gehen weit über die objektiven Zusammenhänge hinaus.[9] Denn vor diesem Hintergrund kann unser Verhältnis zur Welt im Grunde eigentlich gar nicht mehr anders beschrieben werden als eine unglaubliche und allumfassende ***Intimität***, die alle und alles durchdringt. Wir sind *definitiv* - und tatsächlich auch im wahrsten Sinne dieses Wortes (und vielleicht sogar noch weit darüber hinaus) - stets *mit allen und allem verbunden*, in jedem einzelnen Augenblick und an jedem beliebigen Ort unserer geistig-materiellen Existenz.

Der niederländische Kardiologe Pim van Lommel hat die Erkenntnis der Nicht-Lokalität in einer aufsehenerregenden Studie von einer ganz anderen Seite wissenschaftstheoretisch untersucht. Als äußerst gewissenhafter Empiriker, der bewusst neutral und anfangs auch sehr skeptisch an die komplexe Thematik der sogenannten *Nahtoderfahrung* (NTE) in einer mehr als 10-jährigen Studie heranging, kam er dabei zu einem Ergebnis, welches seine gesamte Einstellung zum Leben und zum Tod - und auch seinen Zugang zu einem spirituellen Bewusstsein - letztlich von Grund auf verändert, bzw. nach eigener Aussage sogar gänzlich neu definiert hat. Es lohnt sich, seine mittlerweile recht bekannte Studie einmal etwas genauer anzuschauen.

Von den 344 untersuchten Fällen seiner Studie gaben 62 Patienten (18 Prozent) an, während ihres zwei bis acht Minuten andauernden Herzstillstandes *Bewusstseinserfahrungen* gemacht zu haben. Die anderen 282 Patienten, also 82 Prozent, konnten nicht über etwas Vergleichbares berichten oder hatten zumindest keine Erinnerung mehr daran.

Das Nahtoderfahrungen *überhaupt* stattfinden können ist nach allgemein akzeptierter wissenschaftlicher Lehrmeinung eigentlich absolut unmöglich, wie auch heute noch jeder Medizinstudent bestätigen kann, dem beigebracht wird, dass Bewusstsein *an materielle*

Gehirne gebunden sein muss. Dort, und **nur** dort, können sie *nachgewiesen* werden - zum Beispiel durch EEGs oder auch Gehirnscans. Dies jedoch ist bislang nicht mehr als eine bloße *Arbeitshypothese* geblieben - und bei näherer Betrachtung noch nicht einmal eine besonders aussagekräftig belegbare dazu - was in unserer wissenschaftlich-objektiven Welt allerdings leider nur wenig bis gar keine Beachtung oder gar kritische Würdigung findet.[10]

Wenn man aber einmal bereit ist, die vorliegenden Fakten wirklich unvoreingenommen, ehrlich und gewissenhaft zur Kenntnis zu nehmen, stellt sich genaugenommen sogar der eher gegenteilige Eindruck ein: Es gibt mittlerweile sehr glaubhafte - und zum Teil sogar *objektiv nachprüfbare* - Indizien dafür, dass unser Bewusstsein - ***jegliches*** Bewusstsein - gerade ***nicht*** „lokal gebunden" sein könnte.

Bei einem Herzstillstand kommt es bereits nach etwa ein bis zwei Sekunden zu einem Versorgungsstop der wichtigsten Hirnfunktionen, die unsere Lebendigkeit - also etwa unsere Atmung oder auch den Würge- bzw. Schluckreflex - steuernd aufrechterhalten. Circa 15 Sekunden nach einem solchen Herzstillstand tritt dann etwas ein, das wir *Hirntod* nennen. Unser zentrales Steuerorgan schaltet sozusagen endgültig ab. Wenn nicht spätestens nach einer Frist von etwa zehn Minuten reanimiert worden ist, treten unvermeidlich schwere Schädigungen des Gehirns ein - und diese Schädigungen sind in aller Regel irreversibel.

In meiner Zivildienstzeit bei einer Caritas-Diakoniestation konnte ich mich selbst von den Folgen einer verspäteten Reanimation überzeugen. Ich betreute einen 14-jährigen Jungen, der mit ca. 12 Jahren auf dem Weg zur Schule gestolpert und mit dem Kopf auf eine Bordsteinkante aufgeschlagen war. Dabei rutschte ihm, ohnmächtig geworden, die Zunge in den Hals und er erstickte. Die Reanimation dauerte fast 20 Minuten. Der Junge war danach nicht nur motorisch schwerst geschädigt, sondern auch kognitiv, emotional und rezeptorisch - und diese Schädigungen waren, trotz aller verzweifelten und rührenden Bemühungen seiner Eltern und Anderer, nicht mehr rückgängig zu machen.

Bereits 15 Sekunden nach einem Herzstillstand ist eine Hirnfunktion also schon *nicht mehr* ***messend*** *nachweisbar*. Mindestens 60 Sekunden, eher aber zwei bis drei Minuten dauert es aber auch in bestens ausgestatteten Krankenhäusern, bis eine Reanimation vorbereitet und durchgeführt werden kann. In dieser Zeit sind die Patienten *per definitionem* im Zustand des Hirntodes - und bleiben es auch, wenn nicht schnellstmöglich eine Wiederbelebung durchgeführt werden kann.

Obwohl also keine wissenschaftlich belegbare Hirnfunktion mehr vorlag, **hatten** die 62 Menschen der van Lommel-Studie ***trotzdem*** Bewusstseinserfahrungen. Diese Erfahrungen waren alle erstaunlicherweise recht ähnlich - wie übrigens die meisten Berichte von NTEs *weltweit*, die aus den unterschiedlichen Kulturkreisen und bereits seit einigen Jahrhunderten tradiert worden sind.

Alle berichteten zum Beispiel von einem Gefühl der *totalen Wahrnehmung*. Diese Empfindung kann unter anderem auch dadurch glaubhaft charakterisiert - und sogar *dokumentiert* - werden, dass nicht nur blinde Patienten in einer Art außerkörperlicher Erfahrung beschreiben konnten, wie sie *sahen*, was um sie herum vorging, so dass sie erstaunlicherweise später - und zwar zeitlich völlig korrekt, *nachprüfbar* und *in allen Einzelheiten* - berichten konnten, was während ihrer Reanimation vor sich ging.[11]

Die Übereinstimmung der Wahrnehmungen geht sogar so weit, dass die Patienten *einvernehmlich* berichten, ein geradezu *vollständiges Erkennen und Verstehen sämtlicher Ereignisse und Gedanken* in ihrem *gesamten Leben* - und darüber weit hinaus auch noch *sämtlicher* ***Verknüpfungen*** mit *anderen Personen* - besessen zu haben. Eine Art totalen Durchblick also, wissenschaftlich betrachtet natürlich völliger Unfug und absolut undenkbar, wie ihn die mystisch-spirituelle

Literatur aber auch als Zustand des Erwachens oder der Erleuchtung bereits seit langem kennt und beschreibt.

Alle berichteten auch von einer Art *Tunnelerfahrung* mit einem unglaublichen, überirdisch wirkenden Licht, auf das die Betreffenden zuschritten. Und schließlich gaben die Patienten noch an - und zwar wiederum *alle* - ein tiefes und absolut umfassendes Gefühl der *Heimkehr*, des totalen *Friedens* und der *Liebe* gespürt zu haben, so dass sie eigentlich gar nicht mehr wirklich zurückgeholt werden *wollten.*

Das Gefühl war so stark, dass es für die Meisten sogar *dauerhaften*, dass heißt *bleibenden* Charakter behalten hat. Diese Menschen sprachen von einer *umfassenden Änderung* ihres Lebens, ihrer Wahrnehmung, sowie ihres Umgangs mit der Welt. Und auch von einem bleibenden Mitgefühl, der *Liebe* für sich und ihre Mitgeschöpfe - also auch der Tiere und Pflanzen - und von einem völligen Verlust ihrer Angst vor dem Tod.

Die Studie von Pim van Lommel ist wissenschaftlich-handwerklich korrekt und auch wenig angreifbar. Sie ist empirisch stichhaltig und zudem *nicht retrospektiv* - was aus Gründen der Nachprüfbarkeit einer der Hauptkritikpunkte an den meisten anderen Studien zu diesem als eher zweifelhaft empfundenen und dargestellten Themas der Nahtoderfahrung ist.

Seine Studie ist *prospektiv*. Das bedeutet, dass sämtliche medizinischen und persönlichen Daten, die genaue Diagnose und auch der Verlauf der Reanimation erfasst werden konnten. Sie ließ sich also nur bei den Patienten durchführen, die sich in einer auf eindeutige Art *medizinisch objektivierbaren*, lebensbedrohlichen Situation befunden hatten, deren nähere Hintergründe und Begleiterscheinungen im Nachhinein *rekonstruierbar* war.

Die Befragung der Teilnehmer, deren genaue Diagnose *vor* Untersuchungsbeginn feststand, fand zudem direkt wenige Tage nach ihrer Erfahrung (konsekutiv) statt, weshalb ihr also objektiv ein ungleich höherer Wert eingeräumt werden *muss*, als anderen, vergleichbaren Untersuchungen, die in der Regel viel später stattfanden (wodurch natürlich auch die Glaubwürdigkeit der Erinnerung leiden kann). Diese Studie stellt somit *gerade aus objektiver Perspektive* sehr nachvollziehbar und wissenschaftlich absolut korrekt etwas in Frage, was spätestens seit Galilei, Newton und vor allem Descartes, der bekanntlich die Unterscheidung zwischen Subjekt und Objekt in die Wissenschaftstheorie einführte, als nicht weiter hinterfragbarer ***Kern*** von Wissenschaftlichkeit gilt.

Im Grunde handelt es sich bei diesem „Kern" um zwei absolut elementare Grundannahmen der modernen Naturwissenschaft: Da ist zum einen die Frage nach der Objektivität. Ist *totale* Objektivität eigentlich überhaupt *möglich* - oder eben *nicht?* Und da ist zum anderen die Frage nach der Kausalität. Ist etwas nur dann real, wenn wir es *messen, kontrollieren* und *kausal* (erst Ursache dann Wirkung) aus definierbaren materiell-energetischen Anfangsbedingungen ableiten können?

Die Alternative ist: Müssen wir uns nicht langsam aber sicher von dieser vielleicht etwas zu naiven Sicht der Welt *verabschieden* - und zwar nicht nur aufgrund modernster Erkenntnisse der Quantenphysik, der Medizin und der Biologie, sondern auch als Konsequenz aus jahrtausendealter mystisch-spiritueller Erfahrung und Betrachtungsweise des Universums, die (wenig) erstaunlicherweise *immer besser* mit diesen neuen Erkenntnissen *vereinbar* erscheint?

Wir können uns die beiden grundlegenden philosophisch-intellektuellen Positionen, die sich hier momentan leider immer noch eher unversöhnlich gegenüberstehen, in etwa wie folgt vorstellen: Die *materialistische* Position geht davon aus, dass Bewusstsein ein Phänomen ist, das sich sozusagen „von unten herauf", sowohl zufällig einerseits als auch zwangsläufig andererseits, evolutionär entwickeln konnte, sobald Gehirne mit einer hinreichenden Komplexität entstanden waren. Bei den *subjektiv* wahrgenommenen Prozessen, die wir persönlich oder auch individuell als Bewusstsein, *Seele, Geist,* Selbst, Lebendigkeit - oder eben auch als „Ich" - empfinden, handele es sich *objektiv* (also sozusagen „von außen" betrachtet) *ebenfalls* um materielle Phänomene, die wir nur noch nicht hinreichend genug analysiert haben, welche aber grundsätzlich als „messbar" gelten, wozu man bereits „auf dem Weg" sei – kurz: Es handelt sich um *identische Prozesse* (Identitätstheorie).

Gedanken und auch *Gefühle* – und sogar der freie Wille - sollen also lediglich objektivierbare, letztlich irgendwann einmal lückenlos nachweisbare und reproduzierbare, physikalisch-elektronisch-chemisch analysierbare Interaktionen sein, die (zumindest theoretisch) letztendlich irgendwann auch auf mathematischem Wege darstellbar sind - oder aber dies zumindest schon sehr bald sein werden.[12]

Aber die eingangs skizzierte Frage nach der ***Wechselbeziehung*** zwischen Raum und Zeit, zwischen Materie und Geist - oder vor allem auch zwischen Lebendigkeit und Bewusstsein („Leib-Seele-Problem"), ist letztlich nichts anderes als die Frage nach dem ***Zusammenhang*** zwischen äußerer, objektiver Welt an sich und unserem innerem, subjektivem, psychischem Empfinden und Erleben, dessen reale Existenz niemand bezweifeln wird, der denkt, träumt und fühlt.

Für den rationalen Ansatz *bedarf* diese Wechselbeziehung überhaupt keiner besonderer Erklärung. Sie findet schlicht und ergreifend *nicht statt* (identische Prozesse) und beruht daher lediglich auf einer *perspektivischen Illusion.* Bewusstsein wird als bloße „Systemeigenschaft" verstanden, die evolutionsbedingt auftreten konnte, als Gehirne von hinreichender Komplexität entstanden waren. Dieser Ansatz vergleicht unsere geistigen Fähigkeiten also in etwa mit der Entwicklung der Augen, der Ohren oder auch der Kiemen bei Fischen. Die Realität einer geistigen Welt „ist eine Hypothese, deren er zur Erklärung der Welt nicht bedarf" (Descartes).

Zeit wird in Ursache und Wirkung getrennt und in Vergangenheit, Gegenwart und Zukunft unterschieden. Unser Bewusstsein ist aus dieser Sicht daher auch ganz konkret lokalisierbar, nämlich in unserem Gehirn. Gehirnströme sind messbar - und wenn nicht-messbare Ereignisse *möglich* sind, dann *nur,* weil wir noch keine Möglichkeit der Messung und der Objektivierung gefunden haben. Diese Position vertritt momentan wohl der weitaus größte Teil der Wissenschafts- und Forschergemeinde weltweit - zumindest „offiziell", im vertraulichen Gespräch sieht dieser Sachverhalt allerdings schon ein wenig anders aus.

Der *immaterielle* Ansatz dagegen geht begreiflicherweise *vom ganz genauen Gegenteil* aus. Aus dieser Perspektive - auch *mind over matter genannt* - ist sozusagen die Welt des Bewusstseins die absolut

Grundlegende und Elementare und *materielle* Phänomene werden *von der geistigen Welt überhaupt erst erschaffen.* Beide „Welten" sind natürlich stets *miteinander verbunden* - verschränkt - und *wirken ganz konkret aufeinander ein.* Es muss dieser Sicht zufolge also etwas existieren, das wir auch als *totales* Bewusstsein begreifen können, das jedoch - und hier wird es definitiv spannend - *nichtlokalen Charakter* besitzen muss. Dieses nicht-lokale, allgegenwärtige Bewusstsein ist somit auch *nicht* mit den Mitteln der Materie oder des Experiments dingfest zu machen - und wird vor allem auch aus diesem Grund so vehement bekämpft von einer Wissenschaft, die aufgrund ihrer „kausalen Objektivität" vor allem in den letzten beiden Jahrhunderten nachweislich so große Erfolge beim Verständnis der Natur vorzuweisen hat.

Der mystischen Erfahrung ist diese „nicht-lokale" Form der Naturerfahrung und Betrachtungsweise des Universums allerdings bereits seit langem bekannt und auch wohlvertraut. Ziel und Zweck einer jeden spirituellen Bemühung ist seit je der Versuch einer *völligen Verbindung* mit diesem totalen Bewusstsein oder auch dem „geistigen Prinzip" dieser Welt. Das also, was wir als *religio,* als „Rück-Verbindung" mit der göttlichen Urkraft kennen, die schließlich *Kern und Ziel aller Religionen* ist (in der christlichen Tradition auch *Unio Mystica* genannt).

Pim van Lommel nennt diese Totalität die anfangs- und endlose *Nichtlokalität des Bewusstseins* - die Nähe zur quantenphysikalischen Interpretation ist natürlich durchaus erwünscht bzw. sogar beabsichtigt - die für seine Patienten bei ihrer Erfahrung zugänglich war. Für ihn als Wissenschaftler besteht nach seiner Studie *auch nicht mehr die Spur eines Zweifels*, dass es sich bei deren Erlebnissen um *reale Sachverhalte* handelt, die *nicht mehr weiter wissenschaftlich erklärbar* sind. Die Existenz dieses „nichtlokalen Bewusstseins" steht für ihn seither absolut fest und das jahrhundertealte Dogma einer Wissenschaft, die „Objektivität" und „Kausalität" für nicht verhandelbar hält - und die hartnäckig auf der Suche nach einer messbaren und beweisbaren „biologischen Basis des Bewusstseins" (oder des Lebens) ist - sollte seiner Meinung nach schnellstmöglich revidiert werden.

Nicht zuletzt auch, weil vielleicht ***nur*** durch eine solche Revision ein gesünderer Umgang des Menschen *mit sich selbst und mit seiner natürlichen Umwelt möglich* erscheint - eben ***weil*** er/sie stets *mit ihr verbunden* ist - wohingegen die materialistische Position zu den bekannten Umwelt- und Kollateralschäden und anderen Defiziten und Problemen mit gravierenden und möglicherweise sogar existentiellen Folgen für uns alle geführt habe.

Wo bin ich – oder:

Hat die Seele überhaupt einen Ort?

Es ist uns in der Regel nicht bewusst, wie sehr wir in jedem einzelnen Augenblick *verbunden* sind mit dem Rest der Welt, wie sehr unser Körper - *und* auch unsere Seele - sich *im Austausch* befindet mit allen anderen Wesen, Prozessen, Systemen und Elementen der Natur. Der Sinn dafür ist uns entweder verloren gegangen, oder aber er wurde uns, quasi von klein auf - und vielleicht auch mehr oder weniger *bewusst* - sogar abtrainiert. Die unverkennbaren Parallelen aber, die nicht nur die erwähnten medizinisch-biologischen Erfahrungen und Ergebnisse, sondern auch einige der wichtigsten modernen physikalischen Erkenntnisse zu den traditionellen spirituellen Erklärungsversuchen des Universums aufweisen, geben uns heute erneut die Möglichkeit, eine jahrhundertealte gedankliche Blockade und Barriere zu überwinden, die in der angeblichen Unvereinbarkeit von Wissenschaft und Religion ihren konkreten Ausdruck findet.

Ist der Gedanke eines *seelischen Feldes*, das möglicherweise (weit) über den materiellen Körper hinausgreifen, außerkörperliche Erfahrungen machen und jederzeit teilhaben kann an der Totalität oder Nichtlokalität der allumfassenden geistigen Welt nicht *viel wahrscheinlicher* - und eindeutig besser vereinbar mit den beschriebenen, wissenschaftlich dokumentierten Phänomenen? Die konventionelle Theorie geht dennoch weiterhin davon aus, dass der Geist in unserem Kopf lokalisiert sein *müsse*. Körperschemata und auch „das Gefühl" dafür *müssen* im Gehirn sitzen - auch wenn die *unmittelbare Erfahrung* uns oft etwas völlig anderes mitteilt - denn wo sonst sollten diese Prozesse wohl stattfinden können als im gewaltigen Komplex der interagierenden Neuronen?

Als genau definierbarer „Sitz" der Bewusstseinsaktivitäten galt lange Zeit der sogenannte *Neokortex* (oder auch *Präfrontalkortex*). Ein evolutionär eher neuerer Teil des Gehirns, dem man ganz allgemein bereits seit langem die Fähigkeit zuschreibt, der Ort für komplexes Denken und Bewusstseinsprozesse zu sein - der Platz also, „wo unsere weise Eule wohnt", wie eine schöne kindliche Beschreibung dies beschreibt (heute definiert man ihn natürlich noch ungleich genauer - ohne ihn freilich ***definitiv*** dingfest gemacht zu haben - aber das spielt in diesem Zusammenhang keine allzu große Rolle).

Der *Neokortex* wurde (und wird) nicht zuletzt auch aus diesem Grund als hervorstechendstes Merkmal von Säugetieren - und speziell von uns Menschen, bei dem dieses Gehirnareal besonders stark ausgeprägt ist - angesehen. Aufgrund dieser Besonderheit und der lange vermuteten Ausschließlichkeit von Intelligenzleistungen beim Menschen und den wenigen höheren

Primatenarten glaubte man lange Zeit, die *Lokalität* von Intelligenz und Bewusstsein - oder auch der Seele - nachweisen zu können. Erst vor relativ kurzer Zeit jedoch haben Wissenschaftler, unter anderem Verhaltensforscher, Ornithologen und Kognitionsbiologen - eher zufällig übrigens - recht zweifelsfrei entdeckt, dass bestimmte Vogelarten *durchaus* zu *intelligenten Leistungen* in der Lage sind. Und auch, dass sie sogar eindeutig fähig sind zu *kreativen Prozessen.* Beispiele sind Kakadus, Keas, aber auch heimische Arten wie Dohlen, Eichelhäher und Raben, denen also *ebenfalls* in irgendeiner Form Bewusstseinsprozesse zugeschrieben werden *müssen, obwohl* sie definitiv *keinen* Neokortex besitzen.

Der *Goffinkakadu* Figara zum Beispiel benutzte im Experiment ein Stöckchen, das er sich in eindeutig *kreativer Vorwegnahme seiner Absichten* mit dem Schnabel selbst geschnitzt hatte, um eine Nuss von einem nicht erreichbaren Sockel zu stoßen. Das Festhalten des Stöckchens erfordert erstaunlich viel Geschick, weil natürlich der gekrümmte Kakadu-Schnabel keineswegs zum Werkzeugeinsatz geeignet ist. Deshalb gebrauchte der Vogel ihn wie eine Art Daumen, wie jeder auf einschlägig bekannten Video-Foren im Internet selbst bestaunen kann. Ein Verhalten übrigens, das von den beteiligten Wissenschaftlern zunächst keineswegs überhaupt auch nur *erwartet* worden war - eine Studentin hatte zuvor *rein zufällig* beobachtet, wie der Kakadu mit einem Stöckchen nach einem kleinen Stein stocherte, der außerhalb seiner Voliere lag.

Schon das allein war bereits erstaunlich. Als man dann aber erst einmal auf diese Besonderheit aufmerksam geworden war und daraufhin gezielte Versuche startete, übertraf der Vogel die Erwartungen der Experimentatoren aufs Neue bei Weitem - und zwar indem er sich eine hölzerne Leiste aus der Versuchsbox zog und diese so zurecht schnitzte, dass er seine „Belohnungsnuss" an sich heranziehen konnte.

> „Seitdem kann er es, nutzt auch verschiedenste Materialien, und wenn sein Werkzeug zu kurz oder zu lang ist, schnitzt er sich einfach ein Neues",

wie eine der Forscherinnen verblüfft kommentierte. Schnell konnte natürlich eine dem Neokortex vergleichbare Struktur auch im Vogelhirn dingfest gemacht werden, das *Nidopallium caudolaterale*, welches dem der Säugetiere in vielerlei Hinsicht ebenbürtig sei. *Konkret gemessen* hat man aber ***Lebendigkeit***, Bewusstseinsprozesse oder auch andere diverse Seinszustände - also all das, was in einem lebenden Individuum die ***unmittelbare Erfahrung*** des Ichs oder der Seele ausmacht - bislang definitiv auch dort noch nicht.

Und wer nun glaubt, diese „systembedingten Begleiterscheinungen" kognitiver Prozesse wenigstens auf das (mitunter höhere) Tierreich eingrenzen zu können, irrt eindeutig auch hier. Der Förster Peter Wohlleben zum Beispiel beschreibt in seinen Bestsellern nicht etwa irgendwelche esoterischen Spinnereien, die schnell als Aberglaube, Animismus, Schamanismus, reanimierter Vitalismus oder ähnlich Abstruses abqualifiziert werden können, sondern er erklärt fundiert (und sehr liebevoll) - im ganz genauen Gegenteil - *sehr harte wissenschaftliche Fakten.*

Nicht weniger als ein völlig neues Verständnis des allgemein als bewusstlos angesehenen Pflanzenreichs bahnt sich hier *mit freundlicher wissenschaftlicher Unterstützung* Raum, dessen Konsequenzen momentan noch völlig unabsehbar sind, dessen Potenzen aber absolut überlebenswichtig sein könnten - und zwar für uns alle. Für Wohlleben - und natürlich auch für viele andere - sind Bäume eben *keine* geistlosen Dinge, die nach Belieben achtlos ausgebeutet werden können, sondern soziale Wesen, die unter anderem zählen können, einen Kindergarten betreiben oder unmittelbar (auf Blattfraßfeinde usw.) intelligent, kreativ - und vor allem auch *bewusst* - reagieren. Wesen, die sich *nachweislich* kooperativ verhalten, die sich gegenseitig informieren und warnen, die ihren Nachwuchs erziehen usw.[13]

Auch der Ethnobotaniker und Pflanzenkenner Wolf-Dieter Storl beschreibt in seinen vielen Büchern das Wesen der Pflanzen, deren Interaktivität, Verwandtschaft mit uns *und Bewusstheit* viel umfassender, individueller - und auch unglaublicher - anmutet, als die Meisten auch nur ansatzweise vermuten. Wer sich mit seiner *Kräuterkunde*[14] einmal etwas eingehender - und auch offener - auseinandersetzt, entdeckt viele unfassbare Zusammenhänge und Ansätze des Verständnisses, die weit über die reduktionistischen Möglichkeiten des Erfahrungsgewinns hinausreichen - und viel Heilungspotential für eine in vielerlei Hinsicht entartete Gesellschafts- und Persönlichkeitsstruktur enthalten.

Nur ein kleines, aber durchaus bezeichnendes, interessantes und auch sehr lehrreiches Beispiel in diesem Zusammenhang ist der *Gasaustausch*, der sich ständig zwischen dem Reich der Pflanzen und dem Tierreich vollzieht. Nur die Pflanzen sind in der Lage, aus anorganischen Materialien mit Hilfe von Sonnenstrahlung organische Materialien - ohne die wir nicht lebensfähig wären - aufzubauen. Dafür benötigt sie das grüne Chlorophyll, das in den Blättern der Pflanze Kohlendioxid (CO_2) und Wasser (H_2O) vor allem zu Zucker ($C_6H_{12}O_6$) synthetisiert wird. In diesem bekanntlich *Photosynthese* genannten Prozess entsteht - quasi als „Abfallprodukt" - Sauerstoff (O_2).

Im tierischen Körper geschieht dann genau das Gegenteil. Die roten Blutfarbstoffe (Hämoglobine), die an die roten Blutkörperchen gebunden sind, nehmen aus den Atmungsorganen der Lebewesen Sauerstoff auf, ohne den die enorme Leistungsfähigkeit der höheren Lebewesen wenig vorstellbar wäre. Die Hämoglobine befördern den Sauerstoff an die Orte des Verbrauchs im jeweiligen Körpergewebe, um sie dort freizusetzen. Das dadurch entstehende Kohlendioxid wird aufgenommen und zu den Atmungsorganen zurückgeführt, wo es schließlich ausgeatmet wird - und somit den Pflanzen wieder zur Verfügung steht. Ein perfekter, *nachhaltiger* ***Kreislauf*** des Lebens, der in einem austarierten *Fließgleichgewicht* seit langer Zeit stabil funktioniert. So weit, so bekannt. Aber wussten Sie auch, dass das rote Hämoglobin und das grüne Chlorophyll *nahezu exakt die gleiche* molekulare Struktur aufweisen?

Lediglich in der Mitte der vier identischen Pyrrolringe gibt es einen Unterschied. Während beim Chlorophyll dort ein *Magnesiumatom* sitzt, findet sich beim Hämoglobin tierischen Blutes ein *Eisenatom*. Die Pflanze ist also im Grunde genommen nichts anderes als ein *Spiegelbild* des tierischen Organismus.

> „Was das grüne Blatt als Abfall oder Überschuss ausstößt, saugt das rote Blut begierig auf."[14]

Nicht nur Bauernphilosoph Arthur Hermes zufolge hat es mit dem Eisen aber noch eine ganz andere, besondere Bewandtnis: Denn Eisen „zieht" sozusagen ein Bewusstsein *in* den (materiellen) Körper hinein. Das sei beim Menschen ebenso der Fall wie bei der gesamten Erde. Der Eisenkern gliedere den „Leib" unseres Planeten in zwei magnetische Pole, ohne deren daraus resultierende, mit dem Kompass feststellbare Kraftlinien unsere Wohnstätte wohl nicht lebensfähig wäre (weil unter anderem die harte Sonnenstrahlung abgelenkt wird usw. - auch dies Produkte der eher neueren Forschung).

Damit vergleichbar „macht" uns daher vielleicht gerade das Eisen zu *innerlich beseelten* Lebewesen - wohingegen das Magnesium die Pflanze zu *äußerlich strukturierten* Wesen „formt", deren „Geist" eben gerade *nicht* auf materieller Ebene *allein* zu suchen ist, sondern viel eher (siehe oben) als „nicht-lokales" Phänomen betrachtet werden kann (oder sogar *muss*).

Wo also *hier* Bewusstsein (oder auch eine Seele) ihren Sitz *genau* haben soll - die aus vielerlei guten Gründen ganz offensichtlich als existent vorauszusetzen ist - ist nur äußerst schwer zu begreifen und zu begründen. In Verdacht stehen zwar unter anderem bestimmte Wurzelspitzen, die „gehirnähnliche Strukturen" aufweisen usw. - das ist aber auch schon alles. *Wie genau* wir uns hier neuronale Aktivitäten - oder

Vergleichbares - vorzustellen haben? Ungewiss. Wie, oder auch *wo*, wir diese Prozesse analysieren, messen und *kontrollieren* können? Wer weiß.

Und in der Realität ist dieser „Ort" der bewussten Fähigkeiten protoplasmischer Lebewesen tatsächlich noch weitaus komplizierter zu lokalisieren, als bisher angedeutet. Denn fast 90 % aller Pflanzen nutzen - offensichtlich ganz bewusst und intelligent - eine Strategie, die *Mykorrhiza* genannt wird. Dies geschieht entweder, indem die Wurzeln zulassen, dass die Pilzfäden (*Hyphen*) einen dichten Mantel um die Wurzelrinde bilden (oder sogar in die Wurzel selbst hineinwachsen *ohne* in die Wurzelzellen einzudringen) - *Ektomykorrhiza* genannt. Oder es geschieht, indem der Pilz tatsächlich *bis in die Wurzelzellen des Pflanzenpartners* vordringt (*Endomykorrhiza*), um unmittelbaren Kontakt zu haben und möglichst große Austauschflächen zu bilden.

Enger kann man sich ein Zusammenleben zweier so völlig unterschiedlicher Lebewesen natürlich kaum vorstellen. Und die Pflanze muss ihrem Pilzpartner dabei *aktiv* und *bewusst* eine ganz gehörige Portion *Vertrauen* entgegenbringen. Denn zuzulassen, dass ein fremder Organismus *bis in den Kern der eigenen Lebendigkeit hinein* vorstößt, könnte ja durchaus auch tödlich enden (was zuweilen auch geschieht).[15]

Aber auch der Pilz wächst (in der Regel) nicht „mit Gewalt" in die Pflanze hinein. Zunächst wird der Pilz förmlich angelockt. Mit Hilfe sogenannter *Strigolactonen* findet der „verliebte Pilz"[15] so unter Myriaden von Bodenorganismen in völliger Dunkelheit und in einem äußerst dichten Medium seinen Weg zur Pflanze. Der Pilz hingegen teilt der Pflanze chemisch in etwa mit: *Ich bin dir nahe, löse deine Abwehrmechanismen bitte nicht aus.*

Diese *präsymbiotische* Phase könnte man auf menschliche Verhältnisse übertragen als die Zeit des zärtlichen Werbens und der Anbahnung der Partnerschaft bezeichnen. Und der Vergleich mit einer *Ehe* ist hier keineswegs zu weit hergeholt, denn es geht, wie bereits erwähnt, tatsächlich darum *Vertrauen* aufzubauen (und auch hier lauern sozusagen „Heiratsschwindler" auf ihre Chance), um dann ein *gemeinsames Leben* miteinander zu verbringen. In den Zellen der zukünftigen Partner laufen in dieser Zeit dramatische Umbaumaßnahmen ab. Während der Pilz eine *Hyphopodium* genannte Andockstation ausbildet, durchlaufen die Zellen der Wurzel einen umfassenden Anpassungsprozess, bei dem *aktiv* der *Weg* der Pilzhyphen durch die epidermale Zelle festgelegt wird - der Wirt macht also seinem Gast *ganz bewusst* den Weg frei. Pflanzen und Pilze kommunizieren *aktiv* und *ganz direkt* miteinander. Dazu benutzen sie unter anderem chemische Botenstoffe.

Unklar ist allerdings, *wie genau* sich benachbarte oder auch weit voneinander entfernt stehende Wesen eigentlich *gezielt unterhalten* können. Peter Wohlleben berichtet in seinen Büchern unter anderem zwar von radioaktivem Kohlenstoff, mit dem Wissenschaftler eine Birke impften, der dann über den Boden und über diverse Pilzverbindungen zu einer benachbarten Douglasie wanderte.

Der kommunikative Austausch funktioniert aber höchstwahrscheinlich noch ungleich umfassender und vielfältiger, als bislang entdeckt, denn *alle* Lebensräume, *die man lässt*, scheinen in enger Verbindung und im Austausch miteinander zu *interagieren* - ein unfassbares Netzwerk, das sich über unzählige Generationen hinweg selbstständig aufbaut, umbaut, erhält, verständigt und ergänzt und dass sich dabei *aktiv* den jeweilig vorherrschenden Umweltbedingungen und Entwicklungen anpasst. Nur materiell *allein* lässt sich das beobachtete Verhalten jedenfalls *nicht* erklären, bei dem keineswegs etwa der berühmt-berüchtigte „Kampf ums Dasein", also die *Konkurrenz* im Vordergrund zu stehen scheint, sondern bei dem ganz eindeutig die Zusammenarbeit, die *Kooperation* - oder gar die Symbiose - überwiegt.

Pilze - das sind nicht nur die Fruchtkörper, die wir vor allem als Speisepilze kennen und schätzen. Es sind versteckt lebende fadenförmige, mitunter recht unheimlich anmutende, sich manchmal über tausende von Kilometern erstreckende, *weder* rein tierische noch rein pflanzliche Lebewesen, ohne die es die Welt, wie wir sie kennen, all die unzähligen Pflanzen und Tierarten, definitiv gar nicht gäbe. Wesen also, ohne die *auch* wir selbst *gar nicht lebensfähig* wären, von den unzähligen direkten Nutzanwendungen der Pilze - unter anderem zur Herstellung fettlösender Enzyme (Lipasen) in Waschmitteln oder in Kosmetika, beim Einsatz von Antibiotika (Penizillin) oder der Alkoholproduktion (Hefen) usw. - einmal ganz abgesehen.

Und nicht nur deshalb allein wäre eine tiefe Demut und Dankbarkeit all diesen Wesen gegenüber - Pflanzen, Mikroorganismen oder auch Pilzen - mehr als angebracht, zu denen eine echte Empathie zu empfinden den Meisten von uns extrem schwer zu fallen scheint. Nach derzeitigem Wissensstand kommt auf *jede* der durchschnittlich etwa 50 Billionen Zellen des menschlichen Körpers *mindestens ein* „fremder Organismus" (und diese Zahl ist noch *äußerst konservativ* geschätzt).

Das also, was uns zum Menschen macht, *ist* zu einem recht großen Teil gar nicht menschlich. Wir müssen uns viel eher als eine Art „lebendiges Biotop"[15] auf zwei Beinen für Billionen von Lebewesen betrachten, die im allerbesten Fall in kooperativer Harmonie mit uns, in uns, bei uns leben, die uns aber natürlich auch - wenn das *natürliche Fließgleichgewicht* nachhaltig und effektiv gestört wird - selbstverständlich auch extrem schaden können.

Noch sind wir im Mainstream natürlich nicht bereit, auch all diesen Wesen *tatsächlich* Geist oder *bewusstes Verhalten* zuzugestehen. Die unfassbare Vernetzung der Bäume, Pilze, Pflanzen und Insekten - Forscher sprechen hier bereits vom wood wide web (oder auch world wide wood), das nicht nur einen großflächigen *Informationsaustausch* auf unterschiedlichen Ebenen ermöglicht, sondern ganz offensichtlich sogar *die Vermittlung von subjektiven Befindlichkeiten* - lässt jedoch auch unser eigenes Eingebettetsein in unfassbar viel komplexere Prozesse und Zusammenhänge, als wir dies *kognitiv, kausal* und *objektiv* auch nur ansatzweise wahrnehmen, belegen oder auch *rational begreifen* können, in gewisser Weise ein wenig *erfahrbarer* erscheinen.

Diese wissenschaftlich recht anschaulich dokumentierten Beispiele sind vielleicht ganz gut dazu geeignet, den jahrhundertealten Aberglauben einer genauen Lokalisierbarkeit des Geistes, des Bewusstseins, der Seele - oder auch eine exakte Determiniertheit und Reproduzierbarkeit des Lebendigen - als das zu durchschauen, was er signifikant wahrscheinlich ist: Als eine *Illusion*, wenn mitunter auch eine recht hartnäckige. Um das zu erkennen reicht es übrigens bereits, sich einmal etwas eingehender mit der unfassbar wirkenden Abwesenheit von Koma-Patienten zu beschäftigen, deren vitale Körperfunktionen ganz normal (mechanisch) weiter funktionieren, deren *seelische Erreichbarkeit* oder *Bewusstheit* jedoch definitiv *nicht erzwungen* werden kann, so dass man auch hier unweigerlich auf die Frage stößt: *Wo* ist eigentlich *deren* Bewusstsein, Seele oder Ich in einem solchen Fall denn eigentlich ganz konkret hingegangen?

Morphische Resonanz

Das Bild eines nicht-lokalen seelischen Feldes als Alternative zu einer genauen Verortung, bzw. Lokalisierbarkeit der Bewusstseinsprozesse, das im ganzen Körper - und vielleicht auch noch weit darüber hinaus - ausgebreitet ist und ihn dadurch gewissermaßen belebt, erscheint heutzutage weitaus angemessener sowohl auf die bisher beschriebenen, als auch auf andere beobachtbare Phänomene zu passen - und ist zudem auch viel älter in den Bewusstseinsstrukturen intelligenter und mystischer Lebewesen verankert.

Felder durchziehen bekanntlich ohnehin nicht nur das gesamte Universum - unter anderem in Form von *elektromagnetischen Feldern* oder auch von *Gravitationsfeldern* - sondern natürlich auch unseren eigenen Organismus. Sie sorgen nicht zuletzt für dessen Organisation. So werden zum Beispiel die sogenannten *morphogenetischen Felder* seit längerer Zeit bereits verantwortlich gemacht für die Entwicklung und Aufrechterhaltung unserer Organe und Körperformen - etwa bei der unterschiedlichen Ausgestaltung von Armen, Nieren, Augen oder auch den Zehen aus dem prinzipiell absolut gleichen Ausgangsmaterial, den Körperzellen.

Der britische Biologe und Verhaltensforscher Rubert Sheldrake hat diese bekannte Hypothese ausgedehnt und verallgemeinert und sie auf mentale, soziale und auch noch auf viele andere Prozesse und Strukturen übertragen. Er bezeichnet sein Konzept als ***morphische Resonanz*** - eine Erweiterung der, mittlerweile anerkannten, *morphogenetischen Felder* (deren *mathematische* Natur aber dennoch bislang größtenteils ungeklärt geblieben ist).[16]

Das Wirken dieser *morphischen Felder* (die das Konzept der *morphogenetischen Felder* oder auch *Morphogene* als einen *Teilbereich* mit umfasst) wird als *Gewohnheit* beschrieben. Als eine Art individuelles *und* kollektives *„Gedächtnis der Natur"* (Sheldrake), als bloßes *Informationsfeld* also, das *immateriell* - und gleichfalls im bereits beschriebenen Sinne nicht-lokal

- wirksam ist und daher für uns auch *nicht direkt messbar* sein kann. Aus dieser - erweiterten - Sicht werden Phänomene verständlich, die jeder von uns kennt, die von wissenschaftlicher Seite betrachtet jedoch nach wie vor entweder als Humbug, bloßer Zufall, oder vor allem aber auch als „lediglich bislang unentdeckt" abgetan werden.[17]

Aber obgleich sein Ansatz von Anfang an massivster „offizieller" Ablehnung, Kritik und sogar Anfeindung ausgesetzt war, wurde und wird er auch weiterhin ausgiebig und kontrovers diskutiert, denn er schlägt - ganz im ockhamschen Sinne - eine *einfache Lösung* für *komplexe Zusammenhänge* vor - ein wissenschaftlicher Ansatz, der sich in der Vergangenheit bereits oft sehr erfolgreich bewährt hat.

Seine Theorie besagt, dass die offenkundige *emergente Selbstorganisation* von Systemen *aller* Komplexitätsgrade - also nicht nur diejenige von Lebewesen, sondern auch die von Atomen, Molekülen, Kristallen und Zellen, von Gesellschaften, Planeten, Sternsystemen und Galaxien *und* sogar verschiedene *Resonanzphänomene* (also etwa das faszinierende *Schwarmverhalten* einiger Tierarten oder auch die *nachgeburtliche Prägung,* zum Beispiel bei Gänsen) - **allesamt** von *Feldern „gesteuert"* wird, die immateriell und nicht-lokal *Informationen strukturieren* und *organisieren* - und damit in gewisser Weise durchaus als den elektromagnetischen Feldern oder auch den Gravitationsfeldern *vergleichbar* erscheinen. Anders aber als zum Beispiel bei den elektromagnetischen Feldern werde bei der *morphischen Resonanz* eben *nicht* Energie (bei anderen auch Materie) übertragen, sondern *reine Information.*

Das Konzept der *morphischen Felder* besagt, dass ***alle*** Prozesse der Selbstorganisation oder Formbildung im Universum durch einen Prozess vermittelt werden, der als „ein auf Ähnlichkeit beruhender Einfluss, der unabhängig ist von Raum und Zeit" (Sheldrake) verstanden werden kann. Anders gesagt: *Als geistige Realität* (*Plan, Idee*), die ***ganz konkret Einfluss*** nimmt auf die materielle Ebene der objektivierbaren Welt. *Morphogenetische* Felder sind aus dieser Sicht dann lediglich *eine* bestimmte *Unterart* der allgemeineren *morphischen Felder.* Selbst Gravitationsfelder könnten im Einklang mit dieser Theorie - sowie übrigens auch mit bestimmten anderen quantenphysikalischen Phänomenen - verstanden werden, die ebenfalls aufgrund von *morphischer Resonanz* organisiert und miteinander verbunden sind.[18]

Übertragen wird bei der morphischen Resonanz also *reine Information*, die daher auch nicht an bestimmte (materielle oder auch energetische) lokale „Träger" gebunden sein müsste. Der formgebende Einfluss eines solchen *morphischen Feldes* beruht also ***nicht*** (allein) auf zeitlosen *mathematischen Gesetzen*, die *a priori* feststehen, sondern unterliegt, wie offenkundig alles im Universum, *auch selbst* einem *evolutionären Einfluss* - je öfter ein bestimmtes Entwicklungsmuster sich wiederholt, desto größer ist auch die Wahrscheinlichkeit, dass es sich erneut wiederholt, wenn die veränderlichen Umweltbedingungen und die örtliche Entwicklung dies gestatten.

Auf diese Weise würde die Evolution in die Lage versetzt, auf ***sämtliche*** Einflüsse, Prozesse und Entwicklungen *angemessen* und *aktiv reagieren zu können*. Und obwohl diese Art der Informationsübertragung - zumindest nach aktuellem Kenntnisstand - natürlich eigentlich *nicht messbar* ist, sind *dennoch* bestimmte wissenschaftliche Experimente leicht vorstellbar, mit deren Hilfe nach der *grundsätzlichen Existenz* solcher Felder *gefragt* werden könnte.

Im Falle einer Bestätigung solcher Felder wäre unter anderem zu schließen, dass sogar *Vererbung*, anders als bislang bekannt, *nicht* ***ausschließlich*** auf der Weitergabe von *Genen* beruhen könnte, *sondern eben* ***auch*** auf *nicht-materiellem Weg* stattfindet - durch die Weitergabe von *Gewohnheiten* (Instinkten etc.), „übertragen" durch *morphische Resonanz*.

Gleichzeitig würde auch die Vorstellung einer Art *seelischen Feldes*, wie ihn die verschiedenen spirituellen Wege weltweit seit je als unmittelbare

Gewissheit voraussetzen, wahrscheinlicher und durchaus auch auf naturwissenschaftliche Weise verständlich und nachvollziehbar.

Der „Ort" der Seele wäre demnach, ähnlich wie bei van Lommel, ein umfassendes *immaterielles* oder auch *nicht-lokales Bewusstsein*. Die erwähnten Experimente sind jedoch für die exakte, materielle Naturwissenschaft verständlicherweise *so* brisant, dass sie schon im Vorfeld diskreditiert, bzw. sogar gänzlich verworfen wurden. Die ihnen zugrunde liegenden Ideen wurden nur von einigen wenigen prominenten Wissenschaftlern (Bohm, Dürr, Dyson und andere) überhaupt ernsthaft diskutiert.

Was können wir nun mit diesen Informationen anfangen? Wenn wir denken, fühlt sich das für die weitaus Meisten von uns natürlich eindeutig so an, als geschehe dies irgendwo im Kopf. Wer aber jedoch schon einmal meditiert hat, der *weiß* tatsächlich, dass aufmerksames Schauen und innere Stille eher eine Lokalisierung in der Mitte der Brust/Bauchgegend, hauptsächlich wohl im Bereich des Solar Plexus, nahezulegen scheint.

Und wer bestimmte Achtsamkeitsübungen praktiziert, „war" vielleicht tatsächlich mit seinem Bewusstsein schon einmal ganz real (zum Beispiel) im rechten großen Zeh, in der Leistengegend, im linken Ohrläppchen, oder vielleicht sogar ganz „außerhalb" seines materiellen Körpers - vernetzt und verbunden auf erstaunliche Weise mit einem wie auch immer definierbaren „höheren" geistigen Wesen.

Die Existenz eines komplexen individuellen *seelischen Feldes*, das nicht-lokalen Charakter hat, mit dem nicht-lokalen universellen Bewusstsein kommuniziert und als komplementäres Element zur materiellen Ebene dieser Welt die *Einheit der Natur* mitbewirkt, könnte also im Sinne einer solchen *morphischen Resonanz* verstanden und beschrieben werden:

> „Es gibt in unserem Inneren einen Resonanzboden, auf dem alle Menschen gleichzeitig angesprochen werden können. Mit Sheldrake könnte man es `morphisches Feld´ nennen."[19]

Nach dieser Betrachtungsweise aber müssten wir unser aktuelles, jahrhundertelang eher einseitig geprägtes Bild einer möglichen Lokalisierbarkeit der Seele schnellstmöglich revidieren. ***Gemessen*** jedenfalls, und das ist sicher, hat unser Bewusstsein, die Lebendigkeit der verschiedenen Organismen, unser Ich oder auch unsere Seele, an irgendeinem „Ort" dieser Welt bislang noch niemand. Auch die modernsten Forschungsergebnisse lassen hier definitiv keinerlei Interpretationsspielraum.

Nichtlokalität und Selbstorganisation

Ein weiteres, bis heute im Grunde eher rätselhaft gebliebenes materielles Phänomen in diesem Zusammenhang - der Frage nämlich nach der Lokalisierbarkeit unserer Lebendigkeit, dem Geist oder der Seele - ist das bereits erwähnte, extrem faszinierende Prinzip der *Selbstorganisation.*

Die verblüffende, scheinbar *universelle* Ausbildung der gleichen Ordnung, Strukturen und Muster ist hierbei absolut *charakteristisch*. So finden wir unter anderem hexagonale (sechseckige) Anordnungen in so unterschiedlichen Systemen wie Bienenwaben oder in den Rissen der Oberfläche von Permafrostböden, Sandwüsten etc. Sie begegnet uns in der ebenfalls als universell anzusehenden *Spiralstruktur* - etwa beim Wachstum verschiedener Pflanzen- (Farn) oder Tierarten (Schnecken), der Fortpflanzung bestimmter Bakterienarten oder dem Aufbau bzw. der Struktur der meisten bekannten und stabilen Galaxien usw.

Selbstorganisation ist ein Prozess, bei dem in einem System, das zuvor chaotisch war, mitunter *völlig spontan* und *emergent* (also *absolut unvorhersehbar* und manchmal sogar *mit völlig anderen,* ***neuen*** *Eigenschaften*, als die Summe der Teile dies eigentlich erwarten ließe) *eine ganz neue Ordnung* oder gar *Funktion* entsteht - etwa bei der „Fusion" von Pilz und Alge zur Flechte. Dieser Prozess scheint also in gewisser Weise der Entropie entgegenzuwirken, die ja eine *Zunahme der Unordnung* in geschlossenen Systemen vorschreibt - eine naturwissenschaftlich eigentlich absolut nicht verhandelbare Grundannahme, die aber auch bis heute *rein materiell* betrachtet nur schwer verständlich geblieben ist.

Auch ein Wasserstrudel ist ein gutes Beispiel für dieses Prinzip. Form und Aussehen des Strudels ist zwar von außen beeinflussbar - etwa von der Wassermenge, von Hindernissen im Flussbett, von der Fließgeschwindigkeit und sogar davon, ob sich dieser Strudel auf der Südhälfte der Erdkugel oder aber auf der Nordhälfte befindet (was bekanntlich die Richtung des Strudels umkehrt) - seine Entstehung und seine charakteristische Ausprägung aber sind *spontane, sich selbst regulierende Ereignisse*, die überall auf der Welt *in exakt der gleichen Weise* in Erscheinung treten, *ohne* das irgendjemand bislang so etwas wie einen mathematischen Plan oder auch eine Formel dafür identifizieren könnte.

Anhand der Erforschung dieser *selbstorganisierenden Systeme* erhofft man sich aktuell unglaublich viele spannende technologische Anwendungsmöglichkeiten - und nicht zuletzt sogar auch die Antwort auf die Frage, was Lebendigkeit denn eigentlich *genau* ist und wie sie möglicherweise irgendwann einmal künstlich erzeugt werden könnte. Aber:

> „Wir wissen viel über die Zellkomponenten auf der einen und über den kompletten Organismus auf der anderen Seite. ***Dazwischen*** aber gibt es ***nach wie vor eine große Lücke***, die wir schließen möchten, um zu verstehen, wie die Komponenten interagieren, *damit Leben funktioniert.*"[20]

Wir mögen also vielleicht mittlerweile dazu in der Lage sein, Lebendigkeit zu ***gestalten*** - und es, siehe Stammzellenforschung, Gentherapie, CRISPR/Cas usw. sogar bis ins Detail hinein zu „designen" - wirklich ***neu erschaffen*** können wir Leben bislang jedoch noch nicht, vielleicht eben auch, weil es sich bei dem, was wir als Lebensfunken bezeichnen, um eine Form von immateriell übertragener Information und emergenter Selbstorganisation handeln könnte.

Und selbst bei der Frage, wie denn auf dieser Erde *überhaupt* Leben entstehen konnte, handelt es sich möglicherweise um eine *Geschichte* der *Selbstorganisation.* Doch auch hier findet sich bislang noch kein widerspruchsfreies, eindeutig verständliches und akzeptiertes Erklärungsmodell, das *exakt reproduzierbar* wäre, geschweige denn ist die ***Synthese*** der ersten Lebensbausteine aus irgendwelchen anorganischen Materialien je auch nur *annähernd vollständig* ***künstlich*** gelungen.

Auch Vogel-, Insekten- und Fischschwärme sind selbstorganisierende Systeme. Wenn ein Fressfeind naht, verhalten sich die einzelnen Mitglieder eines solchen Schwarms kollektiv *wie ein einziger Organismus*. Eine Steuerung von außen - oder einen materiellen Bauplan - scheint es nicht zu geben, zumindest hat ihn bislang noch keiner gefunden. Niemand „lenkt" die Vögel oder die Fische – oder die Bienen in einem Bienenstock - zentral so, dass der Schwarm als Ganzes intakt und beständig bliebe. Weder hat den Eiskristallen jemand „gezeigt", wie sie sich anzuordnen haben, noch „sagt" scheinbar irgendwer den Proteinen des E.coli-Bakteriums, dass sie zwischen den Polen einer Zelle hin- und herpendeln sollen. Der einzige Grund scheint in ***allen*** Fällen eine Art „Bequemlichkeit" der Natur zu sein, den jeweils *energetisch günstigsten Zustand* zu finden - und ihn dann auch einzunehmen.

Es ist ein Prinzip, dass nachweislich auf ganz ähnliche Weise auch in unserem Gehirn wirksam ist. Auch unser zentrales Steuerorgan scheint also offenkundig nach dem Prinzip der *Selbstorganisation* zu funktionieren und zu interagieren. Es besteht aus circa 100 Milliarden Nervenzellen (Neuronen), deren Zustand sich *ständig* verändert. Zum einen natürlich, weil die beteiligten Atome und Moleküle, Eiweiße und Fette in einem *andauernden Prozess der Erneuerung* ausgetauscht werden. Zum anderen aber auch, weil bestimmte Phänomene, Strukturen und Prozesse unweigerlich dafür sorgen, dass unser Gehirn *ständig lernfähig* bleibt - und zwar nachweislich bis an sein Lebensende - und somit andauernd auch immer wieder Neues in Bestehendes *integriert* werden muss. Man nennt dieses Prinzip auch (adulte) Neurogenese, oder, etwas moderner: *Neuroplastizität*.

Alle neuronalen Muster *verändern* sich aber nicht nur in ihrer *materiellen, räumlichen* Zusammensetzung, sondern darüber hinaus natürlich auch noch in ihrem *Verhältnis* zueinander, sowie in ihrer *Interaktion*. *Dennoch* bleibt *die lebenslange Erfahrung eines Ichs* und Selbstgefühls (in der Regel) aber *immer erhalten*. Und es ist nach wie vor eine absolut *unbewiesene Hypothese*, dass dieses Selbstbild, unser Bewusstsein, unser Geist, unser Ich - also all unsere Erinnerungen, Träume, Hoffnungen und Wünsche - in irgendeiner Weise lediglich *rein materiell* in unserem Gehirn „gespeichert" sein könnten. Es sind zwar verschiedene Verfahren bekannt - EEG, MEG, fMRT oder auch Pet-Scans - die nachweisen können, dass bei bestimmten Stimulationen immer nur bestimmte Gehirnregionen reagieren oder auch aktiv sind. Die Frage aber, wie aus den mannigfaltigen Interaktionen der verschiedenen neuronalen Netze so etwas wie ein „Ich" wird, diese ***absolut entscheidende*** Frage kann auch mit modernsten Verfahren nicht konkret beantwortet - geschweige denn entschieden - werden.

Nach heutigen Erkenntnissen ist es daher definitiv *nicht* möglich, Bewusstsein, Lebendigkeit oder auch die Seele in unserem Gehirn zu lokalisieren. Selbst modernste und detaillierteste PET- und fMRT- Scans zeigen uns nur eine ***mögliche*** physische ***Basis*** von Wahrnehmungsprozessen oder bewusster Aufmerksamkeit. Eine ***Erklärung*** aber, ***warum*** diese Prozesse dort stattfinden, ***wie*** sie zu einem ganzheitlichen und beständigen Selbstbild, einem *Bewusstsein*, einem *Ich* führen, oder auch, ***wo genau*** dieses Ich denn tatsächlich dort ***verortet*** sein könnte - liefern sie uns nachweislich **nicht.** Und es wird *definitiv* auch noch ein Weilchen dauern - verlassen Sie sich ruhig darauf - bis man unsere Gedanken, Gefühle, Wünsche oder auch Träume in Stereo und Technicolor auf irgendeinem Bildschirm dieser Welt „in Echtzeit" wird bewundern können.

Ein korrelativer (also statistischer) Zusammenhang sagt nichts über Ursache und Wirkung aus. Eine Bewusstseinserfahrung *kann* die Folge von materieller Gehirnaktivität sein - genauso gut könnte es aber natürlich auch umgekehrt sein. Die sogenannte Erklärungslücke, die auch in diesem Bereich der Forschung nach wie vor klafft - und die nach Meinung einer zunehmenden Zahl von Wissenschaftlern *nicht nur aus Gründen der Subjektivität einer jeden einzelnen Bewusstseinserfahrung* heraus auch *ganz grundsätzlicher Natur* sein könnte - weist daher nachdrücklich darauf hin, dass wir bei der Frage nach der Lokalisierbarkeit des Bewusstseins, bzw. der biologischen Basis der Seele etwas zurückhaltender - und auch bescheidener - sein, oder vielleicht sogar gänzlich neue Wege beschreiten sollten.

Der Unterschied zwischen dem *subjektiven* Blick der *getesteten* Person und dem *objektiv* genannten Blick aus der Perspektive der *testenden* Person scheint übrigens offensichtlich ein *ganz unüberwindliches*, grundsätzliches, *methodisches* Problem zu sein - ebenso übrigens wie in der Quantenphysik, wo die sogenannte *Dekohärenz* auch nach fast 100 Jahren der Erforschung weiterhin als eine Art „natürliche Grenze" der Objektivierung gilt.

In beiden Fällen muss stets und unabdingbar berücksichtigt werden, dass nicht nur der Blick des Forschers *immer* subjektiv gefärbt ist von vielfältigen Erwartungshaltungen, Vorerfahrungen, Hoffnungen, Wünschen etc., sondern vor allem auch, dass ***nur*** das ***Individuum selbst direkten*** und ***unmittelbaren*** Zugang zu seinem eigenen Bewusstsein hat - eben durch ***Introspektion***. Somit ist immer ***nur*** die ***eigene*** Realität ***direkt erfahrbar***, die darüber hinaus auch noch *niemals exakt reproduzierbar* ist.

Immer gibt es vielfältigste Einflüsse, die das Resultat verändern. Früher oder später wird der Tester zudem mit der Testperson *reden* müssen, wenn er seine

Messergebnisse *verifizieren* will, wodurch natürlich immer auch auf vielfältigste Weise *subjektive Elemente* in die Untersuchung mit einfließen, die *nicht gemessen* und *kontrolliert* werden können. Der Traum vom lückenlosen Wissen und der mathematischen Analyse des Bewusstsein ist somit definitiv objektiv ***nicht*** überprüfbar - oder auch falsifizierbar. ***Realität*** ist eben ***immer*** *nur im* ***Hier und Jetzt*** *erlebbar*.

Selbstorganisation ist ein Phänomen, dass unfassbar faszinierend ist, weil es Organismen *und* Strukturen *gleichzeitig* - also sowohl/als auch - widerstandsfähig und flexibel, beständig und wandlungsfähig macht. Ein eigentlich *paradoxes* Prinzip, das aber für das Leben und für die Evolution *ganz allgemein* absolut charakteristisch und auch notwendig zugleich zu sein scheint. Es liegt nun aus vielerlei Gründen nahe, auch im Falle der *Selbstorganisation* an ein immaterielles, informatives, oder auch nicht-lokales Prinzip im Sinne der *morphischen Resonanz* zu denken.

Wenn wir es schaffen, uns ganz rational - aber natürlich auch ohne überzogene, haltlose und zumeist auch sinnfreie oder ausufernde Spekulation - auf diese Sichtweise und Möglichkeit des Verständnisses einzulassen, kann Bewusstsein oder Leben also immer ***nur in Beziehung zu*** etwas verstanden und im ***Hier und Jetzt*** erfahren (erlebt) werden.

Diese Form der Betrachtung ist daher logischerweise naturgemäß auch *niemals* gänzlich exakt objektivierbar oder messbar. Eine solche *rationale* Erkenntnis- und Erfahrungsmöglichkeit des Seelen-„Ortes" beeinträchtigt somit auch die spirituelle Dimension unserer Wahrnehmung – unseren *Glauben* - in keinster Weise.

Auch die spirituelle Reflexion über Bewusstheit, Geist oder Seele, die aus einem universell existierenden, allgegenwärtig erfahrbaren, nicht-lokalen Bewusstseinsfeld „übertragen" und „empfangen" wird und emergent/selbstorganisierend strukturiert ist, bleibt also weiterhin faszinierend und spannend, auch wenn der Verstand mitzureden versucht bei einem Phänomen, das eigentlich ***vollständig*** nur *subjektiv, von innen heraus* wahrnehmbar ist - und verstanden werden kann.

> „Die absolute Wahrheit ist wissenschaftlich nicht beweisbar. (...) Die objektive Welt ist *nur die eine Hälfte* des Universums. Was wir mit unseren Sinnen wahrnehmen, ist nicht die ganze Welt.
>
> Die andere Hälfte, die aus Bewusstsein, Gedanken und Gefühlen besteht, lässt sich nicht allein durch sinnliche Wahrnehmung äußerer Dinge erklären."[21]

Das Sender/Empfänger-Modell der Realität

Ein besseres Verständnis der Bewusstseinsprozesse ergibt sich also aus einer ganz anderen, einer individuellen, *ganzheitlichen* Perspektive.

Wie haben bereits gesehen: Jede einzelne der ca. 100 Milliarden Neuronen hat ihr eigenes elektromagnetisches Feld, das sie umgibt. Jedes Neuron verfügt dabei zusätzlich noch über tausende von Verbindungen (Synapsen), die stimulierend oder auch hemmend auf sie selbst und auch auf andere Neuronen einwirken können. Darüber hinaus wirken Neuronen in unterschiedlichen neuronalen Netzen und auch in sogenannten Subsystemen zusammen. Aus all diesen Myriaden von Möglichkeiten der Beeinflussung und Vernetzung resultiert ein keineswegs bis ins Detail verstandenes oder gar rekonstruierbares Zusammenspiel, dass man vielleicht am trefflichsten noch als *organisiertes Chaos* bezeichnen könnte.

Gleichzeitig scheint unser Gehirn auch ein *selbstorganisierendes System* zu sein, das aus Prozessen besteht, in denen sich zwar Muster und Strukturen in Wechselwirkung mit der Umgebung befinden, die aber auch ***völlig ohne*** jede direkte materielle Einflussnahme äußerer Faktoren entstehen - wie nicht nur das bekannte Beispiel des Placeboeffekts zeigt - *und* die sogar *ganz direkt* dazu in der Lage sind, auf materielle Prozesse *einzuwirken*, zum Beispiel durch *Kreativität*.

Die Summe *aller* Veränderungen in den Membranpotentialen der Neuronen schließlich lässt ***ständig*** (!) ***neue*** elektrische Felder entstehen, wodurch sich immer wieder auch neue magnetische Felder an den Ausläufern der Neuronen (Dendriten) bilden.

In *jedem einzelnen Augenblick* unseres Lebens ändern sich also Muster, Zustand und Struktur von Milliarden von Zellen nicht nur elementar-materiell, sondern auch noch chemisch-elektronisch-magnetisch. Maßgeblich für die Schaffung eines Ich-Bewusstseins scheint also *nicht* die materielle ***Speicherung*** von Informationen zu sein, sondern die *ständige Interaktion*, der *aktuelle Zusammenhang*, die *momentane Verbundenheit* ***sämtlicher*** Neuronen und neuronalen Netze - welche man als Empfänger und gleichzeitig auch als Sender einer umfassenden nicht-lokalen Bewusstseinsrealität interpretieren kann.

Interessanterweise bahnte sich diese Möglichkeit des Verständnisses bereits vor mehr als 100 Jahren an. Um die Wende des 20. Jahrhundert befassten sich die beiden Psychologen Myers und James mit außergewöhnlichen Bewusstseinserfahrungen. Und auch damals schon stellten sie die bis heute vorherrschende Lehrmeinung in Frage, die unser Bewusstsein lediglich als ein Produkt unseres Gehirns auffasst und beschreibt.

1898 schrieb James, dass unser Gehirn zwar eine *Funktion* für unser Bewusstseinserleben habe (die ohne jede Frage *entscheidenden Charakter* besitze), dass es sich bei dieser Funktion allerdings *keineswegs* um eine *produktive* (erschaffende), sondern lediglich um eine *transmissive* (***ermöglichende***) Qualität handeln müsse - also um das *Zulassen, Empfangen und Übermitteln* von *Information*. Er untermauerte seine gründliche und auch sehr eingängige Argumentation mit vielen anschaulichen Beispielen außergewöhnlicher Bewusstseinserfahrungen, die seiner Meinung nach *bereits damals schon* kaum einen anderen Schluss zuließen.[22]

Seit dieser Untersuchung nehmen die Indizien für eine solche *nicht-materielle* - oder aktueller nicht-lokale - Betrachtungsweise individueller, subjektiver, neuronaler Prozesse offenkundig eher zu als ab, wie bereits beispielhaft versucht wurde zu beschreiben. Unser Gehirn spielt natürlich unbestreitbar eine ganz elementare und auch entscheidender Rolle beim Erleben von dem, was wir als Wirklichkeit bezeichnen. Auch kann man die Aktivität einiger Gehirnregionen bei bestimmten Aktivitäten natürlich erkennen. Man kann sie sogar manipulieren. Es gibt aber, anders als der *rein* materialistische Ansatz es lehrt, ganz unabweisbar einen recht *elementaren Unterschied* zwischen äußerer Wirklichkeit und innerer gelebter Wahrnehmung und Erfahrung.

Dieser *Unterschied* ist es nun, den eine „aufgeklärte" Naturwissenschaft eigentlich langsam erkennen und auch angemessen berücksichtigen sollte. Eine gute Möglichkeit, diesen Unterschied anhand eines anschaulichen Vergleichs zu beschreiben, ist das *Sender/Empfänger-Modell der Realität.*[23]

Man kann das Verhältnis unseres Gehirns zur *Welt an sich* nämlich ganz gut mit der Entstehung von Bild und Ton in einem altmodischen Fernsehgerät vergleichen. Auch dort werden Informationen aus Feldern empfangen, decodiert (entschlüsselt) und dann verarbeitet. Die Summe der empfangenen Signale ermöglicht schließlich einen, stets momentanen, Gesamteindruck. Ganz analog fungiert nun in unserem Modell die materiell/energetische Außenwelt als *Sender*, der unseren Sinnen, unserer Wahrnehmung - und damit unserem Gehirn - *Signale* liefert.

Diese Signale werden jedoch nur ausschnittsweise und zudem auch noch stark gefiltert empfangen. Unser Auge zum Beispiel kann bekanntlich nur einen recht kleinen Teil der fantastischen Bandbreite elektromagnetischer Strahlung überhaupt erkennen und ausnutzen. Die objektiv vorhandenen Möglichkeiten zwischen den ultrakurzen Gammastrahlen im milliardstel Millimeterbereich einerseits und den extrem langen Radiowellen im Meter- oder sogar Kilometerbereich andererseits werden von unserem

Auge nur in einem sehr, sehr schmalen Spektrum empfangen - und zwar zwischen 0,4 und 0,7 Tausendstel Millimeter (Mikrometer). Der Rest der nahezu grenzenlosen Gefilde elektromagnetischer Strahlung *existiert* für unser Welterleben einfach nicht - bzw. kann von uns *auf direkte Weise* nicht verarbeitet werden.

Ähnliches gilt auch für die akustische Wahrnehmung. Was objektiv beim Hörvorgang passiert, ist wiederum die Transformation von Wellen - wellenartige Stauchungen und Streckungen der Luft, die von unserem Trommelfell registriert, im Hörzentrum unseres Gehirnes dechiffriert und als *psychische Erfahrungen* von Tönen - komplett vermischt mit unterschiedlichen Gefühlsinhalten - erlebt werden. Unser „Empfänger" für akustische Signale reagiert dabei auf Wellen im Bereich von 20 bis 20.000 Schwingungen pro Sekunde.

Und auch die anderen Aspekte der „objektiven" Realität, die wir mit unseren Sinnen wahrnehmen und erfahren, sind gut in einer Sender/Empfänger-Entsprechung beschreibbar und verständlich. Wie Farben und Töne existieren tatsächlich auch Tastempfindungen, Geschmack und Geruch eigentlich nur sehr bedingt in einem rein objektiven Sinne. Sie sind biologisch, chemisch und physikalisch *keinesfalls* vollständig messbar, sondern treten zum allergrößten

Teil sogar auf dem subjektiven, inneren Bildschirm *überhaupt nur* in Erscheinung! Beim Geschmack zum Beispiel senden molekulare, in der Nahrung vorhandene, messbare Strukturen bestimmte Signale an unsere Geschmacksnerven auf der Zunge, die als empfangende „Antennen" speziell auf diese Strukturen reagieren können und Impulse an das entsprechende Zentrum in unserem Gehirn weiterleiten. Dort werden sie dann ausgewertet und beurteilt. Allerdings *stets individuell*, weil irgendwo dort wohl *unser persönlicher Geschmack* „gespeichert" ist - ***wie genau*** ist jedoch keineswegs klar, und wird es auch nicht, indem bestimmte Hirnareale registriert werden, „die dabei aktiv" waren.

Entsprechend unserer persönlichen Vorlieben und Abneigungen *entscheiden* wir dann - in jedem einzelnen Fall übrigens im Grunde stets neu - ob wir etwas Bestimmtes mögen. Wie jeder selbst schnell erkennen kann, schmeckt zum Beispiel Spinat nicht „objektiv" gut oder schlecht, sondern jedem wie auch immer. Über Wohlgerüche, die ebenfalls molekular vermittelt werden, lässt sich bekanntlich ebenfalls trefflich streiten. Und unser Fühl- oder Tastsinn schließlich ist der weitaus unspezifischste und auch älteste (primitivste) Teil der Bewusstseinserfahrung unseres Gehirnes. Aber erst die ***Gesamtheit*** unserer Sinneserfahrungen bewirkt ein komplettes Ich-Empfinden, die *Bewusstheit* unseres Seins.

Fassen wir zusammen: Wir verarbeiten verschiedenste Reize, Signale, Erfahrungen und Wahrnehmungen zu einem einheitlichen, homogenen - und vor allem auch lange Zeit *beständigen* - Ganzen, wir erleben uns als „Ich". Während aber definitiv nur ***genau eine*** äußere, objektive Welt existiert, ist die Zahl der inneren Welten so groß, wie es wahrnehmende Individuen gibt. Jedes lebendige Wesen ***erschafft*** „seine eigene Welt" daher ***stets selbst*** - und zwar in jedem einzelnen Augenblick seines Lebens.

Es ist darüber hinaus wichtig zu bedenken, dass die Eindrücke, die unsere Sinne uns von der Realität vermitteln, unser Innerstes *stark gefiltert* erreichen. Wir nehmen immer nur einen *deutlich reduzierten* Teil dieser Welt wahr - und zwar selbst dann, wenn wir unsere Wahrnehmung mit verschiedenen, zumeist technologischen Mitteln mittlerweile erstaunlich weit *transzendieren*. Und schließlich müssen wir uns noch darüber *bewusst sein*, dass wir das „da draußen" bei unserer Erfahrung der Wirklichkeit *immer subjektiv-individuell interpretieren*.

Es ist also *keineswegs* die „Welt an sich", die mir meine Sinne vermitteln, sondern ohne Zweifel stets *meine eigene*, ganz persönliche Welt - die aber immer und in jedem Augenblick unserer physisch/materiellen Existenz *verbunden* ist und bleibt mit dem *gesamten Rest* dieser Welt.

Gleichzeitig ähnelt unser Gehirn aber, um im Modell zu bleiben, auch einer Fernsehkamera, die Empfindungen und Gedanken in elektromagnetische, molekulare, chemische oder auch sonstige Signale kodieren (transformieren) kann und dann als *Information* für andere „Empfänger" in die Welt „da draußen" schickt.

Wie jedoch ***genau*** die unterschiedlichen, von unseren „Antennen" empfangenen und gesendeten energetisch/ materiellen Signale *in die psychische Dimension der Ich-Empfindung eines jeden Einzelnen* ***umgewandelt*** werden, dies allerdings ist die wirklich spannende - und auch ***entscheidende*** - Frage. Sie bleibt aller Gehirnanalyse, Genomforschung usw. zum Trotz, wie bereits mehrfach erwähnt, nach wie vor rätselhaft.

Wenn wir das Sender/Empfänger-Modell zum näheren Verständnis psychischer Bewusstseinsprozesse anwenden, ergibt sich daraus *zwingend*, dass unser Gehirn Gedanken- und Gefühlsinhalte eben *gerade* ***nicht*** *erschafft*, sondern lediglich ***ermöglicht***. Es macht Bewusstseinserfahrungen *auf individuelle Art erlebbar* und fungiert so als ***Schnittstelle*** zwischen der objektiven, *materiellen* Welt einerseits und der *nicht-lokalen Bewusstseinsrealität* andererseits.

Diese *nicht-lokale Bewusstseinsebene* kann unter bestimmten Umständen - Gebete, Visionen, Meditationen usw. - ***direkt wahrgenommen*** werden.

Gibt es einen *Plan* für diese Welt?

Es gibt erwiesenermaßen eine ununterbrochene Verbindung zwischen jedem Lebewesen unserer Zeit und allen seinen Vorfahren - sowie noch weit darüber hinaus zurück bis zum Ursprung lebender Materie auf diesem Planeten. Bis hin zur sogenannten Urzelle also. Diese Zelle soll durch spontane *Urzeugung* entstanden sein, dass heißt, durch die zufällige „Belebung" vormals lebloser Atome und Moleküle, lediglich aufgrund bestimmter, mathematisch definierter Naturgesetze.

Die Grenze jedoch zwischen belebter und unbelebter Materie bildet, wie bereits erwähnt, *bis heute* jene Grauzone, wo wissenschaftlich fundiertes Denken aufhört und der spirituelle Bereich des Glaubens und des Vertrauens beginnt. Ist die Bildung dieser Urzelle *wirklich* rein zufällig erfolgt? Ist der Ursprung allen Lebens tatsächlich nur ein *rein materielles* Ereignis, das ohne Idee, ohne eine Entsprechung - oder auch so etwas wie einen „Plan" - in der geistigen Welt erfolgen konnte? Und es erscheint in der Tat eigentlich auch extrem schwer vorstellbar, dass ein in einem solch hohem Maße strukturiertes und organisiertes Gebilde, wie schon *eine einzige lebendige Zelle*, wirklich nur *rein zufällig* entstanden sein könnte.

Im Zellkern der Zelle gibt es ganz offensichtlich so etwas wie einen *Plan* - es ist die DNA (oder auch RNA). Ein Plan aber beinhaltet immer auch eine *Idee* -

und eine Idee ist Geist. Ohne die *kreative Idee* eines Architekten, ohne seinen *Bauplan* und seine *Anleitung* könnte eine Kathedrale oder ein Hochhaus nie gebaut werden. Es erscheint auch nur schwer vorstellbar, dass die vielzitierten Affen, die wahllos auf einer Tastatur herumhämmern, irgendwann tatsächlich einmal mit statistischer Wahrscheinlichkeit *rein zufällig* ein Werk von Shakespeare reproduzieren können. Der Plan aber - und die „Information", die *kreative Idee*, die jeder Plan enthält - muss irgendwie *gesendet* und *empfangen* worden sein.

Was aber nun bereits auf der Ebene der Atome und Zellen gilt, sollte natürlich für die Entstehung von Organen und vor allem auch von komplexen Lebewesen die *gleiche* Gültigkeit haben. Das „blindwütige" Wirken eines Zufalls, der - lediglich durch mathematische Gesetze gelenkt - ***sämtliche*** Voraussetzungen unserer materiellen Welt ***erschafft***, erscheint bei näherer Betrachtung dann sogar nicht nur unwahrscheinlich, sondern sogar extrem unglaubwürdig, auch wenn noch so „Viele-Welten" angenommen werden.

Die Entstehung einer ersten *lebenden* Zelle, der kleinsten Einheit von Organismen, als Folge spontaner Mutation und Auslese aus anorganischem Material anzusehen, ist wissenschaftlich tatsächlich auch nur relativ dürftig belegbar. Gleichzeitig sind aber nicht nur die Zellen, sondern bereits *Atome* und *Moleküle* hochspezialisierte und organisierte Gebilde. Auch sie stellen bereits eine Art Mikrokosmos oder auch „Mini-Welt" dar. Es ist nebenbei bemerkenswert, dass sowohl diese kleinste, stabile Einheit *lebloser* Materie - das Atom - als auch die kleinste Einheit *belebter* Organismen - die Zelle - einen *ganz ähnlichen* Bauplan aufweisen: *Beide* setzen sich aus Hülle und Kern zusammen, in *beiden* stellt der Kern den wesentlichen Bestandteil dar, in dem sich die charakteristischen Merkmale konzentrieren, beide interagieren auf ähnliche Weise mit ihrer Umwelt usw. (was auf eine Art Verwandtschaft des „Bauplans" schließen lässt).

Wenn diese Korrelation aber *bereits auf der Ebene der Atome und Zellen* gilt, um wie viel mehr sollte sie dann doch wohl auch für all die zahllosen *höheren* Formen des Lebens gelten. Für die Folgerichtigkeit dieser Argumentation ist es übrigens völlig ohne Belag, *wie genau* die Evolution sich dabei vollzogen haben mag - ob nun durch schrittweise kleinste Mutationen oder aber durch sprunghafte Veränderungen aus unterschiedlichen Gründen - ebenso ist es nebensächlich, in welchen Zeiträumen dies geschah.

So, wie beispielsweise in einem imposanten Gemälde, einem emotionalen Musikstück, oder wo auch immer sonst, die *kreative Idee* des Künstlers zum Ausdruck kommt, genauso könnte aufgrund einer nicht-lokalen Verbindung oder morphischen Resonanz ein bewusster

Geist seinen Plan, seine Idee *für jedes einzelne Wesen* erkennbar werden lassen - eine Analogie, die aber keineswegs als wissenschaftliche Aussage oder gar Beweis missverstanden werden sollte. Je höher entwickelt das jeweilige Geschöpf dabei ist, je komplizierter und auch differenzierter seine *Form*, die *Materialisation* seiner Gestalt in der objektiven Welt also, *desto größere geistige Entsprechung* kann so vielleicht durch sie *zum Ausdruck gebracht* werden.

Und die wohl am Weitesten entwickelte Struktur auf diesem Planeten, das komplizierteste Organ zur Welterkennung ist ganz eindeutig unser menschliches Gehirn. Gleichzeitig lässt sich eine der differenziertesten Formen der Organisation, der „Plan" der für die Vererbung unabdingbar notwendigen Prozesse in unserer DNA lokalisieren.

In uns haben sich die körperlichen und geistigen Fähigkeiten nun bereits in einem solchen Maß entwickelt, dass sie uns nicht nur in die Lage versetzen, vorausschauend und planend zu handeln. Sie geben uns aktuell auch die Möglichkeit, die erwähnten Zusammenhänge zu erkennen und uns unseres ganzheitlichen Selbst *bewusst* zu werden. Auf diese Weise kann sich der Schöpfergeist ***in uns*** tatsächlich ***seiner Selbst bewusst*** *werden* - was seit je natürlich Kern und Ziel eines jeden spirituellen Weges ist.

Als Materie sind das menschliche Gehirn und die DNA Teil des materiellen Universums. Mit ihrer Hilfe werden sämtliche Informationen empfangen, die zur Stabilisierung und Weiterentwicklung der Evolution unabdingbar sind. Gleichzeitig findet aber immer auch ein umgekehrter Transport statt, der das nicht-lokale, endlose, ewige Bewusstseinsfeld sozusagen „füttert".

Wir sind somit gleichzeitig sowohl *Sender* als auch *Empfänger* in einer Welt, die zwar dualistisch (bzw. komplementär) in geistig und materiell *getrennt* erscheint, die schließlich aber *nur dann* funktioniert, *funktionieren kann*, wenn letztlich *die* ***Einheit*** - und zwar *in jedem Einzelnen von uns - vollzogen* wird.

Jeder Mensch, *jedes Lebewesen* trägt in seinem Innersten stets seinen ganz persönlichen Sender und Empfänger für die Wirklichkeit mit sich herum. Die Wirklichkeit oder die „Welt an sich" ist daher kein fest umrissener, klar definierbarer, messbarer Zustand, sondern vielmehr ***immer*** das Ergebnis eines *kontinuierlichen, dynamischen Prozesses*, der *in jedem Augenblick in jedem Einzelnen von uns stattfindet.*

Eigentliche Wirklichkeit gibt es also *immer nur im* ***Hier und Jetzt*** - eine wissenschaftlich begründbare Sichtweise, die uns aus ganz unterschiedlichen spirituellen Zusammenhängen weltweit bekanntlich wohlvertraut erscheint. Wir sind somit nicht nur beziehungslose, *passiv erleidende* Organismen, sondern gleichzeitig immer auch ***Schöpfer der Wirklichkeit***. Unsere kreative Fähigkeit ***teilen*** wir auf diese Art mit dem allumfassenden Geist, dem *nicht-lokalen Bewusstsein* dieses Universums. Somit ***sind*** wir also immer auch ganz real ein ***Teil*** von Gott.

Das *Sender/Empfänger-Modell der Realität* zeigt in einem sehr einfachen Bild, dass eine Idee auf materiellem Weg zum Ausdruck gebracht werden muss, um existent zu sein. Es zeigt auch, dass alles mit allem verbunden ist: Vom Atom/Molekül über die Urzelle und die unzähligen Formen der Lebendigkeit, von den Planeten, Sonnen und der gewaltigen Zahl der Sternsysteme bis hin zu den Galaxien und Galaxienhaufen, den aktuell größten bekannten Strukturen unseres Universums - *jede einzelne Form* ist der materielle (oder auch energetische) Ausdruck einer Idee, einer geistigen Entsprechung, eines kreativen Prozesses, eines Planes - die materielle Entsprechung eines allumfassend und allgegenwärtig wirkenden, schöpferischen Geistes.

Der Terrorist in unserem Kopf

Die ***Kraft*** dieses kreativen, schöpferischen Geistes, die Mystiker nennen sie *Liebe*, ist unteilbar. Wir *haben teil* an dieser Kraft. Wir haben die „Macht" - immer und überall. Wie ein Fluss fließt sie durch uns hindurch, ist mit uns, in uns. Und wie in einem Fluss etwa ein Stein, ein Wasserfall oder auch die Wellen, die aus allen Richtungen aneinanderstoßen, das *Fließen* des Wassers verändert, genau so verwandeln auch wir diese Kraft, immer und überall - ob wir dies nun erkennen und zulassen oder auch nicht.

Diese Kraft *vollzieht* die Schöpfung. Sie kann als *Einheit* verstanden werden. Oder sogar als umfassendster lebendiger Organismus überhaupt. Als *Wesen*, vergleichbar zum Beispiel mit GAIA, die als Wesen der Erde beschrieben wurde. Ein jeder und jedes ist *Teil* dieser Einheit und *braucht* den Anderen - schon allein zum bloßen Überleben.

Eine wichtige Erkenntnis, die sich ebenfalls aus der rationalen, nicht-lokalen Betrachtungsweise des Bewusstseins ergibt, ist also: Immaterielle Felder oder Resonanzen ***verbinden*** jedes Ding und Wesen mit allen anderen. Durch dieser Felder *fließt* der Geist. Je stärker sie *in uns verankert* sind, desto *sicherer* sind wir daher auch mit dem nicht-lokalen Geist des Universums verbunden, desto *bewusster* sind wir uns gegenüber den Bedingungen und Regeln der Schöpfung und desto mehr Leben und Liebe strömt in uns und durch uns hindurch.

Der wissenschaftliche Ansatz kann uns also ganz konkret dabei helfen, eine jahrtausendealte mystische Weisheit oder Wahrheit aus einer ganz neuen

Perspektive zu erfahren - und sie somit *auch mit unserem Verstand zu begreifen.* Die Ratio ist daher, wie wir an unglaublich vielen Beispielen erkennen können, ein ganz wunderbares *zusätzliches* Werkzeug, um parallel und ergänzend zur spirituellen Erfahrung ein tiefer gehendes Verständnis unserer ganzheitlichen Wirklichkeit zu erreichen. Gleichzeitig ist sie aber auch ihr größtes Hindernis.

Wenn wir benennen sollen, was uns hauptsächlich davon abhält, in jedem Augenblick des Hier und Jetzt *präsent* zu sein, steht an erster Stelle - neben Ablenkungen vielfältigster Art - die *eigene innere Stimme*, die uns einen ständigen Dialog mit uns selbst aufdrängt. Dieser innere Dialog ist aber in einer erstaunlich großen Zahl der Fälle nicht nur ausgesprochen penetrant, störend und viel zu oft überflüssig, sondern mitunter sogar kontraproduktiv. Wenn wir die Verbesserung einer emotional unbefriedigenden oder auch belastenden Situation erreichen wollen, ist es daher erst mal wichtig zu erkennen, *wie* wir uns unser Leid durch das Wirken einer überdimensionierten Rationalität manchmal geradezu *selbst erschaffen* - und uns dadurch schaden. Wir *wollen* gar nicht denken, scheinen es aber geradezu zwanghaft irgendwie zu *müssen* - und *produzieren* mitunter dadurch erst *tieferes* Leid, dass ohne „Denkzwang“ *so* gar nicht sein müsste.

Ein wichtiger Grund für diese Situation ist natürlich kulturell bedingt. Von klein auf wurde und wird uns beigebracht, dass die Zauberwelt des kindlichen Denkens und Fühlens nicht wirklich sei und allerspätestens nach der Grundschulzeit hat ein „normales" Kind diesen Zauber durchschaut zu haben - und „logisch-rational" zu denken und zu handeln (den Weihnachtsmann gibt es ja gar nicht usw.). Mittlerweile ist dieser rationale Erziehungsansatz auch bereits soweit etabliert (und sogar zu einer Art globalem Standard geworden), dass bereits im Kindergartenalter Englisch, Mathematik und logisches Denken wie selbstverständlich spätestens ab der Vorschule unterrichtet werden - man kann ja gar nicht früh genug damit anfangen, ein Kind kognitiv zu trainieren und zu konditionieren.

Dieser Ansatz hat jedoch - was leider im „digitalen Zeitalter" die wenigsten zu wissen scheinen und bedenken - auch gewisse *Nachteile*, wie spätestens dann *selbst* erkannt werden kann, wenn *materieller* Konsum zur Befriedigung elementarster Bedürfnisse *allein* offensichtlich nicht mehr ausreicht. Oder wenn der *Sinn* für das eigene Leben abhanden gekommen ist, wenn *Liebe* im Leben fehlt und auf *kognitivem* Weg nur bedingt eine Verbesserung der Situation erreicht werden kann etc. - dann also, wenn sogenannte *Grenzerfahrungen* gemacht werden.

Diese Grenzerfahrungen betreffen in einer Welt der totalen Reizüberflutung und des wachsenden Informationsoverkills heutzutage offensichtlich immer mehr Menschen. Immer mehr sind somit auch auf der Suche nach einer Kompensationsmöglichkeit, die den sich ausbreitenden negativen Symptomen einer einseitig materiell wachstumsorientierten Konsumgesellschaft effektiv entgegenwirken kann.[24]

Ein bekanntes Beispiel für diese Entwicklung ist der Siegeszug des Yoga, vor allem in den letzten zwei Jahrzehnten. Früher noch als esoterische Spinnerei einiger weniger „Müslis" oder auch „Ökos" verspottet, und bestenfalls mit einen milden Lächeln toleriert, kommt nun die Yoga-Kultur mittlerweile selbst im breitesten Mainstream in unserem Alltag an, um gewissen Symptomen der Überlastung oder auch anderer Ausfallerscheinungen der modernen Industriegesellschaft effektiv zu begegnen und entgegenzuwirken. Doch stellen viele Praktizierende bereits nach kurzer Zeit fest, dass ein ausschließlich *rationaler* Zugang nur begrenzt hilft - was übrigens auch für andere Therapie- und Entspannungsansätze gilt. *Wirklich* wirksam sind Yoga-Training, Tai Chi, Progressive Muskelentspannung, Qi Gong usw. *nur dann*, wenn man umfassend „loslässt", wenn man den inneren Dialog einmal anhalten kann und den Terroristen im Kopf - zumindest für eine gewisse Zeit lang - ein wenig beruhigt.

Das allerdings ist nicht immer so ganz einfach, wie es klingt. Hektik, Stress, die Notwendigkeiten und häufig existentiellen Sorgen und Nöte unseres täglichen Alltags scheinen uns viel zu oft die Möglichkeit zu verbauen, wirklich „still zu sein".

Wenn wir jedoch einem Kind beim selbstvergessenen Spiel zuschauen, wenn wir *spüren,* wie selbstverständlich und ausschließlich dieses Kind einfach nur *da ist*, können wir bereits eine gute Vorstellung davon gewinnen, welche Fähigkeit es ist, die uns da als Preis für unsere materiell so erfolgreiche Rationalität abhanden gekommen ist. Eine Kompetenz, die wir aber jederzeit in uns *wiederentdecken* können - und die uns in jedem Augenblick unseres Lebens und an jedem nur vorstellbaren Ort dieser Welt mit der nicht-lokalen Bewusstseinsrealität *verbindet.*

Eine der wichtigsten *Voraussetzungen* für diese Fähigkeit und heilsame Art der Naturerfahrung ist die Wahrnehmung der Welt als eine umfassende *Intimität* - eine tiefe Verbundenheit sowohl mit uns selbst, als auch mit unserer Umwelt. Der aktuelle Zustand des Menschen in der rational organisierten Welt ist aber ganz offenkundig eher der eines steten Mangels. Wir *wollen* etwas und sind alle irgendwie süchtig - nach Macht, nach Einfluss, nach Sex, nach Anerkennung oder nach was immer sonst - und diese Sucht wird von der Werbung zudem auch noch gezielt attackiert.

Wenn „nichts da" ist werden wir schnell sehr unruhig. Wir langweilen uns und irgendein Input muss her - heutzutage zumeist in Form dumpfer, oberflächlicher Unterhaltung, Extremerfahrungen oder Drogen. Weil dieses Gefühl der Leere nur schwer zu ertragen scheint, blenden wir es aus und beschäftigen uns lieber „mit etwas" - wie jeder selbst sieht, der an einer beliebigen Bushaltestelle mal einen Blick auf die Wartenden wirft.

Was aber wirklich fehlt, ist nicht *materieller* Natur. Was fehlt, ist auch nicht der, unter Umständen auch von manch spiritueller Bewegung als Lösungsansatz propagierte, *digitalisierte Umgang* miteinander in den sozial genannten Medien. Was fehlt, ist der Kontakt *von Mensch zu Mensch* - und natürlich auch von Mensch zur Natur. Was fehlt, ist wirkliche, wahre Vertrautheit - eine tiefe, *innere Verbundenheit* und *Liebe.* Diese Verbundenheit aber *entsteht* erst durch das *Zulassen von* ***realer*** *Nähe.* Sie ist der *ursprüngliche Zustand,* die *Einheit* mit der Natur, aus der wir hervorgegangen sind - und in die wir alle ohne jeden Zweifel irgendwann zurückkehren werden.

> „Tatsächlich kann unser Verhältnis zur Welt im Grunde eigentlich gar nicht mehr anders beschrieben und verstanden werden als eine *umfassende Intimität.*"[25]

Es ist uns im Alltag natürlich nicht ständig und überall bewusst, *wie sehr* wir in jedem einzelnen Augenblick mit anderen Menschen und Strukturen *verbunden* sind, wie sehr sich sowohl unser Körper als auch unser Geist auf vielfältige Weise in einem *ständigem Austausch* mit anderen Wesen, Prozessen und immateriellen Feldern befindet - wenn Sie das nicht glauben können dann versuchen sie bloß einmal nur fünf Minuten lang nicht zu atmen, ein paar Tage lang nichts zu trinken oder auch *sämtliche* Kontakte zu anderen Menschen, Tieren oder Pflanzen für, sagen wir einmal, zwei Wochen *komplett* zu unterbinden.

Uns ist der *Sinn* für die stete Verbundenheit verloren gegangen. Wir spüren sie nicht mehr. Was „außerhalb" von uns liegt, ist von uns getrennt. Wir sind im Zuge der Aufklärung zu *Individuen* geworden, deren einzige Erfüllung in der möglichst umfassenden Ich-Befriedigung der unterschiedlichen Bedürfnisse einer materiellen Welt liegt. Einer Befriedigung, die natürlich *nur* auf kognitivem Wege allein *überhaupt* erreicht werden kann. Also durch möglichst viel Konsum und rationales Denken - wobei anzufügen wäre, dass auf diese Weise immer irgendwann, beinah automatisch und geradezu *zwangsläufig*, sozusagen systembedingt und vielleicht sogar gewollt, ein Gefühl des „nie genug" eintritt.

Das Meiste davon sind natürlich Dinge, die aus materialistischer Sicht ohnehin unbeseelt sind und daher auch achtlos ausgebeutet werden können - wie zum Beispiel Erdöl, Ackerland, Grundwasser, Gewässer, Pflanzen etc. Das viele der größtenteils ebenfalls als seelenlos angesehenen Tiere seit langem industriell ausgebeutet werden, ist auch gängige und akzeptierte Praxis dieser Grundhaltung. Aber das mittlerweile selbst Menschen einem bezifferbaren Wert entsprechen, als „Schnäppchen" usw. angepriesen[26] - oder gar auf unterschiedliche Weise als eine Art moderner Sklaven ausgebeutet - werden, auch dies ist unbemerkt von den Meisten von uns schon längst zum Standard einer (globalisierten) Zivil- und Wettbewerbsgesellschaft geworden, deren *Verbundenheit* und *Intimität* immer mehr verloren zu gehen scheint.

Dieser allgemeine Verlust des In-Kontakt-Stehens *entfremdet* uns. Nicht nur von uns selbst, sondern auch von der Erde, von der Natur, von der geistigen Welt und von den Feldern des Lebens. Dies ist natürlich auch einer der absolut zentralen Gründe für die aktuelle Beziehungs- und Orientierungslosigkeit der Menschen untereinander *und* auch für den immer achtloseren Umgang mit unseren Mitmenschen und unserem Planeten - der in Form von Klimawandel und anderen Problemen bereits längst wieder begonnen hat ganz konkret auf uns zurückzuwirken.

Immer mehr Rücksichtslosigkeit und Gewalt, immer mehr Empathielosigkeit und soziale Kälte können auf diesem beziehungsarmen - oder sogar bereits gänzlich beziehungslosen - Boden gedeihen.

Intimität dagegen bedeutet ***einerseits***, mit *sich selbst*, mit seinem tiefsten Inneren, ***in Kontakt*** zu stehen, reale Gefühle ***wahr***zunehmen, *anzunehmen* und zu spüren. Wenn wir gegen uns selbst kämpfen, wenn wir unsere Gefühle ablehnen und sie so, wie in einer Art Verlies, wegzusperren versuchen, werden wir auf lange Sicht Symptome entwickeln, die in irgendeiner Weise einen Mangel anzeigen und irgendwie bekämpft werden müssen - sei es nun rein medizinisch, sei es durch Ablenkung jedweder Art oder durch was auch immer sonst. Wenn wir es jedoch schaffen, unser Herz zu öffnen und die jeweilige Situation und Realität - so gut es eben geht – erst mal *anzunehmen*, werden bereits die entscheidenden inneren Voraussetzungen für eine Heilung der belastenden Gefühle (und auch ihrer Symptome) geschaffen – und das gilt *auch* oder sogar *gerade* für die Schlimmsten unserer Emotionen und belastendsten Gefühle.

Dasselbe gilt natürlich ***andererseits*** auch für „das Außen". Wenn ich meine Arbeit hasse, wenn ich ständig mit Anderen im Clinch liege oder sonst irgendwie hadere, wird Verbundenheit, Kommunikation und Intimität schwer. Wenn ich jedoch *sämtliche*

Erfahrungen - *auch* die sehr Negativen - als *Aufgaben, Chancen und Möglichkeiten* zur Weiterentwicklung und Reifung begreife, fällt es mir leichter, die jeweilige Situation *anzunehmen*, wie sie nun einmal gerade ist - und sie nicht zuletzt dadurch bereits ein wenig positiver zu gestalten.

Auf diese Art, wenn wir in letzter Konsequenz *die ganze Welt* als „Du" begreifen, als reales *Gegenüber* (und nicht als beziehungsloses Etwas, als Ding oder Objekt zu dem keine Verbindung besteht), als *Wesen*, mit dem wir stets und unvermeidlich *in einem umfassenden inneren und äußeren Kontakt und Dialog verbunden sind*,[27] entsteht *Intimität*.

Das ist - zumindest im Prinzip - auch tatsächlich schon *alles*, was wir *tun* können, für uns selbst *und* für die Welt. Ändern wir den Zustand unserer *Intimität*, unserer innerlichen und äußerlichen Beziehungen, und wir ändern bereits uns selbst und unser Umfeld entscheidend und nachhaltig und nehmen ganz konkret Anteil und Einfluss auf die weitere Entwicklung dieser Welt. Und sei dieser Beitrag auch noch so klein - dieser Ansatz ist immer noch besser als: Das hat doch alles keinen Zweck, das nützt sowieso nichts mehr, man kann eh nichts ändern usw.

Und das Prinzip der ***Intimität*** ist tatsächlich auch zunächst die einfachste Art, um den Terroristen im Kopf überhaupt zu *erkennen* - und ein wenig zu besänftigen. Wenn wir es dann auch noch schaffen, nicht zu hadern, wenn uns diese Verbundenheit (und Stille) nicht immer gelingt - wenn also alte Mechanismen, Ängste, wohlvertraute seelische Schmerzen aufgrund tiefgehender Verletzungen usw. wieder einmal durchbrechen *und uns zu beherrschen* drohen - dann sind wir schon ein großes Stück vorangekommen, auf einem Weg, der zu mehr innerer Ruhe und irgendwann auch zur Heilung führt.

Das Feuer der Liebe

Wie wir die Welt erleben, hängt vor allem davon ab, welche Überzeugungen wir innerlich als Tatsachen, als unsere Wirklichkeit akzeptieren. Wenn wir uns zum Beispiel ständig nicht gut genug fühlen, werden wir auch immer wieder die Erfahrung machen, *nicht gut genug zu sein*. Es ist aber **nicht** die *objektive Realität*, die wir dann erleben. Was wir *sind*, das also, was unser Innerstes, unseren Wesenskern, unser Ich wirklich ausmacht, haben wir uns - weitestgehend - *selbst geschaffen* - und zwar mit unseren Gedanken. Wir haben uns *mit unserem Gefühl* **identifiziert**. Ich **bin** einsam, ich ***bin*** verletzt usw. - anstatt zu „sagen": Ich ***fühle*** mich **momentan** gerade so und so, ich ***bin*** *in meiner* ***Gesamtheit*** aber *ungleich mehr*.

Es ist tatsächlich ***immer** nur **ein** Gefühl* - eines von Vielen. Nicht mehr, aber auch nicht weniger. Es verändert sich und geht letztlich *immer* auch irgendwann vorbei. Wenn wir es also schaffen, aus der jeweiligen *Identifikation* mit dem momentanen Gefühl auszubrechen, lernen wir auch den Umgang mit *allen* Gefühlen. Selbst mit den Schlimmsten, die jedoch paradoxerweise - was aber eigentlich logisch zugleich ist - immer auch das größte *Lern-* und *Heilungspotential* beinhalten.

Man könnte daher ein wenig gleichnishaft sagen: Nur wer leibhaftig - oder besser: ***leid***-haftig - die Hölle *erfahren* hat, kann *wirklich* die Schönheit und den Frieden des Himmels ermessen. Für christlich geprägte Menschen ist dies der „Weg des Kreuzes", den wir beschreiten, wenn wir es schaffen, Gefühle und Schmerz zuzulassen, sie wirklich ganz und gar als zu uns zugehörig zu erachten und sie *anzunehmen.* Es ist „das Kreuz", das jeder von uns auf seine ganz spezielle und persönliche Weise „zu tragen" hat.

Ein Leben völlig ohne negative oder belastende Gefühle ist ohnehin nur schwer vorstellbar. Aber aus dieser Sicht kehrt sich die Bedeutung dieser Gefühle um, und sie können uns tatsächlich ganz konkret dabei helfen, uns zu *heilen.* Buddhisten sprechen in diesem Zusammenhang auch vom *Ende des Leidens,* das höchste Erleuchtung verschafft - die also die direkte

Verbindung zu dem darstellt, was im Buddhismus Gott entspricht. Und auch in der schamanischen Tradition muss man erst ganz persönlich „die Unterwelt durchschreiten", um wirklich „vollständig" da zu sein - und überhaupt für andere heilend wirken und auch helfen *zu können*.

Leid ist daher immer ein sehr bedeutsamer *Weg zu Gott*, auch wenn es natürlich den Meisten von uns sehr schwerfallen wird, die umfassende Bedeutung dieser Aussage zu erkennen - und vor allem *persönlich zuzulassen*. Vielleicht ist es sogar *der wichtigste Weg* überhaupt. Das Leid - bzw. die Angst und der Schmerz, die diesem Leid zugrunde liegen - sind somit gleichsam immer auch unsere wichtigsten Helfer und Verbündeten. Die Frage ist lediglich: Wie können wir einen zumutbaren, praktikablen - und natürlich auch erträglichen - *Zugang zu* und *Umgang mit* diesem, unserem schmerzhaften inneren Helfer finden?

Sozusagen die unterste „Schicht" bei *jedem* leidvollen Gefühl ist *immer* ein *Schmerz* - eine traumatisierende Erfahrung oder Verletzung gleich welcher Art. Die *darauffolgende* Schicht ist aber stets die *Angst* – die Angst vor dem Schmerz, die Angst vor dem Alleinsein, vor der Machtlosigkeit, vor Verlust, vor der Leere etc. In der Regel sind es diese angstvollen Gefühle, denen wir verständlicherweise gerne entfliehen wollen. Wir wollen sie vermeiden. Wir wollen sie nicht haben. Wir tun alles, um sie auf gar keinen Fall spüren zu müssen - und mauern sie damit gleichsam selbst in den Tiefen unseres Bewusstseins wie in einem Kerker ein, aus dem sie jedoch ständig und bei den unpassendsten Gelegenheiten hervorzubrechen drohen und uns massiv zu quälen vermögen.

Schließlich entwickeln wir langfristig seelische und/oder/auch körperliche Symptome - ein aus der Entwicklungspsychologie seit langem bekanntes und untersuchtes Phänomen, dessen Zusammenhang mit der ursprünglichen Verletzung (und auch mit der Angst vor ihr) zumeist schon gar nicht mehr wirklich erkennbar und nachvollziehbar ist. Diese Angst - und den Schmerz, der ihr zugrunde liegt - ***bewusst*** zu machen und sie *in unserem Herzen zu integrieren,* ***ohne*** sich jedoch mit dem Gefühl *zu* ***identifizieren*** - dies ist die grundlegende Basis für ***jeglichen*** Umgang mit Leid, für dessen Überwindung und damit auch für Ganzheit und Heilung, für inneren und äußeren Frieden und für die augenblickliche und unumschränkte Teilhabe an der geistigen Welt und deren kreativer, göttlicher Potenz.

Es gibt faszinierend viele unterschiedliche Wege, um diese intime, bewusste Wahrnehmung unserer Gefühle und der Welt zu erreichen und die Identifikation mit unserem Leid zu durchbrechen. Manche bevorzugen ganz konkrete Anleitungen und klare, vorgegebene

Strukturen und Trainingsmethoden.[28] Andere erleben die Herausforderungen ihres Lebens eher als eine Art *Lernaufgabe*, die uns unser Körper und/oder unser Geist spiegelt, als *Weg* also, den wir *annehmen* können - oder eben auch nicht.[29] Manche praktizieren fernöstliche Techniken der Fokussierung, etwa Yoga und ZEN, oder folgen der nahöstlichen Sufi-Tradition etc., andere wiederum verwenden vielleicht eher freiere Ansätze, indem sie sich zum Beispiel aus den unterschiedlichen Angeboten, Weisheitslehren oder Erkenntniswegen das jeweils für sie ganz persönlich Beste und Passendste heraussuchen und zu nutzen versuchen.

Aber was auch immer es ist, das „Ihre Methode" ausmacht: Werden Sie sich der *Denkmechanismen* bewusst, die Sie in ihrer jeweiligen Situation gefangenhalten und richten Sie ihre *ungeteilte Aufmerksamkeit* auf diese Gedanken - und auch auf die Gefühle, die diese auslösen. Mit diesem ***ersten*** Schritt schalten Sie sozusagen das innere Licht Ihrer Bewusstheit ein, das Sie recht zuverlässig davor bewahrt, weiterhin ein Opfer Ihrer zumeist unbewusst ablaufenden Gedankenprozesse zu sein. Setzen Sie sich quasi *auf die Zuschauerbank ihres Bewusstseins*, lehnen Sie sich zurück und *beobachten* Sie - nicht mehr, aber auch nicht weniger. *Schauen* Sie einfach nur zu, was die Gedanken (und die Gefühle, die sie begleiten) mit Ihnen anrichten können, *ohne* *sie zu werten und zu beurteilen* - was definitiv bereits schwer genug ist und eine möglicherweise sehr lange Zeit bereits Ihre komplette Demut, Achtsamkeit, Aufmerksamkeit und Hingabe benötigen wird.

Manchmal scheint es, als könne diese Art des Umgangs mit den eigenen Gefühlen nicht auszuhalten sein, und viele versuchen daher verständlicherweise auch, ihre – stets als schmerzhaft empfundene - Realität in irgendeiner Form „abgeben" zu können. Wir können uns natürlich helfen und unterstützen lassen – wie und von wem oder was auch immer. Aber: Eine *Flucht*, gleich welcher Art, *verschiebt* die leidvollen Gefühle letztlich lediglich in die „Ablage Unerledigt" unserer Seele, wo sie dann weiterleben, unbewusst herumspuken und auf Dauer unglaublich viel Schaden anrichten können. Wenn wir es jedoch schaffen, unsere Gefühle *immer dann zu durchleben, wenn sie auftauchen* - so schwer das auch vielleicht erscheinen mag - werden sie sich *mit der Zeit verändern.* Dadurch werden ***wir*** uns schließlich verändern.

Der *erste* Schritt zu dieser Veränderung ist also immer die *bewusste Wahrnehmung der Gedanken*, wenn diese uns wieder einmal „zu beherrschen" drohen. Ein möglicher ***zweiter*** Schritt ist: *Bewusst* – so oft es eben geht und es uns im Alltag einfällt oder auch gelingt - *in die Wahrnehmung der Gedanken hinein zu atmen.* Das hilft, um sich zunächst einmal über die zugrundeliegenden Gefühle, die diese Gedanken in uns auslösen, ein wenig Klarheit zu verschaffen. Lassen Sie Ihren Atem dabei *einfach nur geschehen*, ohne *Wertung*, ohne *Absicht* und auch ohne *Veränderungswunsch*. Versuchen Sie nicht, ihn zu beschleunigen oder auch zu beruhigen, sondern lassen Sie ihn einfach nur zu und beobachten Sie ihn, so wie Sie bereits zuvor Ihre Gedanken – sozusagen lediglich als unbeteiligter Gast - beobachtet haben.

Nehmen Sie als ***dritten*** Schritt dann die *Körperempfindungen* wahr, die die Gedanken begleiten. Ist vielleicht Ihr Nacken ständig verspannt, verkrampft sich Ihr Magen, haben Sie ein Druckgefühl oder ein Gefühl der Umklammerung in der Brust? Haben Sie oft Kopfweh? Schlafen Sie schlecht? Lenken Sie einfach Ihre *Aufmerksamkeit*, Ihre *Achtsamkeit*, Ihre *Bewusstheit*, Ihre *Hingabe* auch auf diese, zumeist körperlichen Gefühle: Wie fühlt es sich eigentlich tatsächlich an, ein verkrampfter Magen oder auch ein schmerzender Kopf ***zu sein****?*

Diese Techniken müssen Sie zwar ein wenig üben und trainieren. Nach einer gewissen Zeit jedoch, die aber nicht insgeheim doch wieder von dem – natürlich absolut verständlichen - Wunsch motiviert sein sollte, negative Gefühle einfach nur loszuwerden, stellen Sie fest, dass Sie die Grundlage für den nächsten, den ***vierten*** - und schließlich auch *entscheidenden* -

Schritt geschaffen haben: dem *bewussten Spüren Ihres seelischen Befindens* und das *Lösen Ihrer jeweiligen* **Identifikation**. Wenn Sie *diese Bewusstheit* schließlich auf ***sämtliche*** *körperlichen* und *seelischen Symptome* lenken und ausdehnen können - und zwar notwendigerweise *nicht* denkend und ablehnend, sondern *immer fühlend* und *bejahend* - dann geben Sie damit zwangsläufig auch den diesen Symptomen in den allermeisten Fällen zugrundeliegenden, oft weit zurückreichenden, schmerzhaften Empfindungen Raum - *Sie lassen sie zu* und *schaffen dadurch Intimität.* Dadurch können sie irgendwann abklingen.

Wenn Sie diese Schritte *üben,* mit welcher Methode oder in welchem Rahmen auch immer, mitunter eine recht anstrengende und auch schwierige Zeit lang, können Sie es irgendwann vielleicht erreichen, selbst die *Identifikation* mit Ihren *schmerzhaftesten* Gefühlen zu durchbrechen - und Ruhe und Frieden zu finden. Machen Sie sich „einfach nur" - und immer wieder neu - *bewusst:* Es sind letztlich immer *nur Gefühle.* Sie klingen wieder ab. Sie vergehen. Sie bringen Sie nicht um, sie müssen nicht Ihren innersten Wesenskern bilden, sie sind ihnen nicht hilflos ausgeliefert, Sie müssen sich nicht mit ihnen *identifizieren,* Sie müssen diese Gefühle *nicht „sein"* .

Aber wie bereits erwähnt: Es reicht *nicht,* wenn wir diese Mechanismen *nur kognitiv* durchschauen. Sie werden sich *nur dann wirklich* verändern, wenn sie im tiefsten, innersten Wesenskern *gefühlt* werden, wenn wir sie ***erleben*** - was mitunter einige Zeit *dauern* kann und natürlich *keineswegs* immer so ganz leicht ist (und gegebenenfalls auch zeitweise therapeutische oder sonstige Hilfe notwendig und ratsam macht). Es ist ein ***Weg***, den wir beschreiten, ein Weg des Erwachens oder auch der Heilung. Ein Weg, der daher notwendigerweise immer ***Zeit*** braucht.

Worte verkomplizieren die Dinge aber oft eigentlich nur unnötig. Und Worte sind auch nicht „das Ding an sich". Ein Wort ist also niemals wirklich das, worauf es sich bezieht, sondern immer nur eine Abstraktion davon. Es deutet auf etwas hin, es erleichtert uns durch gesellschaftliche Übereinkunft unser Zusammensein, den Austausch und die Kommunikation miteinander. Man sollte sich daher auch in diesem Zusammenhang *bewusst* sein: Der Umfang der Worte ist *begrenzt* und *umschreibt* lediglich die Realität - sei es nun in Gedanken oder eben auch in Büchern.

Gleichzeitig sind Worte aber auch unfassbar machtvoll und gefährlich. Worte sollten daher immer auch achtsam, demütig und respektvoll benutzt werden, damit ihre Macht nicht außer Kontrolle gerät und unglaublich viel Schaden anrichten kann. Worte können sogar *ganze Welten* erschaffen. Menschen, die sich dieser Tatsache nicht bewusst sind, können manchmal sogar komplett in diese Welten einziehen - und dadurch den Kontakt zur Realität verlieren, was als aktuelles Phänomen ja auch an so mancher Stelle zu beobachten ist.

Der indische Weisheitslehrer Jiddu Krishnamurti erinnert an die Dringlichkeit und Wichtigkeit dieser Aussage und vergleicht die auch hier unabdingbar notwendige *Achtsamkeit* mit der *unmittelbaren Gegenwärtigkeit*, die jeder *sofort* erfährt, wenn sich plötzlich eine giftige Schlange in der Nähe befindet: Man überwacht sofort jede ihrer Bewegungen, achtet auf jedes kleinste Geräusch usw. und handelt - zumindest dann, wenn schnelles Handeln verlangt ist - absolut spontan, intuitiv *und* gleichzeitig (in der Regel) auch absolut logisch.[30]

Ein solcher Zustand der *totalen Gegenwärtigkeit* aber ist *geballte Energie*, wie jeder bestätigen kann, der oder die ihn schon einmal am eigenen Leib *erfahren* hat. In diesem *völligen Gewahrsein* reagiert nicht unser Verstand - und noch nicht einmal unsere Intuition oder auch unser Instinkt - *allein*, in einem solchen Moment agiert und reagiert tatsächlich *unser gesamtes Wesen* - augenblicklich, spontan und aktiv im Hier und Jetzt. Und diese Art der *achtsamem Gegenwärtigkeit* ist es letztlich, die wir auch im Zusammenhang mit der hier nur ansatzweise angedeuteten Methode anwenden sollten - und durch *Intimität* fördern und *trainieren* können.

Ich stelle mir in diesem Zusammenhang manchmal eine Art inneres Lagerfeuer vor, an dem die einzelnen Gefühle - seien es nun angenehme, neutrale, eher negative oder auch schwierige - quasi personifiziert alle miteinander herumsitzen und sich unterhalten und wärmen dürfen. Dadurch gestatte ich ihnen - was mir natürlich aber auch nicht immer so ganz angemessen gelingt (und stets eine neue Herausforderung ist) - einfach nur *da zu sein* und *wahrgenommen* und *beachtet* zu werden.

Ein Feuer brennt, wenn Brennmaterial und Sauerstoff da sind. Der „Sauerstoff", der dieses innere *Feuer der Liebe* in Gang hält, ist die, oft genug natürlich unbequeme, Ehrlichkeit, Aufmerksamkeit und Hingabe: für Menschen, für die Natur, für Geräusche, Gerüche, taktile Reize usw. Und natürlich auch für unsere *eigenen Körperempfindungen, Gedanken* und *Gefühle* - also *für uns selbst.* Und das „Brennmaterial" für dieses innere Feuer ist *alles, was es berührt.*

Dabei werden die berührten Dinge allerdings nicht *zerstört* - sondern lediglich erkannt, erwärmt und beleuchtet - und dadurch letztlich irgendwann auch *transformiert.* Auf diese Weise, wenn das Licht dieses Feuers bedingungslos in ***alles*** hineinleuchten darf, auch in die dunkelsten Ecken unserer Seele, in die vielleicht seit langem schon kein Bewusstseinsstrahl mehr gefallen ist, kann aus Angst und Schmerz, Trauer und Wut, Einsamkeit, Leid und Frust schließlich Kreativität, Mitgefühl, Empathie, Anteilnahme, Hingabe und Vertrauen - und schließlich vielleicht auch *wahre Liebe* - erwachsen.

Der inneren Stille Raum geben

Die regelmäßige, am Besten natürlich tägliche Praxis von *Übungen der Achtsamkeit* und *Bewusstheit* ist bei der bedingungslosen Annahme von Gefühlen und der Beruhigung der Gedanken natürlich sehr hilfreich. Man könnte sogar sagen, dass sie gleichsam so etwas wie eine *Grundbedingung* ist, die die jeweilige Methode der Transformation, hin zu einem gesunden, bewussten und ganzheitlichen Selbst, stets beinhalten sollte.

Meditation und die achtsame Konzentration gleich welcher Art, Schule oder auch Tradition, dient in erster Linie der Förderung der *inneren Stille* - die gleichsam als Zugangstor zur Verbundenheit und zur Einheitserfahrung verstanden werden kann. Und Bewusstheit hilft uns auf entscheidende Weise dabei, überhaupt *spüren zu lernen* und *denken zu beruhigen*. Meditation und achtsames Spüren sind somit auch immer unsere wichtigsten Helfer, um *Aufmerksamkeit* im *Hier und Jetzt* zu entwickeln. Gleichzeitig hilft die *innere Stille* uns aber auch dabei, unsere *eigene Mitte* zu finden, den *Kern* unseres Wesens - oder auch der jeweiligen *Form*, die sich das universelle Bewusstsein ganz speziell *in* uns, zu diesem Zeitpunkt und an diesem bestimmten Ort, jeweils gerade gegeben hat.

Diese Stille aber wirklich *zuzulassen*, sich ihr bedingungslos *hinzugeben* und zu *öffnen*, ist für die Meisten von uns jedoch nicht immer so ganz leicht. Viele spirituelle Ratgeber verkünden zwar, zumeist aus eigener Erleuchtung heraus, das ganz genaue Gegenteil - und das stimmt im Grunde natürlich auch. Es *ist* letztlich *tatsächlich* unglaublich einfach, *aufzuwachen* und wirklich *da zu sein*. Präsenz und Anwesenheit im Hier und Jetzt *können* direkt erreicht werden, *wenn wir es schaffen*, diese bewusste Verbindung zu allem, was uns umgibt *und* auch zu unserem tiefsten Inneren *direkt* zu erfahren und *ständig* wahrzunehmen.

Und hier liegt aber natürlich leider auch schon der Haken – zumindest für die Meisten von uns. Begreifen wir diese Erkenntnis lediglich *mit dem Verstand*, verarbeiten wir sie *nur mit Worten*, lesen (bzw. schreiben) in schlauen Büchern darüber oder hören und diskutieren sie in Seminaren und Vorträgen - anstatt sie tatsächlich in unserer alltäglichen Lebenswirklichkeit anzuwenden *und zu integrieren* - werden wir in unseren gewohnten und erlernten Strukturen und Mustern verharren und immer wieder im Hadern mit unserer viel zu oft als schmerzhaft und unglaublich leidvoll empfundenen Realität verbleiben.

Dies also *theoretisch* und *rational* zu begreifen, mag leicht sein. In einer Welt der totalen Reizüberflutung jedoch im Alltag *wirklich* präsent zu sein (und vor allem auch zu bleiben) - sich also nicht von der allgegenwärtigen Aggressivität, seelischen Armut, dem Neid oder der materiellen Gier, vom Lärm oder all den anderen Ablenkungen vielfältiger Art „aus der Ruhe" bringen zu lassen - dies fällt jedoch unglaublich vielen oft genug einfach nur sehr, sehr schwer.

Wenn Sie in einer Lebenssituation stecken, die Ihnen vielleicht unzumutbar erscheint, wenn der Wahnsinn der „rationalen Welt" Sie manchmal ganz existentiell verzweifeln lässt, wenn Sie mit Ihrer Lebensweise, Ihrer Art, ihrer Meinung usw. auf Unverständnis oder sogar auf tiefe Ablehnung stoßen, dann werden Sie vielleicht wissen, was ich meine: Erwacht, „erleuchtet" zu sein *und dies auch zu bleiben* ist für viele von uns keineswegs immer so ganz einfach.

Sollten Sie sich aber weiterhin dafür kritisieren und Ihr angebliches Unvermögen, Ihre Unfähigkeit usw. verdammen, geben Sie Ihrer inneren Bereitschaft, vor sich selbst zu fliehen, sich abzulehnen und zu verneinen - kurz: den *negativen* Kräften - jedoch nur unnötig neue Nahrung und Raum. Wenn Sie es dagegen schaffen, *auch diese Schwierigkeiten* bei der

Gestaltung einer spirituellen Lebensweise zunächst einmal einfach nur *anzuschauen* und sie so zu *akzeptieren*, wie sie nun einmal sind, ohne Wertung oder Urteil, wenn Sie auch hier Geduld, Verständnis und Demut entwickeln, jeden Tag etwas mehr, werden Sie irgendwann unvermeidlich eine Zunahme Ihres inneren Friedens und Geborgenheit empfinden.

Hadern Sie daher nicht auch noch mit sich selbst, wenn Rückschläge und Widerstände Sie scheinbar unvermeidlich wieder aus dem Zustand der Verbundenheit herausführen. *Verurteilen* Sie sich nicht (oder auch andere) für ihr angebliches Versagen, lassen Sie *einfach nur geschehen*. Nicht willen- oder gar wehrlos, nicht gleichgültig oder auch ohne Anteilnahme und Empathie, auch nicht ohne den Wunsch, das Unvermögen, die Trauer, die Angst, den Schmerz, den Frust und das Leiden zu überwinden. *Beobachten* Sie lediglich *bewusst* - demütig, geduldig und ergeben. Bieten Sie dem allgegenwärtigen Geist einfach *jeden Tag aufs Neue* - so oft es Ihnen einfällt und auch so oft Sie die nötige Muße dafür entwickeln können - die *eigene innere Stille* an.

Beurteilen Sie auch nicht nicht ihren scheinbaren oder tatsächlichen spirituellen Fortschritt - er ist gewiss nicht messbar. Versuchen Sie nicht, innere Stille *zu erzwingen*. Stille ist *vollkommene Freiheit* und *Vertrauen*, Stille ist *wahre Freude*, *Liebe* und *Glück*, die allesamt „unter Druck" niemals gedeihen können. Schauen Sie sich „Ihre Themen" lieber an, auch wenn dies mitunter sehr schwerfallen mag - wertfrei, achtsam und wach - nicht nur mit dem Verstand allein, sondern auch mit Ihrem Körper *und* mit Ihrer Seele und *ergeben Sie sich* Ihrem Problem - *ohne* aufzugeben. Sie werden sehen: Irgendwann stellt sich *innere Stille* immer verlässlicher und anhaltender ein und es wird gar nicht mehr so lange dauern, bis auch Ihr wahres Selbst *zu fühlen* beginnt, wie einfach und schlicht der *Geist*, das universelle, nicht-lokale Bewusstsein dieser Welt, ganz konkret *kreativ* und *schöpferisch* durch *Sie* zu *wirken* beginnt.

Achtsamkeit und *Meditation* verbinden uns *auf unglaublich direkte Weise* mit unserer Umwelt. Sie sind immer unsere *konkrete Chance* - zumindest für einige Augenblicke - im *Hier und Jetzt anzukommen.* Wir nehmen unsere Umgebung dann *unmittelbar wahr.* Gleichzeitig sind wir auch aktuell anwesend in unserem Körper - und nicht auf irgendwelchen nahen oder fernen Gedankenreisen, die bekanntlich mitunter manchmal nicht nur anstrengend, sondern oft genug auch noch sehr unangenehm sind - Ausflüge, die sogar *weiteres* Leid produzieren können, was in viel zu vielen Fällen eigentlich überhaupt nicht notwendig wäre oder einfach nur hinderlich ist.

Die Erkundung der inneren Stille durch Meditation und Achtsamkeit - gleich auf welche *persönliche* Art und Weise sie auch immer praktiziert werden (und hier ist natürlich immer auch Kreativität und Spontaneität gefragt) - dient im Grunde nur der möglichst alltäglichen, individuellen und direkten Erinnerung an die umfassende, allem zugrundeliegende Verbundenheit mit allem Sein, mit dem *„bewussten Geist"* dieser Welt, eine Erinnerung an unsere ganz persönliche *Einheit mit der Natur*, die nur durch ein Zulassen der *inneren Stille* wachsen und gedeihen kann.

Also: *Meditieren* Sie - so oft es geht. Ein- oder mehrmals täglich. Wenn das nicht geht, dann vielleicht zwei bis dreimal pro Woche, je öfter, desto besser, *ohne* dabei jedoch *zwanghaft* zu handeln oder sich gar „unter Druck" zu setzen. *Atmen* Sie, nicht nur aus Gründen des physischen Überlebens allein, sondern manchmal auch *bewusst*. Und praktizieren Sie möglichst oft die Ihnen gemäße Form von Übungen der Achtsamkeit. Aber: Tun Sie es aus einem Gefühl des *Wollens* heraus, nicht aus einem Gefühl des *Müssens* - Sie werden sehen, früher oder später stellen sich Momente der Ruhe, der *inneren Stille*, die *Verbindung schafft*, nahezu zwangsläufig ein.

Irgendwann werden Sie vielleicht sogar merken: Die Stille hat so eine Art *„Geräusch"*, eine gewisse „Schwingung", auf die wir uns meditativ, atmend und achtsam konzentrieren können. Paradox? Vielleicht. Wenn Sie es „tun" - man sollte natürlich besser sagen: wenn Sie es **Nicht-tun** - werden Sie aber selbst *wahrnehmen* und *verstehen lernen*, was ich damit meine (möglich ist aber natürlich auch, Sie erleben die innere Stille individuell ganz anderes).

Intimität und bewusste Aufmerksamkeit, dies ist im Grunde genommen eigentlich schon alles, um *heil* zu werden und *ganz zu sein*[31] - und dies dann irgendwann vielleicht sogar zu bleiben, im Innen und im Außen, im „großen" und im „kleinen Selbst".[32]

Die Welt anhalten

Im Lärm der heutigen Zeit, in der unglaublichen Fülle zumeist äußerst belangloser Informations-„Häppchen", die unser Geist ständig zu verarbeiten gezwungen wird, finden wir ein gutes Maß für den Grad der aktuellen Entfremdung - sowohl von uns selbst, als auch von der natürlichen Welt und unserer wahren Natur. Immer lauter, immer schneller, immer rastloser - und auch immer rücksichtsloser, wie es scheint - wird unser individualisiertes Ich von klein auf darauf trainiert, Erfüllung vor allem in einer materiellen Welt des Konsums und der Ablenkung zu suchen - und dort niemals gänzlich zu finden.

Die Qual vieler Menschen und die Quelle ihres Leides ist gerade in dieser Tatsache begründet, denn sie besteht in unglaublich vielen Fällen ganz offensichtlich einfach darin, dass Erfüllung *auf diese Art* schlicht nicht zu erreichen ist - immer geht noch mehr, andere haben etwas Besseres, irgendwer übertrifft etwas von uns Geleistetes usw. - eine Erfahrung, die nach unzähligen Enttäuschungen, Skandalen und Exzessen auch mehr und mehr ins kollektive (globale) Bewusstsein der Gesellschaft einzusickern längst begonnen und alternative Wege (des freiwilligen Verzichts, der Bescheidenheit usw.) eröffnet hat. Diese *Quelle* des Leides kann aber *nur individuell* und *persönlich* trockengelegt werden - indem wir die Macht unseres Verstandes *relativieren.*

Keiner der unfassbar vielen Wege der Erleuchtung auf dieser Welt wird Ihnen nun ernsthaft raten, den Verstand zu verlieren - oder auch, ihn nicht zu benutzen, wenn dies geboten und vernünftig erscheint. Auch geht es nicht darum, verrückt zu werden und durchzudrehen, wenn verschiedene Techniken der schamanischen Versenkung von *Ekstase* sprechen usw. Das alles ist natürlich *nicht* damit gemeint, wenn davon die Rede ist, dass es durchaus heilsam sein kann, aus seinem privaten Gedankenkarussel auszusteigen - und damit *die Welt anzuhalten.*[33]

Eine wichtige spirituelle Weisheit jedoch besagt: „Selig sind die *geistig Armen*, denn ihnen gehört das Himmelsreich." Hat Jesus hier etwa nur geistig behinderte Menschen gemeint, die aufgrund ihrer, wie viele meinen, allzu offenkundigen Nachteile in dieser unserer materiellen Welt nach ihrem Tod, quasi ohne eigenes Zutun, ohne ihr Verdienst im Leben, den nächstmöglichen Zubringer zum ewigen Himmelsreich besteigen dürfen? Oder weist uns diese einfache Aussage nicht doch viel eher auf eine wesentlich tiefer gründige Wahrheit hin - auf eine Weisheit, an deren Nichtbeachtung oder auch Fehlen unsere Gesellschaft, unser Planet, unsere *Welt* gerade *ganz akut* erkrankt ist?

Wenn wir den *Kern* einer *jeden* spirituellen Botschaft betrachten, finden wir *immer* die Aufforderung, *innere Stille* anzustreben. Diese innere Stille ist jedoch nur möglich, wenn wir es schaffen, unseren Verstand als das zu durchschauen, was er tatsächlich ist: Als *zusätzliches Werkzeug* eines umfassenderen, *wahrnehmenden, fühlenden* Wesens - und *nicht* als den unhinterfragbaren *Lenker* (und Bestimmer) unseres Seins. Damit jedoch kommen wir definitiv in Konflikt mit der modernen Welt, die vor allem *kognitive* Wege propagiert und *rationale* Werte predigt - und uns durch allerlei Ablenkung und Selbsttäuschung aktiv *zu verkaufen* versucht.

Die schöne, neue, bunte Warenwelt muss ständig den Anschein erwecken, dass es im Leben lediglich darauf ankommt, möglichst ausgiebig und oft zu konsumieren. Dass der *Sinn* unserer Existenz in dieser Welt also nur *im Außen* zu erreichen ist. Sonst funktioniert sie nicht (wie wir gerade in Zeiten der Wirtschaftskrise leicht durchschauen können). Also lernen wir bereits sehr früh, möglichst *unbewusst* drauflos zu leben, uns unterhalten und ablenken zu lassen, zu genießen, zu kaufen usw., um das unverzichtbare, allgegenwärtige *Wachstum*, das allein selig machende Mittel der modernen „Leistungsgesellschaft", nicht zu gefährden - kurz: auf objektivierbarer (und kontrollierbarer), *materieller* Ebene Erfüllung und Glück zu finden.

Das „Ziel" liegt dabei aber immer *in der Zukunft*, niemals in der Gegenwart, denn der jeweilige Reiz ist flüchtig und harrt ständig der Erneuerung: Sei es nun der Kick bei verschiedenen Extremsportarten, sei es das Fitnessstudio, dass nicht mehr nur der gesunden Ertüchtigung des Körpers dient, sondern zur Sucht verkommen ist (die oft genug sogar gesundheitliche Nachteile wie Rückenprobleme oder Leberschäden zu produzieren vermag), oder sei es auch die Abhängigkeit von Alkohol, Tabletten, Zigaretten, Drogen usw.: Ständig brauchen wir *mehr*, die Gegenwart ist stets nur für einen kurzen, flüchtigen Augenblick lang „gut genug" - wenn überhaupt.

Wenn der Verstand aber nur dazu dient, uns auf diese Weise unsere nur scheinbar unverzichtbaren Wünsche zu erfüllen, wenn er die Kontrolle über unser Selbstbild behält, weil er es schafft, uns die Unentbehrlichkeit dieser Bedürfnisse einzureden, wenn er uns beherrscht, wie es momentan immer noch als wichtige Errungenschaft der Aufklärung, als Fortschritt des Humanismus und als kultureller Sieg über unseren vorgeschichtlichen Animismus und Vitalismus verkauft wird, dann *schaffen* wir damit ***uns selbst*** eine Realität - im Inneren *und* im Außen - die letztlich geradezu *zwangsläufig* Krankheit und Leid, Angst und Schmerz, ja sogar Terror und Krieg zu produzieren vermag.

Warum ist das so? Weshalb vermag es unser eigener, unverzichtbarer Verstand so oft, uns zu terrorisieren und zu quälen? Ein möglicher Teil der Antwort ist: Unglaublich viel Gedankenaktivität dient in erster Linie der *Vergrößerung* von Leid, anstatt ihrer Überwindung - weil wir zum Beispiel *darüber nachgrübeln*, was uns alles passieren könnte, oder auch, was wir alles verpasst haben usw. Dadurch aber *entsteht* erst die *eigentliche* Angst und der Schmerz, die sich zudem ständig selbst nähren und uns dadurch *aktiv daran hindern*, zur Ruhe zu kommen, den Wert der Freiheit zu entdecken und Frieden zu finden.

Nehmen wir an, Sie leiden an einer schwerwiegenden Erkrankung. Sie haben die Wahl: Erliegen Sie den Gedanken und *suhlen* sich geradezu darin, welche Folgen Ihnen drohen, welche Auswirkungen diese Krankheit haben könnte, wie viel sie durch sie verpassen können usw. und *verschlimmern* dadurch Ihr ohnehin schon belastendes, aktuelles Leiden nur unnötig? Oder versuchen Sie lieber, so gut es eben geht, Ihr jeweiliges Schicksal als eine Art *Chance* zu begreifen, als für Sie ganz persönlich gemünzte *Botschaft* oder *Aufforderung,* die Ihnen tatsächlich ganz konkret dabei helfen kann, ihre wahren Probleme zu verstehen, an ihnen zu wachsen und schließlich auch daran zu reifen?

Wenn Leid im Leben kommt, ist stets Wachsamkeit gefragt. *Es will uns etwas sagen.* Auch wenn diese Sicht sich innerhalb der Schulmedizin natürlich noch nicht wirklich etabliert hat, werden die zugrundeliegenden Methoden doch zunehmend und auch immer erfolgreicher in ganzheitliche Behandlungsansätze mit eingebaut. Leid ist aus dieser Perspektive dann lediglich *ein Bote,* der uns auf etwas Bestimmtes in unserem Leben aufmerksam machen will - und der so lange bleibt, bis seine Botschaft *wahrgenommen, verstanden* und *gefühlt* worden ist.

Wir können diesen Boten betäuben - durch Ablenkung, Medikamente, Drogen etc. - wir können für eine gewisse Zeit lang auch vor ihm weglaufen. Wir können ihm aber *nicht entkommen.* Er gehört zu uns, er wurde in den allermeisten Fällen gerade durch uns, durch unser bisheriges Leben, unsere Erfahrungen und Erlebnisse - bewusste *und* unbewusste - *ins Leben gerufen* und existiert ***nur*** *aus dem einen* Grund: *Um uns zu warnen.* Seine bei näherer Betrachtung eigentlich unmissverständliche Botschaft lautet: ***So*** geht es nicht weiter. Veränderung, Wachstum, Reifung und Entwicklung ist angesagt!

Die *Boten* des jeweiligen Leides - die Angst, der Schmerz usw. - sind uns natürlich unangenehm. Sie passen nicht in unsere funktionale Welt und müssen daher bekämpft werden. Zur Not mit allen - zumeist schulmedizinischen - Mitteln. Sie sind jedoch nur *Boten.* Sie weisen uns auf eine Störung in unserem ganz persönlichen inneren Gleichgewicht hin - weshalb wir ihnen letztlich eigentlich eher *dankbar* sein sollten, anstatt sie zu verdammen und zu bekämpfen.

Manche glauben nun offenbar, spirituelle Wege seien eine hoffnungsvolle Möglichkeit, Angst und Schmerz zu vermeiden, dem eigenen Leid zu entgehen und seinen „persönlichen Schatten" zu ignorieren. Von den Mystikern können wir allerdings lernen, dass das geistige Prinzip, das wir Gott nennen, nicht nur eine gütige, barmherzige, eine gnädige und *helle* Seite hat, sondern immer auch eine *dunkle* Komponente.

Auf persönliche Weise erfahren wir diese dunkle Komponente als Schatten unseres Bewusstseins. Die Mystiker erinnern uns daran, dass *unser Verstand allein* zu dieser dunklen Seite wenig bis gar keinen Zugang hat:

> „Sie bleibt ein Mysterium, auf das auch die Theologie keine befriedigende Antwort zu geben weiß. Es wäre jedoch irrig, das Böse nur auf den Menschen schieben zu wollen. (...) Meister Eckhart lehrt: In *jedem* Werk, auch im Bösen, im Übel der Strafe ebenso wie im Übel der Schuld, offenbart sich und erstrahlt gleichermaßen die Herrlichkeit Gottes. (...)
>
> Auch was wir ´böse` nennen, gehört zur Struktur der Evolution - und damit zu der Urwirklichkeit, die wir *Gott* nennen. (...) Der Teufel ist unser Bruder. Ihn zu ertragen und zu erleiden ist oft besser, als ihn zu bekämpfen. Wir tun gut daran, unsere Schatten zu erkennen und zu integrieren."[34]

Die Erfahrung der Mystiker - nicht nur jener besonders bekannten und inspirierenden Beispiele wie vielleicht Siddhartha Gautama oder auch Franz von Assisi - lehrt uns, dass *alle* Heilswege letztlich eben *genau gegenteilig* gerade *durch Leid und Dunkelheit* ***hindurch*** und erst *nach* dem „Abstieg in die Unterwelt" zur Ganzheit und zur uneingeschränkten

Wahrnehmung und Teilhabe des Lichts führen. Erst wenn also *in eigener Anschauung* und *Erfahrung* die *andere, dunkle Seite* der Wirklichkeit *kennengelernt* - und angemessen durchlitten - worden ist, haben wir also offenbar die Chance, *wirklich* heil und ganz zu werden. *Sinn* können wir *nur dann* finden, wenn wir die Mühen und betrüblichen Stunden unseres Lebens *bewusst erleben* lernen und *annehmen*, was der jeweilige Weg aktuell ganz speziell für uns an „Lernzielen" bereithält.

So wie in einer Eichel sämtliche Möglichkeiten des späteren Eichenbaumes enthalten sind, genau so liegen auch in unserem Inneren bereits sämtliche Möglichkeiten des Menschseins und der Bewusstheit bereit - und *warten* sozusagen nur darauf, um von uns entdeckt und genutzt zu werden. Und wie die Eichel, die ihre Dynamik erst dann entfalten kann, wenn sie offen und schutzlos der Dunkelheit, der Feuchtigkeit und Beschwernis des Bodens ausgesetzt ist - mitunter im Wettbewerb mit anderen Pflanzen und Tieren -, genauso können auch wir nur dann ans Licht gelangen, wenn wir das Leiden, die Angst, den Frust, die Not und den Schmerz, den unserer Lebens für uns bereithält, *anzunehmen* in der Lage sind.

Gerade *diese* Herausforderungen sind es, die uns letztlich die größte Chance zu Wachstum und Reifung bieten. Die meisten Menschen verharren jedoch lieber in ihren alten Mustern und Strukturen und verpassen damit viele Gelegenheiten zu lernen - und natürlich auch zu heilen. Wer sein Leben jedoch als eine Art Hindernisrennen begreift, bei dem die Hürden und Stolperfallen maßgerecht und passgenau auf die eigenen Lern- und Lebensaufgaben zurechtgeschnitten sind (auch wenn dies manchmal vielleicht ein wenig ungerecht und unfair erscheinen mag), schafft damit eine sehr grundlegende Voraussetzung für ein erfülltes und erfolgreiches Leben.

Es gibt bekanntlich viele spirituelle Lehren, die den Gedanken der *bedingungslosen Annahme* sogar auf schicksalhafte Gegebenheiten anwenden zu können glauben. Begriffe wie *Reinkarnation* oder auch *Karma* stehen in diesem Zusammenhang beispielhaft für eine Auslegung, nach der das Leben ein Prozess der ständigen Erneuerung auch auf geistiger Ebene ist. Ein Prozess, der - und das ist das Entscheidende - *personifiziert* ist: Eine Seele, die in einem ihrer Leben ein „schlechtes Karma" angesammelt hat, wird dies in einem ihrer nächsten Leben „ausbaden" müssen, wodurch auch Ereignisse „erklärt" werden - also zum Beispiel plötzlicher Kindstod, frühkindliche Leukämie oder auch Opfer eines Krieges oder einer Naturkatastrophe zu werden -, die den Betreffenden offensichtlich absolut schuldlos ereilen.

An diesem Gedanken scheiden sich jedoch bekanntlich nicht nur die spirituellen Geister. Man kann allerdings durchaus im Grunde die *gleichen* mystischen Wurzeln teilen, *ohne* selbst diese manchem vielleicht etwas extrem erscheinende Schlussfolgerung zu ziehen. Die ***Wahrheit*** ist, wie wir bereits gesehen haben, ohnehin nur *intuitiv* und sozusagen „von innen heraus" zugänglich - und niemals argumentativ, weil ***keine*** der jeweiligen Seiten ihre Position ***jemals*** wird ***beweisen*** können. Wir können also durchaus auch daran festhalten, dass es so etwas geben mag, wie „zur falschen Zeit am falschen Ort" zu sein (etwa in Kriegsgebieten) und dennoch das Prinzip der *Annahme* anwenden. *Auch* - und in gewissem Sinne vielleicht sogar *gerade* - in ***den*** Fällen, die von außen betrachtet vielleicht einfach nur als Zufall oder als Pech erscheinen.

Wenn der Bote seine Botschaft überbringen darf, dann geht er wieder – zumindest ist das in der überwältigenden Zahl der Fälle von körperlichem und auch seelischem Leid *definitiv* der Fall, verlassen Sie sich darauf. Wenn wir ihn jedoch missachten, wenn wir ihn zu betäuben versuchen oder vor ihm fliehen wollen, manifestiert die jeweilige Botschaft sich - und breitet sich dadurch möglicherweise aus. Die *Vermeidung* von Leid - leider immer noch viel zu oft die *einzige* schulmedizinische Basis der Behandlung - ist daher der *eigentliche* Kern des Problems. Und ein „darüber nachgrübeln" trägt ganz eindeutig zu einer deutlichen *Verschlimmerung* des Problems bei.

Deshalb: Werden Sie *Ihr eigener Beobachter*, so gut es eben geht und so oft es Ihnen möglich ist. Steigen Sie aus der *Identifikation* mit Ihrem Verstand *aus*. Er ist nicht Ihr „Ich", sondern *nur ein Teil* ihres Wesens. Nur ein *Werkzeug* - nicht mehr, aber auch nicht weniger -, welches einem *viel umfassenderen Selbst dienen* sollte, anstatt unser gesamtes Sein *zu beherrschen*. Dieses umfassendere, vollständige Wesen ist es, unser tiefstes, inneres und heiliges Selbst, das stets auf unfassbare Weise *verbunden* ist mit der göttlichen Realität, dem nicht-lokalen, universellen Bewusstsein, dessen *Kraft* uns *zugänglich* ist - und ständig „genutzt" werden kann.

Gesundheit ist zweifellos eine der zentralen Bedingungen für ein angenehmes und erfülltes Leben. Sie ist auch eine der Voraussetzungen dafür, sich möglichst frei aussuchen zu können, was man im Leben machen möchte. Sprechen wir jedoch mit manchen Patienten, die durch große Krisen hindurchgegangen sind, werden wir erfahren, dass Vielen davon *gerade ihr Leid* sozusagen erst „die Augen geöffnet" hat - und zwar *dafür*, was im Leben *wirklich* wichtig ist. Und wie viele staunenswerte Beispiele zeigen, neigen speziell Menschen, denen wiederholt größtes Leid widerfahren ist, manchmal dazu, die freundlichsten, friedfertigsten und herzlichsten Menschen zu werden (und zu bleiben) und strahlen ihre Zuversicht und ihr Vertrauen sogar oft genug auf andere aus. Das ist tatsächlich weit davon entfernt, autosuggestives, „positives Denken", „Brainfood" oder etwas ähnlich Banales zu sein. Es ist unsere ganz *persönliche* und *direkte Verbindung* zur Urquelle der Kraft, die wir dann entdecken und erfolgreich aktivieren können.

Ein Leben völlig frei von Beschwerden, Verletzungen und Grenzerfahrungen dagegen, wie es eines der Heilsversprechen der modernen Medizin ist, darf also aus durchaus guten Gründen als eher wenig erstrebenswert angesehen werden - weil es eben zu einem sinnerfüllten und vollständigen Leben *dazu gehört*, Krisen zu erleiden, sie am eigenen Leib zu *erfahren* - und sie schließlich auch *selbst* zu *lösen*. Das jedoch geht langfristig *nur* durch *bedingungslose emotionale Annahme*.

Selbstverständlich können wir fragen: Was *kann* ich tun? Wie *kann* ich etwas - mich(?) - verändern? Auf welche Weise lässt sich Leid verringern - oder aber zumindest abmildern usw.? Eine der wichtigsten Botschaften, die *jedes* Schicksal aber für uns bereithält, ist definitiv *immer* die Gewissheit, *dass es bereits passiert ist, dass wir es also tatsächlich nicht mehr ändern können*. Sich gegen diese Gewissheit aufzulehnen, dagegen anzukämpfen, davor fliehen zu wollen usw., produziert ***immer*** *noch mehr* negative Gedanken und Gefühle, die irgendwann *zusätzlich* ausgebadet werden müssen.

Die bedingungslose Annahme von Leid dagegen bedeutet nur, dass wir irgendwann *den Hintergrund* unseres Schmerzes *erfahren* müssen, dass wir *ihn fühlen müssen*, der *Angst* (bzw. unserem Schatten) *begegnen* sollten, um die entsprechenden Sorgen dann irgendwann auch *loslassen* zu können. Gefühle wollen lediglich *gefühlt* werden – das ist alles.

Man kann, man *sollte* seinen Verstand, dieses wunderbare Geschenk der Evolution, natürlich *benutzen* und *gebrauchen* - so oft und so intensiv dies eben notwendig und in der jeweils gegebenen Situation auch hilfreich und angemessen erscheint. Gerade im Zusammenhang mit der aktuellen, globalen, Situation – und vor allem mit den unabdingbaren Erfordernissen zu ihrer Bewältigung – ist sogar *ein besonders hohes* Maß an planenden, vorausschauenden Talenten und Verhalten gefragt.

Man sollte bei der Benutzung *all* seiner Werkzeuge aber eben immer auch *achtsam, wach* und *bewusst* sein. Nicht im Gedankenstrudel zu versinken, sondern im Gegenteil, *Bewusstheit* zu erschaffen, zu schauen und zu beobachten, was gerade vor sich geht, ob und *wie* man denkt (und ob der jeweilige Denkprozess gerade sinnvoll ist oder eben auch nicht) - das ist vielleicht manchmal der etwas anstrengendere und auch schwierigere Weg. Es ist aber definitiv der Gesündere. Und wenn die Hilfe des Verstandes eben *nicht* sinnvoll erscheint, dann sollten wir ein „darauf herum denken" eben ***sein*** lassen - und sozusagen den Verstand verlieren, aufwachen, aussteigen, unsere Welt anhalten.

Wirkliche Kreativität - und somit natürlich auch der daraus unabdingbar resultierende menschliche Fortschritt - ist mitunter sogar überhaupt *nur möglich* aus einem wachsamen *Zustand des Seins* heraus, nicht aus einem Bedürfnis nach rationaler Verstandesdominanz, die Kreativität *erzwingen* will. Dies belegen nicht nur die zumeist äußerst intuitiven Geistesblitze vieler *großer* Forscher, sondern auch eine Menge guter anderer Beispiele.

Und: Unsere weitere gesellschaftliche Entwicklung ist vielleicht - ***global*** gesehen - *nur dann* überhaupt noch *möglich* und *erreichbar,* wenn diese einfache Botschaft der Mystiker erkannt und beachtet wird, und künftig wieder *beide Seiten* der Wahrnehmung und Erkenntnis - kognitive *und* emotionale - in ein konstruktives Handeln mit eingebunden werden können. In ein ***globales Handeln*** also, das ***sowohl*** die geistigen ***als auch*** die materiellen Anforderungen und Bedürfnisse dieser Welt angemessen und ausgewogen erkennt und berücksichtigt.

Wie „rational" sich unsere globalisierte Gesellschaft in einer selbstverschuldet immer schwieriger werdenden Situation verhält, wird sich künftig auch an der Umsetzung dieser einfachen Aussagen sehr eindeutig messen lassen.

Absichtslos

Ein wichtiger Ansatzpunkt spiritueller Achtsamkeit ist auch die *Absichtslosigkeit*. Wenn wir bereits mit der *Absicht* an ein Problem herangehen: „Ich *will* dies oder jenes erreichen, ich *muss* etwas verändern, ich *möchte* etwas anderes *haben*" usw. ist wirkliche, *bewusste* Verbundenheit und die reale, reinigende Erfahrung der *Einheit mit der Natur* nur sehr schwer zu erreichen. Wem es jedoch gelingt, sich letztlich *völlig ohne* jede Vorbedingung einfach nur *absichtslos einzulassen*, erfährt die gewaltigen Möglichkeiten und Potenzen zur Veränderung der jeweiligen Situation manchmal ganz unmittelbar. Man kann dies auch als *Zusammenfließen* oder *Einswerden* der eigenen Absicht mit der universellen Absicht bezeichnen.

Eben weil dieser Ansatz so wichtig sind, möchte ich die zugrunde liegenden Botschaft noch einmal aus einer ganz anderen Perspektive beleuchten. Wir können uns die verschiedenen Ebenen der Absicht bzw. der Absichtslosigkeit nämlich auch recht gut an einem alltäglichen und den Meisten wohlvertrauten Beispiel vergegenwärtigen: Am Beispiel der *Erziehung.* Dieser Begriff wird im allgemeinen Sprachgebrauch in der Regel recht undifferenziert - und oft auch unglaublich unbewusst - benutzt, was mitunter nicht immer so ganz unproblematisch ist, wie wir bei näherer Betrachtung leicht erkennen können.

Wenn wir unsere Kinder wickeln, wenn wir sie füttern oder sie baden, wenn wir mit ihnen spielen oder ihnen etwas zeigen, was sie gerne lernen möchten, sprechen wir davon, dass wir damit unseren Erziehungspflichten nachkommen. Der wissenschaftliche Terminus hierfür lautet *ergänzende* oder *funktionale Erziehung.* Aber abgesehen einmal davon, dass wir bei vergleichbaren Hilfeleistungen, die wir einem Erwachsenen (kranken, behinderten, alten Menschen) anbieten, auch nicht von Erziehung sprechen, ist die ***Absicht***, die hinter einer ***solchen*** Handlung steckt, wenn überhaupt, dann (in der Regel) die einer ***liebenden Zuwendung***, die überall dort stattfindet, stattfinden *muss*, wo Menschen in einer sozialen Gemeinschaft zusammenleben - sonst wäre es wohl nicht mehr sehr lange eine funktionierende, stabile Gemeinschaft.

Auch die Einhaltung einer *natürlichen Grenze* - nicht nur gegenüber Kindern, sondern vielleicht erst recht sogar Erwachsenen gegenüber - ist in diesem Zusammenhang eine solche, berechtigte „Zuwendung" und sollte lediglich *bewusst betrachtet* (und nicht etwa als Erziehung missverstanden) werden. *Natürlich* ist es manchmal wichtig, sich zu schützen, seine eigene Kapazität nicht zu überschreiten, Kindern angemessene und notwendige Grenzen zu setzen, an denen sie wachsen und reifen können usw. Ein gewisses Notwehrrecht ist unter Erwachsenen sogar gesetzlich verankert: Wir haben das Recht, uns gegen direkte körperliche oder auch seelische Angriffe zu schützen - so autoritär wie nötig und so gut es eben geht. Daher haben wir selbstverständlich auch das Recht, uns gegen *kindliche* Übergriffe zur Wehr zu setzen - in der Regel emphatisch, authentisch, konfliktfähig und situationsbezogen - übrigens allesamt pädagogische Modewörter, die sich bezeichnenderweise ***nur*** im *Hier* und *Jetzt* verwirklichen lassen -, *ohne* deshalb gleich von *absichtsvoller Erziehung* sprechen zu müssen.

Dem gegenüber steht die *substantielle, intentionale* Erziehung, die allerdings den Hauptteil pädagogischer Lernprozesse ausmacht. Ein bestimmter Erwachsener hat dabei die *Intention* - verfolgt also die *Absicht* - andere Menschen *in ihrem Kern*, der *Substanz ihres Wesens* zu *formen* und zu *verändern*.

Diese Veränderungs*absicht* gründet unabdingbar *immer* auf einem Gewaltverhältnis, das Menschen über andere Menschen ausüben. Das Ziel, Menschen „zur Verinnerlichung gleichbleibend dominanter Motivation" zu bewegen, ihnen „Ziele der Lebensgestaltung" zu geben, oder gar „den Kurs des Lebens zu setzen",[35] funktioniert dann - und leider wirklich ***nur*** dann -, wenn Menschen andere Menschen *beherrschen*. Das aber ist interessanterweise auch heute noch leider eher nicht die Ausnahme, sondern die Regel in nahezu *allen* Gesellschaftsstrukturen weltweit - auch dann übrigens, wenn „offiziell" anderes propagiert wird, aller demokratischen Reformationsbemühungen zum Trotz. *Wer* jedoch dabei mithilfe *welcher Maßstäbe* und *Regeln* die **Norm** begründet, ist dabei immer ein wenig willkürlich. Werte und „die Moral" sind oft genug propagandistischem Missbrauch ausgesetzt - und die *Definition* von Recht und Unrecht ist schlicht und einfach nur ***eine Frage der Seite***, auf die es einen, aus welchem Grund auch immer, gerade verschlagen hat. Sie sind - mit anderen Worten - *beliebig austauschbar*, je nachdem, welche Bündnisse und Interessen gerade aktuell sind.

Weitaus fataler an dieser *echten* Form der Erziehung ist aber etwas ganz anderes als der Herrschaftsanspruch, der noch aus vordemokratischer Zeit stammt: Es ist die Absicht, einen anderen Menschen *in seiner Grundsubstanz*, seinem *inneren Wesenskern* ***zu verändern***. Diese Absicht - und das ist das eigentlich Entscheidende - beinhaltet nämlich *immer* auch eine ***Wertung***, eine *Zuschreibung*, ein ***Urteil***. Und dieses Urteil ***macht*** ebenfalls etwas mit uns. Man nennt dieses Phänomen auch den *pädagogischen Gegenteileffekt:* Kommunikation *findet immer* auf *mehreren Ebenen* statt. Im Fall der Erziehung können wir uns zumindest zwei dieser unterschiedlichen Ebenen, natürlich stark vereinfacht, in etwa wie folgt vorstellen: Zunächst stellt jemand fest, dass mit einem anderen etwas nicht stimmt, dass verändert, eingegriffen, *erzogen* werden muss, weil sonst etwas schief geht. ***Zuerst*** kommt bei der *substantiell-intentionalen* Erziehung also ***immer*** der ***Wertungsteil.***

Dann erst erfolgt die eigentliche erzieherische Maßnahme - der ***Handlungsteil*** - mit dem die gewollte Verbesserung des Verhaltens der Zielperson erreicht werden soll. Vergessen wird allerdings eines: Der *Handlungsteil* transportiert ***immer beide Botschaften*** - also den *Handlungsteil* ***und*** den *Wertungsteil* - zum Empfänger der Erziehungsmaßnahme. Keinem Kind (oder Erwachsenen) bleibt verborgen, dass es *deshalb* „zum Guten" erzogen werden soll, weil es „schlecht" ist - oder zumindest „nicht gut genug".

Das Dumme ist nun – und das ist nicht nur pädagogisch das Entscheidende -, dass die *Macht der Wertung* ***ungleich stärker*** *ist als die korrigierende Kraft des Handlungsteils.*[36] Der Wertungsteil trifft nämlich auf die unterste, *tiefste Gefühlsschicht* des Empfängers - und richtet dort nicht selten erheblichen Schaden an, eben weil dort auch die *Lebenskraft*, das *Selbstwert-*

gefühl zu Hause ist. Dieses brütet ständig *aktiv* an der Selbstbehauptung der Persönlichkeit, weshalb also viel zu viele, auch durchaus gutgemeinte, *planvolle* Erziehungsversuche tatsächlich einen ***Angriff** auf das* ***Selbstwertgefühl** darstellen, der gerade* ***das Gegenteil** der jeweiligen* ***Absicht** bewirkt.*

Wissenschaftler, die sich mit diesen kommunikationstheoretischen Fragen beschäftigen, haben bestätigen können, dass die *Urteile* auf der Gefühlsschicht der Empfänger Anweisungen, ja sogar *Befehlen* gleichkommen, denen sich der Betroffene kaum entziehen kann - was nebenbei übrigens auch definitiv als einer der Hauptgründe für die aktuelle Unfähigkeit der Mächtigen gelten darf, ein friedlicheres Miteinander der Völker und Kulturen und eine sinnvolle globale Zusammenarbeit zu erreichen.

Wenn die Botschaft, die zumeist *völlig unbeabsichtigt* und leider auch *unbewusst mittransportiert* wird - „du bist schlecht" -, wenn der Befehl - „du bist nicht gut genug" - nur konsequent genug indoktriniert worden ist, sollte man sich nicht wundern, wenn schließlich irgendwann auch das *Selbstwertgefühl* allzu vieler Menschen von diesen ***negativen*** Emotionen dominiert wird - und das Ich sich schließlich mit diesen Botschaften ***identifiziert***.

Alice Miller hat in ihrem Buch *Am Anfang war Erziehung* an einigen markanten Beispielen deutlich genug zeigen können, was dann passiert: Das Kind - oder auch der Erwachsene - wird in seinem Innersten, dem Wesenskern seiner Persönlichkeit zunehmend von diesen Urteilen beherrscht und verinnerlicht mehr und mehr sozial inakzeptables Verhalten. Andauernde Wertungen erlangen dadurch prägenden, dauerhaften Charakter.

Wenn es erst einmal soweit gekommen ist, schaden sich die Betreffenden nicht nur selbst, sondern fügen manchmal auch Anderen sehr großes Leid zu. An so manch krimineller Karriere, an der zunehmenden Zahl diverser „sozialer Aussetzer" - oder aktuell auch an der Entwicklung des internationalen Terrorismus - kann man deutlich genug erkennen, was dann passiert.

Das jemand anfällig - oder später auch rückfällig - wird, liegt oft *nicht* an den charakterlichen oder auch sonstigen Voraussetzungen, sondern ist viel eher auf die einschlägigen *Wertungen und Urteile* zurückzuführen - vor allem im Laufe der *prägenden* Sozialisationsphase, der Kindheit und Jugend -, die langfristig zum *Vorurteil des Betreffenden selbst* führen, *nicht mehr in der Lage* zu sein, ein sozial akzeptables Leben verwirklichen zu können.

Man sieht: Selbst *gute* Absichten können manchmal durchaus das *Gegenteil* bewirken. Und gleichzeitig scheinen Altruismus, Empathie, Hilfsbereitschaft und das existentiell wichtige Gemeinschaftsgefühl - die allesamt nach vorherrschender Lehrmeinung irgendwie *anerzogen* werden müssen, weil sonst Asozialität und Gewalt drohe - sogar so etwas wie ***soziale Kernkompetenzen*** zu sein, die Kindern keineswegs erst mühsam *beigebracht* werden müssen, sondern die - im genauen Gegenteil - *bereits* **angeboren** sind.

Soziales Verhalten und Gemeinschaft, das beginnt sich auch auf sozialwissenschaftlicher Ebene längst herumzusprechen, stecken im innersten Wesenskern menschlicher Natur, sind tief in ihm verankert. In vielen, wissenschaftlich dokumentierten Fällen konnte spontane Hilfsbereitschaft und aktive, altruistische Zuwendung *selbst bei Kleinstkindern* nachgewiesen werden, *obwohl* ihnen daraus keinerlei Vorteil erwachsen war. Sprachliche oder auch sonstige Prägung konnte definitiv ausgeschlossen werden.

Aus diesen und aus vielen anderen Versuchen und Erkenntnissen lässt sich jedoch auch folgern, dass wir Anderen mit unseren (substantiell-intentionalen) Erziehungsabsichten viel zu oft eben gerade *nicht* helfen, sondern dass wir sie durch unser Wollen eher *behindern* - oder sogar *gefährden*. Dass wir ihnen, anders ausgedrückt, die wichtigen gesellschaftlichen Sozialkompetenzen also manchmal geradezu *abtrainieren*, anstatt sie zu fördern.

Und so wird auch der offenkundig zunehmende Mangel an Empathie und an Mitgefühl, an Verständnis und an *echter* Partizipation in der Gemeinschaft verständlich, ist zu erklären, weshalb das extrem von Medien dominierte, aktuelle Lebensgefühl und die einseitig materialistische Grundhaltung der meisten Menschen recht treffend mit den Worten beschrieben werden kann: „Ich. Alles. Sofort."[37]

Der *Kern* der *Absichtslosigkeit* ist die totale Hingabe. Wenn wir es schaffen, uns völlig hinzugeben, ruht die Aufmerksamkeit und Achtsamkeit im Hier und Jetzt - und wird von Gedanken und Gefühlen lediglich *begleitet*. Diese *Hingabe* an den Moment, an das, was eben gerade da ist, sollte jedoch, wie bereit mehrfach erwähnt, keineswegs mit *Aufgabe* verwechselt werden. Auch nicht mit der Unfähigkeit, sich aktiv und spontan gegen Übergriffe - sei es nun von Kindern oder auch von Erwachsenen - zu wehren.

Eine notwendige Unterscheidung, die leider viel zu oft große Schwierigkeiten bereitet. Es ist eben gerade *nicht* gemeint, sich jeder Realität einfach kritiklos und passiv *zu ergeben* und nicht zu versuchen, an einer negativen Situation etwas *aktiv* zum Besseren hin zu verändern. Ein Baum zum Beispiel, dem ein Nagel eingeschlagen wird, nimmt diese Tatsache ja auch nicht einfach nur teilnahmslos oder handlungsunfähig zur Kenntnis und „tut" in der Folge nichts. Im Gegenteil: Er wird immer *aktiv* seine Situation zu verbessern versuchen - indem er zum Beispiel das entstandene Loch durch Überwucherung oder mithilfe von Harz zu schließen versucht. Gemeint ist deshalb auch nicht, keine Grenzen mehr zu setzen, wenn dies notwendig ist oder geboten erscheint, etwa gegenüber einem Kind oder Partner (und selbstverständlich auch im gesellschaftlichen Kontext), oder nicht mehr um etwas zu kämpfen. Wir *dürfen* zweifellos danach streben, Leid, Angst, Ungerechtigkeit und Schmerz zu verstehen und zu überwinden zu versuchen.

Nur: Um dies zu erreichen, müssen wir zunächst den jeweiligen Sachverhalt im Hier und Jetzt *erkennen* und *akzeptieren* - und die jeweilige Absicht der Veränderung *loslassen.* Das klingt natürlich paradox - und das ist es ja auch. Damit aber befindet es sich in bester Gesellschaft, denn unter anderem die Quantentheorie oder auch die Relativitätstheorie *vereinen* ja *ebenfalls* paradoxe Anforderungen und Bedingungen, wodurch ein tieferes Verständnis dieser Welt auf *objektiver* Ebene überhaupt erst möglich wurde. Warum also sollte dieses Paradoxon auf *subjektiver* Ebene *nicht* gelten?

Auch die Evolution selbst benötigt ja *immer* zwei sich eigentlich gegenseitig logisch ausschließende, *komplementäre* Prinzipien, die *zusammenwirken,* um Entwicklung und Fortschritt zu gewährleisten. In der mikrokosmischen Welt ist dies die faszinierende Dualität von Welle und Teilchen - an der in der

Entstehungszeit der Quantenmechanik in den 1920er Jahren übrigens nicht wenige der „konservativ" denkenden Physiker - darunter übrigens auch Albert Einstein - schier hätten verzweifeln können.

Auf der makrokosmischen Ebene der Sternsysteme und Galaxien sind es Raum und Zeit, die aufeinander bezogen sind (oder Energie und Materie). Und auch die Entstehung und Entwicklung der Arten ist nur dann überhaupt erst möglich, wenn Beständigkeit (durch Vererbung der DNS) und Veränderungsfähigkeit (durch Mutation und Selektion) *zusammenwirken.*

An all diesen Beispielen - und auch am Beispiel der Erziehung - können wir also vielleicht ansatzweise die möglichen Hintergründe einer nur scheinbar widersprüchlichen Notwendigkeit - eben einer absichtslosen Absicht - näher erkennen. Und es sieht ganz danach aus, als ob es sich auch im Falle der paradoxen Polarität oder Komplementarität, die zur Einheit führt, um so etwas wie ein elementares „Naturprinzip" handeln könnte.

Vom inneren Kompass leiten lassen

Ein altes Sprichwort besagt in etwa sinngemäß: Dein heiliger Bruder weist Dir den Weg zu mehr innerer Ruhe und Geborgenheit, Dein sündiger Bruder dagegen zu mehr Einsamkeit, Angst, Leid und Schmerz.

Was für manche vielleicht wie einfältiges oder gar dogmatisches, religiöses Geschwätz klingen mag, ist tatsächlich eine tiefgreifende Wahrheit, eine Weisheit, die - einmal *wirklich* im Leben akzeptiert, also nicht nur vom Verstand begriffen, sondern in besagtem inneren Wesenskern *gefühlt* und *etabliert* worden ist - eine grundlegende Transformation bewirken kann.

Bei der Aufgabe des Lösens von Identifikation und dem Zulassen von Intimität können wir lernen, uns von diesem, unseren inneren Kompass leiten zu lassen. Er wird uns schon sagen, was jeweils gut für uns ist - oder auch für unseren Nächsten – und was vielleicht eher nicht. Wer lernt, seinem Kompass *wirklich* zu vertrauen, wird tatsächlich schnell merken, ob etwas Bestimmtes gut tut – oder nicht doch vielleicht eher eine *Kompensationshandlung* ist. Eine Art *Flucht-, Abwehr-* oder *Vermeidungsstrategie*, die aus einem gewaltigen inneren Defizit heraus entstehen konnte - und weiterhin durch die hartnäckige Tätigkeit unseres Verstandes genährt wird, solange nicht die zugrundeliegenden Gefühle erkannt, beachtet und absichtslos zugelassen werden.

Wenn wir zum Beispiel nach einem anstrengenden Tag „einfach ein Bier brauchen", weil wir sonst „nicht runterkommen", wenn wir uns, wie auch immer, „sexuell abreagieren" müssen, anstatt mit unserem Partner in

Kontakt zu sein, wenn wir ohne Extremsport oder auch andere äußere Reize „durchdrehen zu müssen" glauben usw., können wir vielleicht den Hintergrund des zugrundeliegenden Problems ein wenig erahnen.

Das Problem liegt nicht „an der Welt". Es sind *nicht* die äußeren Umstände, so schlimm und unzumutbar sie uns jeweils auch immer erscheinen mögen, die uns aus unserer Mitte hinaus befördern. Es sind wir selbst. Es ist die jeweilige *Identifikation* unseres Verstandes, seine eigenen *Absichten, Zuschreibungen* und *Wertungen.* Seine *Urteile* - und der *Gefühle*, die von ihm *genährt* und teilweise sogar tatsächlich *überhaupt erst produziert* werden. Kurz: Es ist die fehlende Verbundenheit. Wenn wir diesen Zusammenhang erst einmal *wirklich bewusst durchschaut* haben, mit dem Herzen, nicht mit unserem Verstand, werden wir irgendwann, ganz nebenbei, auch den richtigen Umgang mit unserem *inneren Kompass* finden - und ihn dann auch situativ angemessen benutzen können.

Das heißt natürlich nicht, dass wir *sofort* - und auch *dauerhaft* - in der Lage sein werden, *sämtliche* Handlungen und Gefühle *eindeutig* zu identifizieren, alles Ungesunde, Verwerfliche etc. sein zu lassen und spontan „ein neuer Mensch" zu werden. Zu einem spirituellen Weg gehört - neben einem umfassenden Vertrauen - natürlich (paradoxerweise) immer auch eine gesunde Portion Skepsis.

Skepsis gegen bestimmte *Absichten* Anderer - aber vor allem immer auch eine gewisse Skepsis gegen uns selbst: Welche Stationen unseres Weges stellen unsere heimlichen Wünsche, Hoffnungen, Absichten und Motive bloß? Welche Handlungen praktizieren wir tatsächlich aus *wirklicher* Anteilnahme, aus Hingabe, Verbundenheit, Demut und Liebe - anstatt vielleicht doch viel eher nur aus Eitelkeit, Selbstdarstellung und Ignoranz, oder auch aus schlichter Selbstbefriedigung und der Angst vor der unangenehmen inneren Leere?

Wer kein Objekt mehr vor sich aufbaut, wer die Welt nicht mehr in klar voneinander abgegrenzte und im Grunde beziehungslose Ich-und-Du-Realitäten einteilt, wer in Kontakt mit sich und der Natur steht, ***ist*** die sehende Wirklichkeit selbst. Wir müssen somit „nur" lernen, uns dem „Fluss des Lebens" *anzuvertrauen.* Mit der Zeit werden wir dann auch lernen, unseren eigenen inneren Kompass zu finden: Schauen, ohne etwas bestimmtes sehen zu wollen, wahrnehmen, ohne zu urteilen und zu werten, annehmen, ohne die Absicht des Verändern-Wollens, in Kontakt kommen mit dem, was auf unserem Weg liegt und der inneren Stille einen Raum anbieten - dies sind tatsächlich schon die wichtigsten und auch entscheidenden Hilfsmittel, um den *inneren Kompass* zu nutzen.

Wenn wir uns öffnen können - vor allem auch uns selbst gegenüber - wird mit der Zeit auch unser *Ich* zwangsläufig immer bewusster und ehrlicher werden - und zwar im Umgang mit uns selbst *und* mit Anderen. Wir merken bald: Es fühlt sich einfach besser an, „gut zu sein", es ist gesünder, zu vergeben und zu verzeihen, anstatt zu verachten und zu hassen, es bringt definitiv tiefe Befriedigung, zu helfen, Anteil zu nehmen und mitzufühlen - und verursacht im Gegenteil größtes Leid und letztlich sogar eigenen Schmerz, anderen zu schaden, zu betrügen und auszunutzen - immer und überall. Anstatt unsere Feinde zu bekämpfen, im Innen *und* im Außen, sollten wir daher möglichst schnell lernen, deren Wesen und Handeln *fühlend und annehmend zu* verstehen - so gut es eben geht.

Mit jedem Schritt, den wir tun, mit jeder Handlung, die wir vollziehen, ja selbst mit jedem Gedanken, den wir denken, *erschaffen* wir nicht nur unseren eigenen Weg in die Zukunft ständig neu - ein Weg, der immer *im Fluss, in Bewegung* ist -, sondern wir nehmen auch ganz konkret und direkt Einfluss - und sei er auch noch so klein - auf den *Weg der Welt*. Was wir also *Hier* und *Jetzt* entscheiden, gestaltet unser aller Realität im Morgen - wodurch es also tatsächlich sehr wohl eine recht große und auch entscheidende Rolle spielt, *wie* und *warum* wir uns entscheiden.

Eine andere wichtige Erkenntnis in diesem Zusammenhang besagt: Durch die Augen deines größten Feindes lernst du am Meisten über Dich selbst. Wie wichtig dieser Ansatz ist merken wir aber erst, wenn wir tatsächlich *wahr*-nehmen, dass unser Gegenüber *niemals* von uns getrennt ist, so gern wir das manchmal vielleicht auch hätten. Wir sind *nicht* abgeschnitten von den Anderen, von der Welt oder auch von unseren Feinden, die wir glauben, einfach nur eliminieren zu müssen (und dies auch zu dürfen). Es ist, wie so manches andere auf dieser Welt, wahrhaft *eine gewaltige Illusion*, die wir *durchschauen* lernen können, dass wir *getrennte Individuen* sind, die losgelöst von unseren Feinden und von allem anderen einsam vor uns hin werkeln können.

Erst wenn wir aber tatsächlich *fühlen*, dass wir *uns selbst* betrügen, wenn wir andere übervorteilen, dass *wir selbst* es sind, die bestohlen werden, wenn wir anderen etwas wegnehmen, dass *wir uns selbst* anklagen, wenn wir andere bewerten und verurteilen - wenn wir also die unabweisbare Realität, das ***alles mit Allem verbunden*** ist, die schließlich Kern einer jeden spirituellen Botschaft ist, *wirklich bedingungslos akzeptieren* können - *dann* erst werden wir tiefen inneren Frieden und den Zugang zu unserem ganz persönlichen Kompass finden.

Wenn wir lernen, als authentische, empathische, demütige und achtsame Wesen zu handeln und zu leben, was offenkundig sowieso unserem tiefsten inneren Wesenskern entspricht, haben wir bereits viel für uns getan, für unsere Verbundenheit, Nähe und Kommunikation und für die Überwindung unseres ganz persönlichen Leides. Gleichzeitig haben wir dann tatsächlich auch bereits unser Möglichstes getan, das oftmals unerträglich erscheinende Leid dieser Welt - zumindest ein wenig - zu lindern.

Polarität und Einheit

Die Vereinigung der beiden elementaren Kräfte dieser Welt - Yin und Yang - aus Liebe zu einer ungeteilten Einheit entspricht einer ursprünglichen Sehnsucht *aller* Menschen zu *allen* Zeiten. Darüber hinaus scheint die Integration der beiden komplementären Pole auch so etwas wie ein *Grundprinzip* der Evolution zu sein.

Und so, wie der Raum und die Zeit untrennbar miteinander verbunden sind, wie die Erde nicht ohne Sonne Leben hervorbringen könnte, wie Leben sowohl Veränderung als auch Konstanz benötigt, um entwicklungs- und anpassungsfähig zu sein - und auch so, wie das Leben ohne den Tod eigentlich gar nicht wirklich vorstellbar wäre -, genauso so ist auch die Urkraft der Liebe letztlich immer *unteilbar* und damit natürlich abhängig von der möglichst erfolgreichen Vereinigung der Polaritäten.

Viele Symptome von Krankheit - nicht zuletzt auch die des *Wesens* der Erde - haben hier augenscheinlich ihre tiefere Ursache. Ein anschauliches Beispiel für dieses Phänomen ist vielleicht auch die Schlaflosigkeit - neben dem Kopfschmerz übrigens einer der häufigsten Gründe für gesundheitsbedingtes Leid in unserer Kultur der Rastlosigkeit, Individualität und der fehlenden Orientierung. Wie Essen, Trinken und natürlich auch die Sexualität ist der Schlaf ebenfalls ein *triebhaftes* Grundbedürfnis. Wir *müssen* schlafen, ob wir dies wollen oder nicht. Und wer längerfristig einmal Schlafentzug am eigenen Leib erfahren hat, der weiß die unmittelbare und existentielle Bedeutung dieser Feststellung wirklich realistisch einzuordnen.

Der Schlaf ist aber auch ein ganz eigenartiges Phänomen, weshalb die Heilung von Schlafstörungen mitunter so schwierig - und so langfristig - sein kann. Wir *können* schlafen, ohne es je gelernt zu haben. Wenn wir jedoch *erklären* sollen, *wie* wir das machen, wird es meistens schwierig. Wir verbringen fast ein Drittel unserer Lebenszeit in diesem Bewusstseinszustand und wissen dennoch kaum, *welche* Mechanismen *uns selbst* in den Schlaf bringen - oder auch, was dabei *genau* passiert (bzw. *wo* wir dann sind).

Wessen Schlaf gestört ist, der sehnt sich nach Schlaf und Schlafentzug empfindet der Mensch somit auch als eine seiner größten Bedrohungen. Einschlafen lässt sich allerdings keinesfalls durch Selbstdisziplin, Selbstbeherrschung, interne oder externe Kontrolle, Konzentration oder Zwang herbeiführen. Anstrengung, aktives Wollen und auch ein „Unter-Druck-setzen" sind tatsächlich sogar die besten Mittel, um Schlaf zu verhindern, so dass die Heilung von Schlafstörungen heute oft nur noch in der Abhängigkeit von Schlafmitteln oder Psychopharmaka zu finden ist. Wir können daher nicht mehr tun, als günstige Voraussetzungen dafür zu schaffen, zu warten und darauf zu vertrauen, das Schlaf – „der kleine Bruder des Todes" - sich auf uns herabsenkt. All das, was der Schlaf von uns verlangt, gehört eben gerade *nicht* zu den Stärken des zivilisierten, *rationalen* Menschen:

Hingabe und Urvertrauen, das Einlassen auf das Unbekannte, Unkontrollierbare und sogar manchmal vielleicht auch Verstörende der Traumlandschaft, die Bereitschaft, sich fallenzulassen usw. - all das sind Fähigkeiten, die in unserem eher von *männlichen* Tugenden dominierten Gesellschaftsentwurf quasi von klein auf geradezu *abtrainiert* werden.

Unsere Kultur, die nach wie vor hauptsächlich auf messende, analysierende und misstrauende *Kontrolle* setzt, hat offensichtlich enorme Schwierigkeiten mit dem gegenpolaren Bereich. Wir haben *Angst* vor dem Unbewussten, Irrationalen, Nicht-Beherrschbaren, dem Dunklen, oder auch dem Bösen – und schließlich vor allem auch vor dem „Nicht-mehr-Sein" des Todes. Wir halten uns krampfhaft am objektiven Alltagsbewusstsein fest - und glauben, damit auf Dauer auch irgendwie „durchkommen" zu können.

Wer unter Einschlafstörungen leidet hat also Angst, die *bewusste Kontrolle* loszulassen. Eine Handlung, die unser individueller Tod aber ohnehin irgendwann von uns fordert - und die wir daher *üben* können, am Besten jeden Abend. Und so befällt die Schlaflosigkeit auch eher Macher-Typen, Menschen mit starker Ich-Identifikation, die Hingabe, Vertrauen, Sich-ausliefern usw. als Bedrohung ihres Wesens empfinden – Qualitäten, die offensichtlich viel eher dem *weiblichen* Pol zuzuorden sind.

Wer Probleme mit dem Einschlafen hat, sollte daher wieder lernen, sich dem Unbewussten *anzuvertrauen.* Vergänglichkeit und Tod – und die Vermeidungshaltung sich damit zu beschäftigen – sind ganz offensichtlich sehr wichtige Themen. Ein Aussöhnen mit der *polar entgegengesetzen* „Nachtseite" - oder auch mit den (eher) *weiblichen* Qualitäten wie Fließen, Zulassen, Abgeben, Einfühlen, Loslassen, Annehmen usw. - ist daher die beste Möglichkeit um Schlaf zu üben.

Meditation und Achtsamkeit sind auch in diesem Zusammenhang hilfreich. Alle Meditationstechniken benutzen dabei im Grunde dieselbe Technik: Konzentration auf einen Punkt, den Rhythmus des

Atems, die Wiederholung eines Mantras usw. führen allesamt zum *Umschalten von Aktivität auf Passivität*, von Kontrolle zu Hingabe und zum Loslassen, von abgegrenzter Individualität zu einem Einswerden mit der Stille und dem Urprinzip der Liebe.

Wenn wir also diese komplementäre Abhängigkeit der Polaritäten voneinander *wirklich* verstehen, wenn wir sie fühlen und sie in unserem Leben *integrieren* und *etablieren* können, haben wir auch einen Schlüssel zur Heilung diverser triebhafter Grundprobleme unseres Lebens in der Hand.

Wer jedoch die Faszination und die wunderbare Macht der Triebhaftigkeit nur als Schatten begreift, den es aus einem spirituell „reinen" Leben auszuschließen gilt, wer auch seine Triebe noch kontrollieren oder beherrschen zu müssen glaubt - aber natürlich auch, wer ihnen willen- oder gar wehrlos ausgeliefert ist - versagt sich selbst diese fantastische Möglichkeit zu innerem Wachstum und Reifung:

> „Eine ganzheitliche Spiritualität kann es sich nicht leisten, den Leib und die Träume zu vernachlässigen. Erst wenn der *ganze* Mensch in den Blick kommt, kann er auch *als Ganzer heil* werden. (...) Es ist eine Spiritualität *von unten*, die uns die Mönche lehren, eine Spiritualität, die den Mut hat, ***alles***, was in uns ist, anzuschauen - und Gott hinzuhalten."[38]

Nur auf dem Weg der wahrhaftigen Selbstbegegnung - mit der Lichtseite ***und*** unserem Schatten - können wir daher Erkenntnis und Verbindung erhoffen. Das gilt natürlich auch für den Bereich der Sexualität. Wir würden durch das Ausklammern oder die Ablehnung von Sexualität, von sexuellem Verlangen und den Lernerfahrungen, die Verlangen und Lust eben auch mit sich bringen, definitiv wichtige Bereiche unseres Lebens von der Heilung durch die Kraft der Liebe ausschließen.

Leben und Sterben für Anfänger und Profis

Es gibt in der Tradition des ZEN eine wichtige Regel. Sie besagt: „Stirb auf Deinem Kissen." Damit ist natürlich keineswegs der Tod des *materiellen* Körpers gemeint. Es ist unser *Ego*, unsere individuelle Ich-Zentrierung, unsere Tendenz zur Abschottung von der übrigen Welt, unser völlig übersteigertes und unangepasstes Selbstbild, das dort auf dem Kissen sterben soll - am Besten jeden Tag ein kleines bisschen mehr, wenn diese Erfahrung denn nicht als *spontane Gnade* erlebt werden kann, was natürlich auch immer möglich ist. Dieser Zustand des Ich-Todes wird auch *Erwachen* oder *Erleuchtung* genannt.

Die ***volle*** Erfahrung der Erleuchtung ist natürlich letztlich ***immer*** eine *Gnade*, die nicht jedem von uns vergönnt ist, selbst wenn wir uns noch so sehr darum bemühen. Oder auch, die wir durch Fleiß und Disziplin *auf jeden Fall* erreichen werden. Es ist immer ein *Weg,* den wir beschreiten. Ein Weg des *Mitgefühls,* der *Absichtslosigkeit,* der *Hingabe* und des *Vertrauens.* Ein Weg, dessen Ziel *definitiv außerhalb unserer bewussten Kontrolle* liegt.

Wir dürfen aufgrund vielfältiger, guter Erfahrung aber durchaus darauf hoffen, dass auf diesem Weg ein eigenes *Bemühen* stets hilfreich ist. Das kann ein Bemühen auf kognitiver Ebene sein, wenn wir vielleicht Bücher zu diesem Thema lesen, Vorträge hören, auf Kongresse gehen usw. Das kann - und das *sollte* - aber immer auch der Wunsch nach *direkter, unmittelbarer Erfahrung* sein - denn die kognitive Ebene *allein* kann *uns* den *eigenen, persönlichen Kontakt* niemals ersetzen. Dieses *direkte Bemühen* aber setzt einen Prozess in Gang, der im Grunde *schon fast automatisch* zu mehr Achtsamkeit und unmittelbarer Präsenz führt.

Bei der spirituell notwendigen Befreiung von der Ich-Verhaftung kommt es also mitunter zu einer Art „Sterbeprozess", der vielleicht für Manche sogar noch schlimmer ist, als der eigentliche körperliche Tod selbst (und die Angst vor ihm). Dieser körperliche Tod aber scheint, wie vielerlei Erfahrungen bestätigen können, für das Bewusstsein des Betreffenden *keineswegs* besonders leidvoll oder gar schmerzhaft zu sein - im Gegenteil.[39] Von außen betrachtet mag der Kampf der Muskeln und Nerven um Lebendigkeit - die sich aus einem gesunden Instinkt heraus wehren, anstatt vertrauensvoll loszulassen - vielleicht schmerzhaft scheinen und verstörend wirken. Und für uns Angehörige ist dieser Kampf natürlich oft auch nur äußerst schwer zu ertragen.

Der *Sterbende selbst* aber scheint vom Aufruhr seiner Körperlichkeit offenbar nur noch herzlich wenig zu spüren. Ein nur knapp dem Tod durch Typhus entronnener Korrespondent der *Londoner Times* zum Beispiel berichtet, er habe weder Angst noch Schmerzen gespürt, obwohl er sich mit lautem Geschrei aufgeführt hatte und unerträgliche Qualen zu leiden schien, wie es den Umstehenden erschien. Der Gedanke an den Tod lässt ihn seither vollkommen kalt: „Ich vermute, dass man ungleich mehr leidet, wenn man sich einen Zahn ziehen lässt." Auch etliche Befragungen von Überlebenden katastrophaler Verkehrsunfälle, Flugzeugabstürze, Zugunglücke oder traumatischer Kriegsereignisse usw. legen die gleiche Interpretation nahe: Das jeweilige Ereignis passierte, als wäre man selbst nur ein *unbeteiligter Beobachter* der Situation gewesen - und nicht ein aktiv Betroffener. Schmerz oder auch Angst wurden erst gefühlt, als das Ereignis *schon längst vorbei* war.

Während unser Körper also noch die instinktiven Reaktionen auf eine existenzbedrohende Situation ausführt, hat unser Bewusstsein die Begrenzung seiner Körperlichkeit ziemlich sicher schon längst überwunden. Alles deutet somit darauf hin: Wer beim *körperlichen* Sterbeprozess *nicht kämpft*, wer gelernt hat, seinen *materiellen* Tod als etwas Unvermeidliches *zu akzeptieren* und dieses Bewusstsein in sein alltägliches Handeln *mit einzubauen*, dem fällt Sterben mutmaßlich unglaublich leicht.

Wer zudem den geistigen, den *mystischen* Aspekt dieser Realität bereits früh in seinen Lebensweg zu integrieren versucht, spürt deutliche Entlastung und Frieden, denn er erkennt: Geboren werden und Sterben sind ***beides*** keine ***endgültigen*** Ereignisse, Prozesse oder Gewissheiten, sondern es sind lediglich polar-entgegengesetzte *Stationen unserer Wandlung.*

> „Nichts geht unter in diesem riesigen Weltall, o schenket mir glauben, sondern es wandelt nur und erneuert seine Form."[40]

Was uns der römische Dichter Ovid, ein bekannter Klassiker der Weltliteratur, der um die christliche Zeitenwende herum lebte, hier mit seiner erstaunlich fortschrittlich anmutenden Aussage lehren kann, ist eine universelle, naturwissenschaftlich *und* spirituell begründbare Weisheit und Wahrheit zugleich:

Auferstehung ist aus dieser Perspektive dann nicht mehr das naive Eingehen in ein wie auch immer geartetes „örtliches" Paradies, wo Milch und Honig fließen, und wo sämtliche, auch im Jenseits natürlich stets *materiell* gedachten Wünsche und Bedürfnisse mit einem Fingerschnippen erreichbar und erfüllbar wären. Auferstehung ist auch keineswegs als eine Art „Belohnung" für eventuell geleistete Dienste im Diesseits zu begreifen. Auferstehung ist dann vielmehr so etwas wie der Durchbruch in die *tatsächliche Erfahrung* und *Gewissheit*, dass es Geburt und Tod im Grunde *eigentlich gar nicht gibt* - sondern immer nur einen stetigen, ***ewigen*** Wandel der Formen, Elemente und Strukturen.

Aus mystisch-spiritueller Sicht ist Wiedergeburt also gerade *nicht* der Fortbestand der Persönlichkeits- oder Ich-Struktur, sondern eben ein *Loslassen* dieser individuellen materiellen Gestalt - und das *Einswerden* unserer ganz besonderen, momentanen Körperlichkeit mit der universellen Gesamtheit oder Einheit dieser Welt. Sowohl in der mystischen Erfahrung des Erwachens als auch nach unserem Tod nimmt die Schöpfung unsere Seele (wieder völlig) auf.

Und so, wie die Welle mit dem Ozean verschmilzt, oder der Rauch eines Feuers mit der Luft, genau so vereinigt sich auch der Geist unserer individuellen Persönlichkeit dann *bewusst* mit dem umfassenden, nicht-lokalen Prinzip dieser Welt, das ständig und überall kreativ *neues Leben* erschafft.

Die höchste Stufe des Schauens - oder besser: *Ge**wahr**-*Werdens - ist also dann erreicht, wenn unser individuelles Ich in seiner materiellen Wirklichkeit die trennende Grenze zwischen wahrnehmendem Subjekt und betrachtetem Objekt überwinden kann. Wenn unser Bewusstsein im *Hier* und *Jetzt* ***eins*** werden kann mit jenem geistigen Urprinzip, das jeder materiellen Struktur des Universums elementar und wesenhaft zu Grunde liegt. Die Mystik - gleich welcher Religion oder auch Tradition übrigens - nennt diesen (erwachten) Seins-Zustand die *unmittelbare Erfahrung der reinen Liebe*. Und es ist immer der eigene, nicht von außen ersetzbare Vollzug der Ich-Auflösung, der „Tod" des Egos, das „Sterben auf dem Kissen", welches der *persönlichen* Erkenntnis und Erfahrung dieses einigenden, inneren Zustandes absolut wesenhaft und naturnotwendig zu Grunde liegt.

In unserem materialistischen Kulturentwurf jedoch sind Sterben und Tod als absolut unabdingbarer, notwendiger *Teil* dieses Prozesses (oder auch Kreislaufs) immer noch Tabus, die möglichst konsequent ausgeblendet werden. Mit unseren durch allerlei schlechte Gewohnheit längst abgestumpften Sinnen befinden wir uns zunehmend beziehungslos in einer Welt, in der nur noch die von Menschenhand geschaffenen Objekte, Beziehungen, Systeme und Strukturen Gültigkeit besitzen und in der Sinn und Glück eines Lebens ausschließlich nach materiellen, *objektiv* genannten Gesichtspunkten oder Kriterien angestrebt und erreicht werden kann und soll.

Der Tod stört bekanntlich den ungehemmten Ablauf kommerzieller Interessen, denn er führt uns die bedingungslose *Endlichkeit* materieller Erreichbarkeit klar und deutlich vor Augen. Das jedoch war nicht immer so. Noch vor einem knappen Jahrhundert war auch bei uns das Sterben noch unhinterfragbarer Bestandteil des gesellschaftlichen und speziell auch des familiären Lebens. Unsere Vorfahren haben es irgendwie noch besser „verstanden" zu sterben - und auch sterben zu lassen. Statt ihn ängstlich zu meiden, haben sie den Tod als etwas absolut Natürliches und Selbstverständliches betrachtet, behandelt und in ihr Leben integriert. Ihr Schmerz beim Tod der nächsten Angehörigen oder Freunde war gewiss nicht kleiner - vielleicht war er sogar noch ungleich größer, wenn man einmal bereit ist, die aktuelle, um sich greifende Beziehungslosigkeit und empathische Kälte wirklich realistisch in Rechnung zu stellen.

Aber anstatt darauf mit Abscheu, Entsetzen oder auch Vermeidungsverhalten zu reagieren, haben sie den oder die Sterbenden für eine gewissen Zeit lang sogar *zum Mittelpunkt des Geschehens* gemacht. Das

Versammeln der Angehörigen am Totenbett wurde als *Ritual* gesehen, das notwendiger Teil des Lebens - und auch des Abschiedes - war. Die Vergebung des Sterbenden in Konflikten konnte erhofft, sein Segen und seine Weisheit erbeten werden.

Und schon früh lernten bereits die Kinder den Kontakt mit dem Tod kennen und empfanden weder Abscheu noch Grauen oder Angst vor ihm. Man *nahm Anteil* und der Abschied konnte für die Hinterbliebenen natürlich durchaus traurig und auch sehr, sehr schmerzhaft sein. Heute jedoch glauben wir, dass der Tod so etwas wie eine ansteckende Krankheit sei, wir verbannen die „Befallenen" in Quarantäne. Wir schieben sie ab in Krankenhäuser, Altersheime, Hospizen. Wir blenden ihre Existenz so weitestgehend wie nur irgend möglich aus und frönen lieber einem kollektiven Jugendkult.

Das muss allerdings nicht zwangsläufig und sozusagen automatisch so sein - und um das zu ändern, müssten wir wieder lernen, dass *wir alle* bereits *Zeit unseres Lebens auf dem Weg zum Friedhof sind.* Wir treten diesen Gang schon bei unserer Geburt an. Da wir aber das unvermeidliche Ende unseres *materiellen* Weges schamlos verleugnen und oft genug auch noch mit überdimensionierter oder gar völlig unpassender „Ausrüstung" unterwegs sind, kann es nicht verwundern, dass wir uns immer hoffnungsloser verirren - als Individuen selbst und auch als globale Kultur und Gesellschaft, als *Spezies* als Ganzes.

Der anerkannten Richtung zu folgen und die schwierigen Phasen des Weges als notwendigen *Reinigungsprozess* anzuerkennen - und konsequent durchzustehen - kann mitunter sehr schmerzhaft sein. Es ist daher auch möglich, dass unser Ego sich verzweifelt gegen das Loslassen wehrt: *Warum* soll ich eigentlich „loslassen"? Was „bringt" es mir überhaupt? Ich *will* gar nicht „sterben auf dem Kissen" oder „aufgelöst werden" usw. Wenn man aber erst einmal den Vorhang auch nur ein Stück weit gelüftet - sozusagen „an der Einheitserfahrung geschnuppert" - hat, wird es sehr schwer, den bekannten und gewohnten Weg oder Trott rein objektiv-materieller Bedürfniserfüllung überhaupt noch *wiederzufinden* - geschweige denn ihn weiterhin zu verfolgen.[41]

Unser Ich kann sich Erfüllung anscheinend *kognitiv* nur im Kontakt mit einem (wie auch immer gearteten) „Du" vorstellen. Es hat panische Angst und meint, alles kontrollierend im Griff behalten zu müssen, weil sonst Chaos drohe. Die Auflösung der Persönlichkeits-Struktur ist daher immer auch eine Art *Schwelle*, die uns an der umfassenden eigenen Erfahrung der Einheit hindert. Es gibt aber eine Ebene, die ungleich wichtiger ist als das personale Ich und die materielle, objektive Welt. Diese Ebene ist jedoch *nur* auf subjektive, individuelle Art überhaupt erreichbar.

Wir können darüber reden oder schreiben, wir können Andere darauf hinweisen, dass es diese besondere Ebene gibt. Die Erfüllung unserer Sehnsucht, die Erfahrung der Ganzheit und des Heilseins liegt aber einzig und allein *in uns selbst* und ist *jederzeit* und auch an *jedem Ort* dieser Welt in der möglichst erfolgreichen Vereinigung - sowohl mit dem Urgrund als auch der beiden Polaritäten - erreichbar.

Wir müssen es „nur" schaffen, uns dieser Erfahrung voll und ganz zu öffnen. *Verstehen* und *Erkennen* der Wahrheit ist mit anderen Worten eben **nicht** bloß eine Aneignung von Wissen oder auch die Erforschung von objektivierbaren Tatsachen, sondern *immer* und *notwendigerweise* auch *eine subjektive Erfahrung*, das *eigene Erleben* der *Einheit, der Identität und Intimität mit der universellen Wirklichkeit* - zu der immer auch die eigene Erkenntnis und bedingungslose Annahme der (materiellen) Sterblichkeit gehört.

Im Sterbeprozess öffnet sich unsere Ich-Eingrenzung letztlich ohnehin absolut unvermeidlich. Spätestens dann aber, wenn sich diese Eingrenzung auflöst, verschwindet auch die Angst. Erwachen, Erleuchtung, Ganzheit und Heilsein usw. sind somit immer auch als eine *Erlösung von der Angst* zu verstehen.

Und glauben Sie nicht, sie werden das Leben oder sich selbst dann irgendwie weniger lieben - im Gegenteil. Wer sich schon früh an den Gedanken des unvermeidlichen *körperlichen* Wandels gewöhnt und zugleich den Trost des *spirituellen* Weges *am eigenen Leibe* erfährt - wer also lernt „auf dem Kissen zu sterben", so gut es eben geht - dem flößt auch der *individuelle* Tod letztendlich keine Angst mehr ein.

> „Ein wahrhaft Erleuchteter hat keinen Widerstand mehr. Er lebt, weil er lebt - so wie die Blume blüht, weil sie blüht. Er kommt und geht wie eine Blume - aber es ist zweifelhaft, ob es unter den Menschen einen gibt, der dieses Ziel wirklich *vollkommen* erreicht."[42]

Dieses Ziel erreichen zu können, dürfen wir anstreben. Wir dürfen es wollen. *Erzwingen* oder *rational kontrollieren* jedoch lässt sich die Auflösung unserer individuellen Persönlichkeitsstruktur nicht.

Eigentum und Besitz

Es lohnt sich in diesem Zusammenhang aus ganz unterschiedlichen Gründen, einmal kurz auf den entscheidenden *Unterschied* zwischen den beiden Begriffen *Eigentum* und *Besitz* einzugehen, der den Meisten von uns aus bloßer, unbewusster Gewohnheit und auch aus selbstverständlichem Gebrauch heraus wahrscheinlich als gar nicht mehr wirklich existent erscheinen mag.

Das Wort „Besitz“ hat eine lange Tradition und ist aus der *unmittelbaren Erfahrung* entstanden. Es bezieht sich auf elementare Gegebenheiten des Alltags. Als das Wort entstand, meinte es aber ***nur*** die Dinge des Lebens, die der Mensch persönlich be-*sitzen*, also persönlich benutzen, konnte - etwa ein Pferd, dass man be-*saß*, einen Tisch, an dem man aß, oder auch ein Stuhl, auf den man sich setze.

Erst in späterer Zeit entstand dann der *juristische Begriff* des Eigentums. „Eigentum“ bedeutet eine *gesetzliche Erweiterung* des Begriffs des Besitzes - nämlich die *rechtliche Anerkennung*, was natürlich die grundlegende und auch entscheidende Voraussetzung für die Möglichkeit war, immer mehr privaten Besitz anzuhäufen, mehr als man eigentlich zur persönlichen Benutzung wirklich brauchte.

Mit dieser Möglichkeit wurde offensichtlich bereits früh der Keim gelegt für einen bedeutsamen Teil des aktuellen menschlichen Leides. Denn was hat die Anhäufung von Eigentum - und später von Geld - durch einige wenige Einzelpersonen oder auch Konzerne letztlich für einen anderen Sinn als die Konzentration von und das Streben nach Macht?

Die Verantwortung aber, die mit zunehmender Macht dringend notwendig wird, ist nicht immer so ganz leicht zu erwerben. Dies können wir nicht nur durch ihr Fehlen im Rahmen von diversen Skandalen und Exzessen globaler Art erkennen, sondern auch anhand der Rückkehr längst als überwunden geglaubter, feudalherrschaftlich anmutender Machtstrukturen.

Doch egal, wie mächtig wir momentan vielleicht auch immer erscheinen mögen: Die ***Grenzen*** dieser Macht sind längst schon offensichtlich geworden. Immer mehr Menschen nehmen diese Grenzen mittlerweile auch angemessen und deutlich wahr und sind bereits auf der Suche nach Auswegen.

> „Wo die Liebe herrscht, da gibt es keinen Machtwillen und wo die Macht den Vorrang hat, da fehlt die Liebe. Das eine ist der *Schatten* des Anderen." [43]

Es ist daher sicher sinnvoll, sich den entscheidenden Unterschied zwischen den beiden Begriffen Eigentum und Besitz einmal kurz vor Augen zu führen. Ein alter chinesischer Aphorismus bringt diesen Unterschied knapp und gleichnishaft zum Ausdruck:

> „Der Herr sagte: Mein Garten - und sein Gärtner lächelte."[44]

Der *Eigentümer* spricht zu Recht von *seinem* Garten, denn er gehört ihm juristisch. Möglicherweise erscheint er aber dort nur selten, nur zu bestimmten, besonderen Anlässen vielleicht. Er zeigt seinen Besuchern womöglich dann den Garten voller Stolz - über diesen oder jenen speziellen Baum oder auch das neu errichteten Pavillon usw. Eine *tiefere emotionale Bindung* und eine *spezielle Beziehung* zu „seinem" Garten hat er allerdings nicht.

Für seinen Gärtner aber ist *dieser eine Garten alles.* Er ist sein kompletter Lebensinhalt. Er lebt *in* ihm und *mit* ihm, er hegt und pflegt ihn. Er hat die Bäume gesetzt, die der Eigentümer stolz zur Schau stellt, er hat die Beete bepflanzt, er hat sämtliche Strukturen und Wege angelegt, er kennt jeden einzelnen Strauch und jede einzelne Blume in ihm *persönlich*. Er *liebt* ihn und würde man ihm kündigen, verließe ihn vielleicht sogar seine gesamte Lebensenergie und er stirbt. *Er* ist es also *in Wirklichkeit*, der diesen Garten ***besitzt***. *Er* ist es, der sein Wachsen, Werden und Gedeihen täglich verfolgt und dies auch wertschätzt - und deshalb lächelt er auch, wenn sein Eigentümer sagt: „Mein Garten".

Wie dieser Aphorismus vielleicht zum Ausdruck bringt, braucht man nicht unbedingt der *Eigentümer* von etwas zu sein, um es *zu besitzen.* Wälder, Wiesen und Felder zum Beispiel, die man durchstreift, Flüsse, Seen, die Luft oder auch das Meer brauchen einem nicht *juristisch zu gehören*, um an ihrer Schönheit und

Besonderheit Anteil zu nehmen. Glück und Zufriedenheit können sowieso *nicht gekauft* werden - und *mitnehmen* kann man am Schluss ohnehin nichts, auch mit noch so viel Geld nicht.

Wie viel fruchtloses Bestreben der Menschen, wie viel Streit, Neid, Unzufriedenheit, Benachteiligung und Wut, wie viel Hass, Frust und Hoffnungslosigkeit weltweit wohl verringert werden könnten, wenn eine ganzheitlich-aufgeklärte globale Gemeinschaft sich dieser recht einfachen Tatsachen und Zusammenhänge einmal ***wirklich bewusst*** würde, können wir tatsächlich nur erahnen.

Von der Waren-Demokratie - zur *wahren* Demokratie

Albert Einstein hat auf seine eigene, unnachahmliche und trefflich pointierte Weise kurz vor seinem Tod noch folgendes Bonmot zum Thema „globale Gerechtigkeit" und „vernünftiges Handeln" - vor allem der Mächtigen - zu seinem Besten gegeben:

> „Liebe Nachwelt, wenn ihr nicht gerechter, friedlicher und überhaupt vernünftiger sein werdet, als wir es sind, so soll euch doch der Teufel holen."[45]

Sind wir seither „zur Vernunft gekommen"? Hat uns die Rationalität der wissenschaftlichen Methode - Experiment, Messung und Kontrolle - wirklich geholfen, vernünftiger, achtsamer, gerechter, friedlicher miteinander und auch mit unserer *einzigen* Heimat, dem Planeten Erde, umzugehen?

Es sieht eher *nicht* danach aus. Es sieht viel mehr so aus, als hätte die immer konsequentere Anwendung der Rationalität - dieser angeblich so alternativlosen Form von Vernünftigkeit im Namen des Fortschritts, der Entwicklung, der Sicherheit und der Garantie des Wohlstands - einer Krankheit den Boden bereitet, die von außen (oder auch von oben) aussehen mag wie ein unkontrolliert wucherndes *Geschwür*. Leider ist dies aber auch eine Krankheit, deren Behandlung immer schwieriger wird - mit jedem Jahr, das wir im Hinblick auf Nachhaltigkeit, angemessenem Energie- bzw. Ressourceneinsatz, Entsorgung, Frieden und globale Gerechtigkeit weiterhin ungenutzt verstreichen lassen. Wenn wir *gesund* werden wollen, müssen wir, so schwer dies vielleicht auch fallen mag, uns also einmal etwas näher mit dieser Krankheit beschäftigen.

Nur ***eines*** der auffälligeren *Symptome* ist der fortschreitende Verlust der tropischen Regenwälder - und zwar weltweit. Auch wenn der *Nettoverlust* der Regenwälder seit einigen Jahren leicht rückläufig sein mag, *schrumpft* dieses unglaublich artenreiche und nicht nur aus *planetarer* Sicht extrem überlebenswichtige globale Ökosystem den Berichten der UN-Organisation für Ernährung und Landwirtschaft (FAO) zufolge auch weiterhin. Und dass, obwohl seit einiger Zeit bereits umfangreiche Maßnahmen der Aufforstung dieser Entwicklung eigentlich wirksam entgegenwirken sollen. Dieses Versagen ist nachweislich auf kurzsichtige und egozentrische, „rational" genannte Profitinteressen einer weltweit agierenden Überflussökonomie zurückzuführen.[46]

Das Thema Palmöl ist zur besseren Veranschaulichung dieses Phänomens vielleicht ganz gut geeignet. Ob im Lippenstift, Waschmittel oder im Biosprit, ob in Fertigsuppen, Eiscreme, Keksen, oder auch in der heißgeliebten Haselnusscreme (gleich welcher Marke übrigens, also auch in den sogenannten „fair gehandelten" Bioprodukten) - überall ist Palmöl drin. Die Herstellung von Palmöl ist somit auch ein Milliardengeschäft, dass „seine Produktionsrate seit der Jahrtausendwende *verfünffacht* hat".[47] Der eigentliche „Rohstoff" jedoch, der diese gigantischen Wachstumsraten ursächlich erst möglich gemacht hat, ist natürlich *Land.*

Und zwar *zusätzliches* Land, das heutzutage *nur noch* durch die Rodung von Primär-Regenwald „gewonnen" werden kann. Zwar gibt es, vor allem aufgrund internationaler Proteste und vielfachem Drängens von unterschiedlicher Seite, einen offiziellen Rodungsstop - speziell in Indonesien (seit 2011), einem Land, dass weltweit absolut führend in der Produktion von Palmöl ist. Doch vor allem aufgrund von Korruption und regionaler Not, den beiden absoluten Hauptgründen für ein Versagen der staatlichen Kontrolle, wird für die Steigerung der weltweiten Produktionsraten nachweislich *auch dort* ***weiterhin*** Regenwald vernichtet: Und zwar etwa 700.000 Hektar - *jährlich*. 1.400.000 Fußballplätze *netto* also - die Aufforstungsmaßnahmen sind hier bereits herausgerechnet - *allein* in Indonesien.[48]

Obwohl also auf politischer Ebene und auch in den diversen Vorstandsetagen weltweit eigentlich mittlerweile klar erkannt worden sein dürfte, wie unglaublich wichtig der Regenwald *für unser aller* Wohlergehen ist - und zwar *vor allem als Kohlendioxidspeicher, Temperaturregler* und (neben dem Phytoplankton in den Weltmeeren) natürlich auch als *Schadstofffilter* und *Sauerstofflieferant* (Lungen des Planeten) - setzt man dieses recht einseitig wachstums- und profitorientierte wirtschaftliche Verhalten nahezu ungeniert fort.

Und was vielleicht sogar noch viel schlimmer ist: Von der Überfluss gewohnten Weltgemeinschaft - also „von uns" - wird dies *toleriert*, damit wir in unseren Supermärkten auch weiterhin den „Wohlstand" und

„Luxus“ genießen dürfen, aus mindestens fünf verschiedenen Marken eines einzigen Produktes, gleich welcher Art, das jeweils Günstigste und Passendste auswählen zu dürfen – koste es auch langfristig, was es wolle.

Eigentlich ist dies aus *rationaler* Sicht natürlich vollkommen absurd, was bereits jedem Schulkind leicht verständlich gemacht werden kann - weil *wir selbst* es letztlich sein werden (und unsere Kinder), die langfristig den ***realen*** „Preis“ für dieses extrem dumme und kurzsichtige Konsumverhalten bezahlen werden müssen. In einem Klima des globalisierten totalen Wettbewerbs und des Kommerzes jedoch erscheint ein solches Handeln aber einfach nur „logisch“ - und Milliardengewinne ermöglichen eben nicht zuletzt auch milliardenschwere PR-Kampagnen und Lobbyarbeit, wenn das angekratzte Bild diverser „Global Player“ wieder einmal entsprechend zurechtgerückt werden muss.[49]

Gestatten Sie mir noch ein anderes Beispiel, das zudem auch anschaulich zeigen kann, *wie schnell* sich selbst gut gemeinte Ideen *ins Gegenteil* verkehren können, wenn die *grundsätzlichen* Rahmenbedingungen, nennen wir sie einmal die „systembedingten Prinzipien des Wachstums“, nicht entscheidend verändert werden - und zwar notwendigerweise und entscheidend *immer* auf ***globaler*** *Ebene.*

Die *sharing economy* ist ein Phänomen, das noch 2006 als bloße Randerscheinung unserer Wohlstandsgesellschaft eher ein Nischendasein führte. Auf Internetplattformen wie „Leih Dir was" oder auch „Fairleihen" usw. boten „konsumkritische" Teilnehmer verschiedenste Güter und Dienstleistungen zur gemeinsamen Nutzung an. Dahinter steckte natürlich der schöne Gedanke, dass durch sogenannten „Co-Konsum" der Wohlstand nicht nur *gehalten*, sondern möglicherweise sogar *vermehrt* werden könne, *ohne* dabei die Natur weiter zu belasten und auszubeuten.

Was *dann* allerdings passierte, *konterkariert* das ursprüngliche Sharing-Konzept in bezeichnender Art. Nicht *weniger* Produkte kommen nämlich seither auf den Markt, sondern eindeutig sogar *mehr*, *gerade weil* auch Menschen, die bislang von der Nutzung ausgeschlossen waren, diese Angebote und Dienstleistungen nun *einfordern* und *gebrauchen* können. Wirtschaftswissenschaftler sprechen in diesem Zusammenhang vom sogenannten *Rebound-Bumerang-Effekt,*[50] der unter anderem den boomenden Bereich der Vermietungsportale betrifft. Hier wird das eingesparte Geld, dass durch billige Übernachtungsmöglichkeiten *zusätzlich* zur Verfügung steht, eben auch in *zusätzliche* Reisen investiert, die die Umwelt eindeutig noch ungleich *mehr* belasten.

Ein weiterer Effekt dieser neuen „Marktoption" ist: Immer mehr Vermieter bieten einzelne Zimmer in Innenstadtwohnungen an, wo bezahlbarer Wohnraum ohnehin ein immer knapperes Gut ist. Aus diesem Grund erlassen Kommunen bereits strenge Gesetze „gegen die Zweckentfremdung von Wohnraum" usw. (unter anderem in Berlin oder Amsterdam), um weiterem Missbrauch vorzubeugen. Die kommerziellen Anbieter aber, die an jeder Buchung mit bis zu 20 Prozent am Übernachtungspreis partizipieren, liefern sich mittlerweile sogar *offene Marktschlachten* - und sind bereits auf dem Weg *börsennotiert gehandelt* zu werden - aus der Welt des freundlichen, geteilten Konsums ist also längst schon ein „hart umkämpftes Marktsegment" geworden, aus ursprünglich gut gemeinten Konzepten wie „Couch-Surfing" oder „Car-Sharing" der *Sharing-economy* ist Kritikern zufolge längst eine Art „Schattenwirtschaft" entstanden, die „mit härtesten Bandagen um globale Märkte kämpft."[50]

Eine grundlegende Besinnung auf Nachhaltigkeit und globale Gerechtigkeit jedenfalls ist nicht in Sicht. Für immer mehr Menschen ist Wachstum und technischer Fortschritt daher auch längst zum *Synonym* für die Plünderung der natürlichen Ressourcen unseres Planeten geworden. Gleichzeitig scheinen die Möglichkeiten der Technologie auch *immer weniger* ***wirkliche*** *qualitative* und *quantitative* Verbesserung für den *Wohlstand* und für die *Menschen* zu erbringen

- und können zudem kaum mehr dabei helfen, die bislang angerichteten Schäden zu kompensieren. Und so verwundert es auch kaum, dass eine stetig wachsende Zahl von Kritikern auch immer ungenierter von einer *Befreiung vom Überfluss*, von *post-kapitalistischer Ökonomie* und von *Entschleunigung* spricht, um den immer *wahrscheinlicher* werdenden klimatischen und sozialen Kollaps möglichst doch noch irgendwie verhindern zu können.

Solange aber das *Leid* und der *Schmerz*, den unser Verhalten zunehmend auslöst, nicht wirklich *am eigenen Leib* ***gefühlt*** werden kann - und zwar notwendigerweise wiederum sowohl als Individuum als auch auf biosphärisch-global-objektiver Ebene - dürfte ein Prinzip des Wachstums und des „Weiter so" auch in Zukunft nicht nur die wirtschaftspolitische Szenerie beherrschen.

Das Wesen der Erde

Im Hinblick auf die *absolut **existentiellen*** Lern-aufgaben einer globalisierten Gemeinschaft lohnt sich daher vielleicht auch ein Blick auf die ursprünglichen, „primitiv" genannten Stammeskulturen, die in diesem Zusammenhang keineswegs als rückständig oder dumm zu bezeichnen sind - im *Gegenteil*. Sie warnen uns bereits seit langem vor dem Folgen unseres Handelns.

Wer zum Beispiel schon einmal etwas von der Botschaft der Hopi an die Welt gehört hat, die erstmals 1947 einer breiten Öffentlichkeit vorgestellt wurde, weiß, wie fortschrittlich deren Mahnungen waren und sind. Und auch in Bezug auf ein wirklich realistisches, ganzheitlich-aufgeklärtes, mystisch-intellektuelles Weltbild können wir offenkundig viel von ihnen lernen:

> „Frieden kommt ***nur*** in unsere Herzen, wenn wir unsere grundlegende Verwandtschaft und Einheit mit der Erde, mit dem gesamten Universum und mit all seinen Kräften darin erkennen - wenn wir erkennen, dass wir *im Zentrum* dieses *heiligen Universums* leben, und auch, *dass dieses Zentrum in Wirklichkeit überall* ist, also auch ***in jedem*** von uns."[51]

Ist das, was der Sioux Hächaka Ssapa in *Die heilige Pfeife* zu sagen versucht, wirklich *primitiv*? Lediglich rührselige, vitalistische Naturromantik eines im Aussterben begriffenen Volkes, dass das Wesen im Zentrum des Universums *Wakan-Tanka* nennt?

Wir „Zivilisierte" finden das überaus drollig und glauben, uns darüber lustig machen zu dürfen. Aber können wir es uns wirklich erlauben, darüber eine *Wertung* oder gar ein *Urteil* abzugeben, wenn traditionelle Kulturen in vielen Fällen auf die Segnungen der modernen Welt *freiwillig* verzichten -

und dies dann auch noch als rückständig bezeichnen? Und können wir uns schließlich anmaßen, ihnen - und auch noch dem gesamten Rest dieser Welt - unsere nach eigener Einschätzung absolut überlegene und fortschrittliche Lebensweise ultimativ aufzudrängen, weil sie doch so offensichtlich alternativlos sei?[52]

Schauen wir uns also die angebliche „Primitivität" und „Rückständigkeit" der Naturvölker, die Orientierung und Organisation ihrer Gesellschaftsstruktur - und auch unsere angebliche Überlegenheit – doch einmal etwas unvoreingenommener ein wenig näher an, um den elementaren Lernschritt, vor dem wir ultimativ stehen, *wirklich* „begreifen" zu können.

Die Colorado-Hochebene im Südwesten der USA wird auch als „Four-Corners" bezeichnet, weil hier vier der amerikanischen Bundesstaaten – Arizona, New Mexiko, Utah und Colorado – zusammentreffen. Dieses Gebiet hat einen Durchmesser von ca. 350 Meilen und ist in etwa kreisförmig. Die Hopi und andere Pueblo-Apachen und eingeborene Völker und Stämme dieser Gegend halten die gesamte Hochebene für einen speziellen *Ort der Kraft*, einen der ganz besonders heiligen Plätze unseres Planeten.

Vergleichbare Orte oder auch Gegenden finden wir zum Beispiel in Australien (Ayers Rock), oder auch in unserer eigenen keltisch-mystischen Tradition in Stonehenge (Steinkreise), Glastonbury (Avalon), sowie im Gebiet des sogenannten böhmischen Kessels, einem der ursprünglichen Entstehungsgebiete europäischer Druidenkultur.

Das Land der Apachen zeichnet sich nun durch verschiedene, ganz spezielle Naturphänomene aus. So gibt es hier unter anderem eine vermehrte Blitzaktivität, eine extrem starke Sonneneinstrahlung und vor allem auch die sogenannten „atmenden Berge", ein Phänomen, welches auch in anderen Gegenden dieser Welt (zum Beispiel auf Hawaii) zu beobachten ist. Mindestens sieben der „heiligen, atmenden Berge" stehen in Verbindung mit gigantischen Höhlensystemen anderer vulkanischer Berge, in denen Wasserwege und eine riesige unterirdische Caldera - also ein riesiges Bassin mit gewaltigen Wassermengen (auch Black-Mesa-Aquifer genannt) - existiert.

Durch verschiedene „Blaslöcher" strömt hier in einem offenbar gezeitenbedingten Sechs-Stunden-Rhythmus mit einer Geschwindigkeit von ca. 30 Meilen pro Stunde Luft ein und aus. Wissenschaftler, die fluoreszierende Teilchen in einige solcher Blaslöcher einbrachten, sammelten sie etliche Meilen davon entfernt wieder ein, wodurch diese Tatsache - und auch der Zusammenhang großer Teile dieses Gebietes - exakt nachgewiesen, gemessen und dokumentiert werden konnte.

Eine der erstaunlichsten Folgen dieses natürlichen Kreislaufs aber ist, dass die „ausgeatmete" Luft dieser Gegend besonders reich an *negativen Ionen* ist - negativ elektrisch geladenen Teilchen, die oft im Zusammenhang mit großen, bewegten Wassermassen, etwa Wasserfällen, zu finden sind. Diese ionisierten Luftmoleküle haben nachgewiesenermaßen einen sehr großen Einfluss auf unsere Gesundheit. Eine deutliche Überlastung durch *positive* Ionen zum Beispiel wird auch mit stressbedingten Symptomen in Verbindung gebracht (und interessanterweise mit der *Erkrankung der Atemwege*) - eine gesteigerte Ausschüttung von Cortisol und Noradrenalin konnte hier in vielen Fällen nachgewiesen werden.

Ein hohes (aber nicht zu hohes) Maß an *negativ* ionisierten Luftmolekülen dagegen führt nachweislich zu einer gesteigerten Serotonin- und Dopamin-Produktion. Dies sind Botenstoffe in unserem Gehirn, die bei der Reizübertragung von Nervenimpulsen, altersbedingten Ausfallerscheinungen, depressiven Erkrankungen (und wohl auch bei außergewöhnlichen Bewusstseinserfahrungen) eine wichtige und entscheidende Rolle spielen - also starke und unglaublich vielseitige sogenannte *Neurotransmitter*.

Eine ständig auf natürliche Weise regenerierte Konzentration an ionisierten Partikeln, ein *gesundes Gleichgewicht* dieser Moleküle, kann nachweislich ein sehr wichtiger Faktor für die Heilung sein, weil nicht zuletzt auch der Sauerstoffwechsel und das Wohlbefinden gefördert werden. Und sogar für das „richtige" Wachstum von Pflanzen und Tieren ist nach langjährigen Untersuchungen *ein bestimmtes Verhältnis* der Ionenkonzentration in der Luft offensichtlich unentbehrlich.[53] Daher wundert es auch nicht, dass eine große Zahl von Stadtruinen in dieser Gegend zu finden sind, die zeigen, dass alte Kulturen mutmaßlich von der heilenden Wirkung dieser Gegend wussten.

Im Falle der atmenden Berge kehrt sich die Rate der „verbrauchten" positiven Ionen nun offenbar um, wenn die heiße, abgestandene Wüstenluft in das kühlere Höhlensystem hineinströmt, sich mit dem rauschenden Untergrundwasser dort vermischt und mit negativen Ionen in einem ewigen Kreislauf ständig neu „aufgeladen" wird. Danach rast die Luft dann wieder hinaus und „belebt" damit dieses Gebiet *aktiv* - ganz ähnlich einer richtige Lunge.

Leider enthält die Colorado-Hochebene aber auch unglaublich hohe Uranvorkommen, große Mengen an Molybdän oder auch Kupfer, was dazu geführt hat, dass das natürliche Gleichgewicht dieses Gebietes durch Bergbau und begleitende, unter anderem infrastrukturelle, Maßnahmen nachhaltig gestört wurde: In den 1970er Jahren als „nationales

Opfergebiet" deklariert, um den wachsenden Energiehunger der USA zu stillen, findet man hier bis heute immer noch unfassbar viele Überreste der Ausbeutung, der Naturaneignung und der Veränderung der ursprünglichen Bedingungen - im Namen des Fortschritts. So sind vielerorts rauchende oder sogar immer noch brennende Kohlenhalden zu sehen, umrahmt von Bergen gesprengter Erde, durchschneidet die Landschaft ein künstliches Netz von Ultrahochspannungsleitungen, die den natürlichen Fluss der Ionen gewaltig verändert haben usw.

Und die anhaltende Wasserförderung aus dem Black-Mesa-Aquifer und angrenzenden „Vorräten" hat dazu geführt, dass sich nach Angaben des geologischen Überwachungsamtes der Vereinigten Staaten bereits in den 1980er Jahren der Boden um mehrere Meter abgesenkt hatte (die Wasserentnahme ist übrigens ein aktuelles Phänomen, das auch eine der wichtigsten Kornkammern dieser Welt - den mittleren Westen der USA - mittlerweile vor gewaltige Probleme stellt).

Aber auch die „heilende Wirkung" dieses Ortes hat sich dadurch natürlich rapide verändert und eine Regeneration, bzw. gar die Wiederherstellung des ursprünglichen Zustandes, wird wohl noch einige Generationen in Anspruch nehmen. Und dies ist nur *eines* von unfassbar vielen Beispielen - *weltweit*.[54]

Warum ich aber dieses Beispiel hier vor allem anführe: Es dürfte mittlerweile allgemein bekannt sein, dass die Veränderung ***eines*** Elementes des Gesamtsystems unausweichlich ***immer*** auch eine Veränderung auf einigen anderen - auf ***allen*** - Ebenen nach sich zieht. Wenige haben dagegen bislang ***wirklich*** die auch in diesem Zusammenhang relevanten, erstaunlichen Erkenntnisse der Quantenphysik einigermaßen angemessen berücksichtigt und realistisch erkannt, dass wir längst schon nicht mehr nur unparteiische, objektive Beobachter eines ökologischen Geschehens sind, das sich irgendwann schon irgendwie regeln und organisieren ließe, oder das wir irgendwie von außen beobachten, steuern und technologisch kontrollieren können - ***wir alle*** sind längst zu *aktiven Teilnehmern einer globalen Handlung und Entwicklung* mit ***völlig ungewissem Ausgang*** geworden.

Primitive Kulturen dagegen *wissen* und *fühlen* seit langem: Das Leben auf dieser Erde ist im Grunde nur als ein auf absolut unglaubliche Weise miteinander verbundenes und vernetztes *Beziehungsgefüge* zu erfahren - und ***nur*** „ganzheitlich" ***wirklich*** zu verstehen - in dem sich die einzelnen, mal mehr mal weniger voneinander getrennten Lebensräume und Wesen zu einem *emergenten Ganzen höherer Ordnung komplementär* zusammenfinden:

Der fruchtbare Boden ist bereits ein hochgradig kompliziertes Gefüge mit vielfältiger Flora und Fauna aus Bakterien und Pilzen, Protozoen und Würmern, Pflanzen, Insekten und Tieren usw. - und die ergänzende Tätigkeit *eines jedes Einzelnen* dieser ***Wesen*** ist unentbehrlich für das Gesamtgefüge dessen, was wir als „Biosphäre" bezeichnen.

Auf einen Teelöffel gesunden Waldbodens kommen in der Regel bereits etliche *Kilometer* Hyphen, aus denen sich das Myzelium der Pilze aufbaut, die in einem gewaltigen Netzwerk verbunden sind - sowohl mit den Bäumen und Pflanzen, als auch untereinander - und die ständig auf vielfältige Weise sowohl bio-chemische als auch elektrische Signale miteinander austauschen.

Welcher Supercomputer wäre daher wohl in der Lage - Aerosole und Wolken hin, Weltmeere und die vielbeschworenen *tipping points* her - ***sämtliche*** Prozesse, Systeme und Zusammenhänge einmal ***wirklich realistisch*** zu erfassen und auf die zukünftige Entwicklung hin zu projizieren, die die ***gesamte Systemgemeinschaft*** Erde geschaffen hat?

Ein ***lebendiges*** *Wesen*, das sich durch andauernde, global-vernetzte, selbstregulierende und selbst-organisierende Prozesse in einer erstaunlichen und bemerkenswerten Dauerhaftigkeit, Artenvielfalt und Konstanz seit vielen Millionen von Jahren etabliert hat, sich ständig verändert und ergänzt und sich schließlich völlig autark – und auch völlig ohne unsere Hilfe – erhält, regeneriert und ernährt?

Die Definition einer fortschrittlichen, globalen Kultur sollte daher eigentlich die *Grenzen* ihrer rationalen Erkenntnisfähigkeit realisieren - und angemessen berücksichtigen können. Das aber hieße auch, dass wir unseren „Zivilisationserfolg" nicht nur anhand von Technologie, Wohlstand und auf materiellem Wege *allein* messen, sondern dass wir den geistigen Prinzipien dieser Welt - endlich - einen ausreichenden Raum gewähren, die reale Präsenz einer wie auch immer definierten „höheren Ordnung" anerkennen, sowie die Wichtigkeit natürlicher Kreisläufe und Prozesse, ihrer Selbstorganisation und Emergenz begreifen und in unser wirtschaftspolitisches - und zwischenmenschliches - Handeln integrieren, gerade so, wie es viele verschiedene indigene Völker und Stammeskulturen ***weltweit*** seit je tun und für absolut unverzichtbar und als selbstverständlich erachten.

Organisiert - oder lieber *organisch*?

Wir können also weiterhin darauf bestehen, die Dinge lediglich *objektiv* zu sezieren, sie zu *organisieren*, zu *manipulieren* und zu *kontrollieren* – und dies dann auch noch als rational und alternativlos bezeichnen.

Wir können aber auch damit beginnen, *organisch gewachsene* Gesellschaftsformen als *gleichberechtigt* zu akzeptieren und uns näher mit ihnen zu befassen, um neue, brauchbare, auf die Anforderungen und Bedürfnisse der Zukunft reagierende Konzepte entwickeln *und etablieren* zu können - Konzepte, in denen die Vorteile **beider** Organisationsformen und Ordnungsprinzipien dieser Welt als integrale Bestandteile *angemessen enthalten* sind.

Einer der wichtigsten Aspekte der Lebensphilosophie organisch gewachsener Stammeskulturen, die in den allermeisten Fällen *horizontale* Machtstrukturen durch *vertikale* Konzepte ersetzen konnten, ist es, *alles* Leben als bedeutsam und gleichberechtigt zu akzeptieren. *Alles* Leben - und tatsächlich auch das, was wir als unbelebt empfinden - wird zudem auch als *beseelt* verstanden, dessen Ursprung der „Große Geist" ist. Dieser Geist ist eine *Kraft*. Ein bekannter indianischer Autor beschreibt dies so:

> „Uns bleibt nur die Feststellung, dass die Quelle dieser Kraft ein großes Mysterium ist, und dass die Kraft durch den Geist dieses Universums sichtbar wird, der alles durchdringt und belebt. (...) Der Geist der Schöpfung zeigt sich in allen Dingen, die das Leben erschafft."[55]

Die verschiedenen Arten oder auch *Wesen* der Natur werden immer auch als *Teilaspekte* dieses Geistes empfunden und beschrieben. Sie werden *wirklich,* also *auf materielle, objektive Weise* für uns *erfahrbar,* weil sie reale Manifestationen der geistigen Energie der jeweiligen Gattung sind - ein Gedanke, der auf erstaunliche Weise an die von Sheldrake beschriebene *Resonanz* der morphischen Felder erinnert:

> „Jedes Blatt Gras ist *wirklich* und jedes ist eine Manifestation vom *Geist des Grases.* Die Gräser halten die Erde zusammen, und sie sind Wesen, mit denen das tierische Leben *verbunden* ist. (...) Betrachten wir uns auf dieser Erde, dann sehen wir viele, sehr viele andere geistige \`Dinge´, und dass auch sie teilhaben an der Kraft der Erde. (...)
>
> Der Eichenbaum ist eine Manifestation des Eichenbaum-Geistes. Allein aus dieser Kraft heraus kann ein Eichenbaum entstehen. Und wenn wir ihn betrachten (also wirklich *absichtslos schauen*), dann können wir erkennen, dass dieser Eichenbaum keine geistig Kraft *für sich alleine* darstellt. Denn die Eiche braucht Mutter Erde, um ihre Wurzeln zu verankern. Die Eiche gibt ihren Sauerstoff ab, damit das Kaninchen atmen kann, und das Kaninchen gibt sein Fleisch, damit der Fuchs

> leben kann. Und im Tode kehrt der Fuchs zur Erde zurück, von der sich die Gräser ernähren. Von den Halmen dieser Gräser schließlich lebt wiederum das Kaninchen."[55]

Alle diese Wesen werden materielle Wirklichkeit durch den *Geist* der jeweiligen Gattung und *alle* tragen auf ihre gegenständliche Art das Leben in einem ständigen Kreislauf des Werdens und Vergehens *gemeinsam*. Keine Art ist also in irgendeiner Weise getrennt oder bevorzugt von der jeweils Anderen, sondern alle werden als „Brüder und Schwestern" empfunden, die den gleichen Geist *teilen* und „Kinder der Mutter Erde" sind.

Eine Art oder auch Gattung, die aus diesen natürlichen Kreislauf auszubrechen versucht - zum Beispiel, weil sie sich über die Vorgaben und Regeln der Natur erheben zu müssen meint, oder auch glaubt, sämtliche Kräfte in ihr in irgendeiner Form beherrschen und kontrollieren zu können (bzw. dies auch *zu dürfen*) - handelt somit widernatürlich und verlässt den „Zyklus des Lebens", was niemals ohne Folgen bleiben kann.

Dies ist tatsächlich auch seit langem bereits der Kernpunkt der Kritik - und auch die unmissverständliche *Warnung* - der ursprünglichen Völker an die „organisierten" Menschen der „zivilisierten Welt": Ein solcher „Ausbruch" aus dem natürlichen Kreislauf wird notwendigerweise ***immer*** eine Art „Reinigung“ nach sich ziehen - ein Prozess, der, schaut man sich die Nachrichten nur einmal wirklich *unvoreingenommen*, *offen* und *bewusst* an, auf erschreckende Weise bereits begonnen hat, *Realität* zu werden. Das gerade erst in Fahrt gekommene Phänomen des *Klimawandels* jedenfalls lässt sich ohne weiteres auch als ***Fieber des Planeten*** deuten, und Fieber weist *immer* auf die Bekämpfung von etwas Schädlichem hin!

Eine andere Vertreterin indigen-traditioneller, organisch strukturierter und organisierter Stammeskulturen beschreibt den Weg *wirklicher* Menschen, die eine stabile Welt des Gleichgewichts anstreben und den „Pfad der Schönheit“ betreten und beschreiten wollen, in etwa so:

> „In der alten Weise zu sein, heißt, auf ***heilige Weise*** zu leben, aufrecht zu stehen und geradeaus zu gehen. Es heißt, unsere Brüder und Schwestern zu achten, auch die vierbeinigen, die sechsbeinigen, die ohne Beine oder die mit Flügeln und die Pflanzen. Die Tiere und Pflanzen, die wir töten, um zu leben, werden mit Ehrfurcht, Respekt, Dankbarkeit und Liebe getötet - und mit dem Wissen, dass wir ihnen im ewigen Kreislauf des Lebens mit unserem eigenen Körper zurückzahlen.“[55]

Was verschiedene indianische Autoren hier zu beschreiben versuchen ist der „harmonische Handlungsgang", der in allen Menschen, in jedem Einzelnen von uns, zu finden ist - wenn wir mit uns selbst und mit allen anderen *Wesen* rundherum *in Kontakt*, in *Verbindung* sind. Eine Möglichkeit des Verständnisses, die erstaunlich genau an andere, mystisch-spirituelle Traditionen weltweit erinnert. *Leben* wird darin immer also *heilig*, *ewig* und *in Intimität zu* etwas verstanden und beschrieben:

> „Unsere Geister verschmelzen mit dem ewigen Sein wie das Fließen einer Welle, die in den Körper eines Flusses zurückkehrt. Alle Lebewesen haben Teil aneinander, weil wir *keine getrennten* Lebewesen sind. (...) Es gibt keinen Tod - nur Wandlung und Entwicklung."[55]

Der Kreislauf des Lebens, die Achtung vor uns selbst *und* vor der Natur, ein in Verbindung sein - sowie ein gesellschaftliches Miteinander, dass nicht grundlegend auf Status, Gewinn, Eigentum und Macht ausgerichtet ist, nicht auf die *Funktion* der einzelnen Individuen und materiellen Erfolg gründet - sondern eher auf Zusammenhalt und die konsequente Annahme und Umsetzung im Leben dessen, was man mit der *Kraft der Liebe* einfach und treffend beschreiben kann - dies wären einige der *grundlegenden* Merkmale einer organisch organisierten, globalen Gemeinschaft.

Wenn wir jedoch bereits im Kindergartenalter *nahezu alle* Lernziele *zentral* organisieren, wenn wir Muster, Programme und Strukturen, Fremdsprachenkenntnisse und auch andere Fähigkeiten und Fertigkeiten einer globalisierten und digitalisierten Wirtschafts-, Wissenschafts- und *Gesellschaftsstruktur* zu *absoluten* Normen und *restriktiv geltenden* Dogmen erheben (und im Grunde auch zu bloßen *Informationen*, die zumeist mehr oder weniger *beziehungslos* vermittelt werden), wenn wir uns selbst als *über allem anderen* stehende „Krone der Schöpfung" begreifen, dann ***können*** letztlich kreative Prozesse und Potentiale und ein tiefer gehendes Verständnis für die Kreisläufe der Natur und Zusammenhänge dieser Welt kaum entwickelt, erhalten und gefördert werden - die natürlichen Fähigkeiten werden dann auf lange Sicht quasi *welk* wie ein verdorrendes Blatt an einem herbstlichen Baum, in unseren Kindern *und* auch in uns selbst, und der „Preis" für unsere Anmaßung könnte eben vielleicht sogar *existentiell* sein.

Der Kontakt zur geistigen Welt ist uns Menschen - und allen anderen belebten und unbelebten Daseinsformen - sozusagen von Natur aus mitgegeben. Und auch das, was die Wissenschaft *Altruismus* nennt - die soziale Kompetenz also zu spontaner Hilfsbereitschaft der Menschen ohne Aussicht auf eigenen Gewinn, das Aufopfern füreinander *und* für die Gemeinschaft und auch die Fähigkeit, in sozialen

Beziehungsstrukturen friedlich und konstruktiv miteinander zusammenzuleben und zu arbeiten. All diese Fähigkeiten sind in einem jeden Kind tatsächlich stets präsent - auch wenn uns das Verhalten von Kindern untereinander vielleicht manchmal etwas grausam oder eigensinnig erscheinen mag - und werden lediglich aufgrund diverser, als rational und notwendig angesehener Lernschritte, Erfordernisse und Fähigkeiten einer globalisierten Wirtschaft im Laufe der Entwicklung geradezu abtrainiert.

Und auch die im westlichen Gesellschaftsentwurf an absolut zentraler Stelle stehende Bedeutung des *Wettbewerbs* sollte in diesem Zusammenhang einmal kritisch betrachtet und etwas näher hinterfragt werden: Selbstverständlich spielen Kinder - und auch die meisten Erwachsenen - gerne Spiele, bei denen man besser sein will als der andere, natürlich wollen wir *gewinnen.*

Wenn aber kindlicher Eifer schon von klein auf in Spielpläne gepresst wird, wenn auch noch der einfachste Spielgedanke mit all zu viel Regeln vollgestopft - und damit völlig erstickt - wird, wenn jede Abweichung von der Norm in irgendeiner Form sanktioniert wird etc., dann sollte man sich auch nicht wundern, wenn später Erwachsene herumlaufen, die eine Ellenbogen-Mentalität und den Triumph über andere - und vielleicht auch über sich Selbst - als selbstverständliches und unhinterfragbares Motto oder auch Lebensziel definieren - die es also für „das Normalste der Welt" halten, in ***allen*** Bereichen des Lebens ***besser*** sein zu wollen als Andere und niemals zufrieden mit sich oder dem Ist-Zustand sind.

Eine Welt mit *endlichen Ressourcen* aber, in der die Menschen alltäglich versuchen, zu wachsen, den Nächsten zu übertrumpfen und zu übervorteilen, in der der gesunde Antrieb, Bestehendes oder Andere zu übertreffen in der „Leistungsgesellschaft" auf ungesunde Weise pervertiert wurde, in der die *kalkuliert Lüge* mittlerweile fester Bestandteil unserer Wirtschafts- und Politikstruktur ist, die *toleriert* oder sogar anerkennend hofiert wird (wenn man denn „damit durchkommt") -, wenn also all dies sozusagen bereits öffentlicher Standard und längst selbstverständlicher *Teil* des alltäglichen Lebens und Handels geworden ist - eine derartige Welt wird *naturgemäß* Schwierigkeiten haben *auf Dauer* zu bestehen. Wilfred Pelletier dagegen beschreibt seine Wettbewerbserfahrungen in der Kindheit in einem seiner Essays auszugsweise so:

> „Soweit ich mich erinnern kann, waren wir alle irgendwie gleich. Die Struktur in unserer Gemeinschaft war *horizontal*. (...) Wir trieben Sport nicht als Wettbewerb. Wir hatten natürlich auch Spielregeln, aber nicht in der

Weise, dass wir immer genau herausfinden mussten, wer verloren oder gewonnen hatte. Was wir taten, war dem Spiel der Tiere sehr ähnlich. (...)

Wir lernten, indem wir lauschten und beobachteten. Wir bildeten uns *unsere eigene Beziehung* zu den Dingen. Alle Dinge standen in Beziehung zu unserem Leben. (...) Wenn jemand besondere Fähigkeiten hatte, zum Beispiel beim Fischen oder beim Jagen, dann übernahm er oder sie die Führung an diesem Tag - und legte sie nieder, wenn die Arbeit getan war. (...) `Die Macht´ war abhängig von den Dingen, die getan werden mussten. Nur in Kriegszeiten und in Zeiten der Gefahr, wenn schnelle Entscheidungen zu treffen waren und verschiedene Aufgaben klug zu verteilen, gab es eine vertikale Struktur und auch einen Kriegshäuptling."[56]

Ich kann - und will - an dieser Stelle natürlich keine tiefer gehende oder ausführliche soziologische Analyse anbieten. Ich will damit auch nicht sagen, dass wir wieder „zurück in die Höhlen" oder „auf die Bäume" sollten. Ich möchte mit diesen Beispielen auch nicht angreifen oder gar werten, weder „die Gesellschaft" noch irgendeinen Einzelnen - das steht niemandem von uns zu in einer Situation, in die wir selbstverschuldet

alle geraten sind. Ich versuche lediglich darauf hinzuweisen, dass es *nicht-vertikale* Formen des Zusammenlebens gab und gibt, dass sie bereits den Nachweis einer erstaunlich lange Zeit stabil gebliebenen Existenz erbracht haben - dass also ***organisch organisierte*** sowohl/als auch-Systeme ***möglich*** sind, sogar *erfolgreich* sein können und dass wir sie *brauchen*, um in einer rapide sich verändernden Welt zu bestehen.

Wenn wir in einer immer komplexer werdenden Situation die offenkundigen Probleme meistern - also schlicht und ergreifend *überleben* - wollen, *brauchen* wir definitiv *beide* Wege der Erkenntnis. *Sowohl* also die naturwissenschaftliche Methode, *als auch* die umfassendere, ganzheitliche, mystisch-spirituelle Wahrnehmung und *direkte* Naturerfahrung unserer heiligen Verbundenheit mit sämtlichen Wesen, Prozessen, Systemen und Dingen:

> „Bis in die jüngste Zeit hinein hatten wir Menschen die Perspektive einer winzigen Eintagsfliege, die in einem riesigen Mammutbaum herumflattert. Einer Eintagsfliege, deren Erwachsenenleben in Stunden gezählt wird, und die nicht erkennt, dass der 2000 Jahre alte Baum *lebt* - denn das Insekt hat sein ganzes Leben darin verbracht, ohne dass sich der Baum *je bewegt* hätte. (...)

> Wir, die wir auf der seit Milliarden Jahren existierenden Erde herum hasten, neigen dazu, *ebenso zu denken* - nämlich, dass unser steiniger Globus kein eigenes Leben besitzt. ***Aber er besitzt es.***
>
> Und um die Aktivität der Erdkruste (der Atmosphäre, des Wasser- bzw. Stoffwechselkreislaufs usw.) ***begreifen*** zu können, müssen wir *das Wesen der Zeit* begreifen - lange, sehr, sehr lange Zeitspannen."[57]

Es ist an der Zeit, es ist sogar ***höchste Zeit***, sich wieder an diese *ganzheitlichen* Betrachtungsweisen zu erinnern und sie sich als absolut elementar für eine jene weitere gesellschaftlich-kulturelle Entwicklung anzueignen - sie also wahrzunehmen und zu begreifen, sowohl auf individueller, subjektiver Ebene, als auch im objektiv-globalen Rahmen.

Pelletier beschreibt die hier angedeutete Möglichkeit der Gesellschaftsorganisation seines Volkes auch als „Gemeinschaftsbewusstsein", das wie „ein Schwarm von Fischen ganz unvermittelt und auch ohne jede Kommunikation die Bewegungsrichtung ändern kann - alle gleichzeitig". Wir sollten uns von Neuem dieser *selbstorganisierenden, emergenten Kraft* (und auch an viele andere Vorteile von Schwarmstrukturen und ähnlichen Formen organisch-organisierten Zusammenlebens) bewusst werden und uns an dieser „Kraft" *orientieren.* Denn auch im sozialen Kontext und auf globaler Ebene sind diverse Felder aktiv, bestehen verschiedene morphische Resonanzen, gibt es Linien der Verbindung, die auf vielfältige Weise konstruktiv wahrgenommen und effektiv genutzt werden können - nicht zuletzt auch auf technologische Weise, wenn wir dies *achtsam* und *bewusst* tun.

Plädoyer für Frieden mit der Natur

Es gab einmal eine Zeit - sie ist sogar eigentlich noch gar nicht mal so lang her - da lebten auch wir aufgeklärten Menschen noch in einer Welt voller Wunder. Sonne, Mond und Sterne, Erde, Pflanzen und Tieren und selbst Berge und Täler, Wasser und Luft waren *lebendige Wesen* für uns, die verehrt und geachtet wurden.

> „Unser Leben war eine magische Reise, deren Etappen, Begegnungen und Begebenheiten ein geheimnisvoller Sinn innewohnte, den es im Laufe der Reise zu ergründen und zu erfüllen galt. (...) Wir priesen das Wasser für seine sprudelnde Klarheit, seine reinigende und lebensspendende Kraft. Wir priesen die Sonne für die Wärme, die sie uns spendete, für ihr Licht, für den Glanz ihrer Strahlen.

Wir dankten der Erde für die Nahrung, die Kraft und die Lust, die sie uns schenkte, und dem Baum für Schatten und Schutz. Wenn unser Körper erkrankte, baten wir die Pflanzenwelt um Hilfe und Rat. (...)

Wir hielten alles für lebendig, für beseelt und bewusst. Wir sprachen zu allem, und alles sprach zu uns. Unsere Welt war nicht frei von Schrecken und Gefahren, aber alles, was uns begegnete und sich in unserem Leben ereignete, schien Teil unserer eigenen Reise zu sein, schien Sinn und Bedeutung für uns zu haben.

Und ganz selbstverständlich fühlten wir, dass wir *mit jedem einzelnen Wesen und jedem Teil der Natur* ***verwandt*** waren."[58]

An einer schönen Quelle, unter einem besonderen Baum, in der erhabenen und mächtigen Größe der Bergwelt, beim kontemplativen Anblick einer wunderschönen Blume, oder auch angesichts der ungeheuren Offenheit, Frische und Weite des Meeres - irgendwo in der Natur können wir sie auch heute noch manchmal entdecken: Die ***Lebendigkeit*** der Welt und unsere *direkte* **Verbundenheit** mit jedem einzelnen Teil von ihr.

Das Bewusst-Sein der *Intimität* ist somit auch *kein* Privileg von „primitiven" Naturvölkern - gerade in einer hochtechnologisch organisierten, mechanisch-kalten

Umgebung wird die Sehnsucht nach Geborgenheit, Ganzheit, Verbundenheit, Wärme und Sinn heutzutage ganz offensichtlich immer größer, immer drängender. Ein gewisser *natürlicher Ausgleich* bahnt sich an, ein ***neues, globales Bewusstsein*** entsteht, dessen nach-materialistische Grundlagen sowohl wissenschaftlich fundiert als auch spirituell eingebettet in die unterschiedlichen kulturellen Zusammenhänge und Strukturen erscheint. Mit den Worten Dalai Lamas:

> „Das Wissen und die Praxis von Religionen waren und sind natürlich hilfreich. Aber *das reicht heute nicht mehr aus*, wie an vielen Beispielen in aller Welt immer deutlicher wird. Das gilt für *alle* Religionen, auch für das Christentum und den Buddhismus. Im Namen von Religionen wurden und werden Kriege geführt, sogar „Heilige Kriege". Religionen waren und sind oft intolerant.
>
> Deshalb sage ich, dass wir im 21. Jahrhundert *eine neue Ethik jenseits aller Religion brauchen.* Wesentlicher als Religion ist *unsere elementare menschliche Spiritualität* - unsere in uns Menschen angelegte Neigung zur Liebe, zur Güte und Zuneigung - unabhängig davon, welcher Religion oder auch Orientierung wir angehören."[59]

Der Dalai Lama nennt diese Form der Spiritualität *säkulare Ethik.* Und auch die Forschung hat bereits gezeigt, dass es auf *jeder* Ebene der Materie einen gewisse Art der „Zuneigung", einen „Hang zur Verbundenheit" gibt: Sei es nun im organischen Verbund, in verschiedenen Schwarmstrukturen, auf der Ebene der Kristalle, sei es nun beim Molekül, dem Atom oder sogar dem Atomkern, oder beim quantenphysikalischen Phänomen der *Verschränkung* - auch ***alles materielle Sein*** auf dieser Welt strebt offenbar nach Integration, nach Vereinigung.

Auch die Wissenschaft beginnt also durchaus (wieder) zu entdecken, dass das Universum am besten als *lebendiges Ganzes* zu beschreiben ist, das sich *ständig wandelt und entwickelt* - und durch *immaterielle* Phänomene wie *Gravitation, Elektro-Magnetismus, Verschränkung* usw. tatsächlich auf unglaubliche und faszinierende Weise *direkt miteinander verbunden* ist. Es ***kommuniziert*** - strukturiert von einer Intelligenz, Kreativität, schöpferischen Kraft oder auch bewusstem Geist, der/die/das nicht mehr nur allein materiell zu beschreiben, zu verstehen oder zu erklären ist.[60]

Diese *re-aufgeklärte* Wissenschaft beginnt zu erkennen, dass subjektive, geistige Prozesse *dieselbe Realität* besitzen, wie objektiv messbare. Eine zunehmende Zahl von Wissenschaftlern scheint diese

Erkenntnis - in längst überfälliger philosophischer Anerkennung unserer relativistischen, quantenphysikalischen *und* spirituellen Realität - auch bereits in ein holistisches Weltbild zu integrieren. Mit anderen Worten: ein *globales Bewusstsein* wächst bereits längst heran, das die Erkenntnisse der Naturwissenschaft ***und*** die Erfahrungen der Mystik *zu vereinen* beginnt und die „Heiligkeit dieser Welt" - und sei es zunächst einmal auch „nur" aus Überlebensnotwendigkeit - anzuerkennen langsam aber sicher bereit ist. Dazu gehört aber auch das Bewusstsein, dass wir tatsächlich an einem ganz *entscheidenden Wendepunkt* stehen, an dem sich nicht weniger als das Schicksal unserer gesamten Zivilisation entscheidet.

Der alte Traum des einseitig *rationalen* Humanismus beginnt offensichtlich ein wenig zu verblassen und dessen negative Aspekte werden immer greifbarer - auch wenn die Mächtigen im Moment noch scheinbar unbelehrbar an der Beherrschung der Technosphäre, an gentechnologischer Kontrolle und Optimierung, an Machbarkeit, Planbarkeit und Objektivierung, an der menschlichen Unabhängigkeit oder auch an der Losgelöstheit von den physikalischen, chemischen und biologischen Grenzen dieser Welt (und den ***wahren*** Gesetzen der Natur) festhalten - sowie an ihrem Glauben an ein stetiges, materielles *und* informatives Wachstums auf einem Planeten mit begrenzten, *endlichen* Ressourcen und Möglichkeiten.

Es ist nicht weniger als eine *völlig neue Art* des *globalen Denkens, Handelns und Fühlens*, die sich hier unaufhaltsam anbahnt. Eine Revolution, deren Auswirkungen mit ziemlicher Sicherheit noch weitaus gewaltiger sein werden, als die Folgen der Aufklärung dies je gewesen sind! Ein ***neues, globales Bewusstsein*** wächst heran - wenn wir es denn schaffen, davon abzusehen, die kreative Entwicklung dieses ***neuen morphischen Feldes*** weiterhin durch eigene Hand zu behindern - oder sogar massiv zu gefährden - und Frieden zu schließen mit uns selbst ***und*** mit der Natur.

Manche sehen dieses Bewusstsein bereits durch das Internet verwirklicht, aber das ist es nicht - im Gegenteil. Wenn wir weiterhin so gierig, achtlos und dumm mit diesem, immer noch eher neuen *und unfassbar mächtigen* Medium umgehen, werden die Konsequenzen unseres Handelns uns offenkundig, und für jedermann bereits erkennbar, schon sehr bald einzuholen beginnen („die Geister, die ich rief...").

Gleichzeitig können aber *sämtliche* Errungenschaften des *kreativen Geistes* natürlich immer auch *sinnvoll* und *konstruktiv* genutzt werden - also sowohl das Internet als auch *andere* Möglichkeiten moderner Technologie oder Forschung. Wer das vergisst, und Innovation oder Technik *aus Prinzip* ablehnt, handelt im Grunde nicht weniger achtlos und egozentrisch als die Protagonisten einer elektronisch-technologisch-materiell *total* vernetzten, rational-effizienten, wachstumsorientierten, systemoptimierten und digitalisierten Welt.

Eine wichtige Voraussetzungen für die Entwicklung eines *ganzheitlichen* globalen Bewusstseins ist jedoch eine Art *gelebter* Ethik und Moral, deren Motivation ***nicht*** starren religiösen, wirtschaftlichen, politischen und/oder/auch ideologischen Paradigmen und Dogmen gehorcht - sondern die viel eher übergeordnete, friedliche, verständnisvolle, ***freie*** Werte vertritt, die offensichtlich ohnehin alle Richtungen und Traditionen der Religionen - und auch die der Wissenschaft - bereits seit langem als *gemeinsame Basis* kennt und gewinnbringend vereint:

Wenn der Wunsch „gut zu sein" wirklich angeboren ist, wären *Altruismus, Nächstenliebe, Empathie* und *Mitgefühl* usw. ohnehin keine abstrakten Kompetenzen mehr, die erst mühsam im Laufe der Sozialisation *beigebracht* und *erlernt* werden müssen - sondern Anlagen, die in jedem einzelnen Menschen *von Grund auf vorhanden* sind. Und *genau das* haben verschiedenste Forschungsprojekte weltweit auch *ganz rational* bereits deutlich belegen können.

Soziale Werte müssen also *tatsächlich* nicht erst mühsam beigebracht und anerzogen, sondern nur *erhalten* und *gefördert* werden, um lebenslang zu wirken. Güte und Harmonie, Mitgefühl und Empathie,

Vertrauen und Verständnis sind demnach auch keine esoterischen Spinnereien der Träumer einer heilen Welt mehr - sondern ganz im Gegenteil offensichtlich einige der grundlegendsten Talente und (morphischen) Muster und Gewohnheiten sozialer, **bewusster** Wesen.

Gleichzeitig sind sie aber immer auch *Voraussetzung* für ein friedliches und sinnerfülltes Leben ***und*** für eine gesunde, *heile* Welt. Ein gutes Vorbild für diese ***neue*** Art ***zu sein*** war zum Beispiel Mahatma Gandhi. Als zutiefst religiöser Mensch war er Zeit seines Lebens gleichzeitig auch weltlich rational - nicht nur was seine Entscheidungen als politischer Führer anbetrifft. Er war, obgleich Hindu, ein großer Freund von Jesus und seiner Bergpredigt, bedingungsloser Pazifist und ein Vorbild an religiöser Toleranz, die so kraftvoll war, dass selbst manche für unüberwindbar gehaltene Gräben - zumindest kurzfristig - überwunden werden konnten.

Eine der wichtigsten Grundlagen seines Handelns war das Prinzip der Gewaltfreiheit (Ahimsha), das ebenfalls als *eine* der möglichen *Grundlagen* einer jeden globalen, freiheitlich-friedlichen Koexistenz jenseits aller religiösen Differenzen und ideologisch-kulturellen Unterschiede (und als unabdingbare *Vorbedingung eines Systems des Gleichgewichts*) gelten muss - ein Gedanke, der uns momentan natürlich noch sehr utopisch erscheinen mag.

Ein notwendige Entwicklung aber auch, dessen reale Umsetzung *weltweit* aus einigen, recht leicht nachvollziehbaren Gründen aber letztlich wirklich absolut unvermeidlich sein wird.

Die *materialistische* Sicht der Welt bestreitet bereits *die bloße Möglichkeit* einer solchen Koexistenz der unterschiedlichen Kulturen und Systeme – bekannt geworden zum Beispiel unter dem griffigen Slogan: „Der alte Adam (...)." Empathie und Mitgefühl, Nächstenliebe und Vertrauen, aber auch Umweltschutz und Rücksicht auf andere erscheinen hier als bloße Kosten-Nutzung-Rechnung, die, wenn überhaupt, aus *rein ökonomischen* Motiven erfolgt und erfolgen sollte. Es ist das Bild der *egoistischen Gene*, dem hier „gläubigst" gehuldigt wird. Der Mensch sei, wie die Geschichte ja auch an viel zu vielen schlechten Beispielen belege, *von Natur aus* gewalttätig und rücksichtslos, egozentrisch und habgierig, dumm, gemein und aggressiv usw. - und *nur* durch das humanistische Korsett von Erziehung, Aufklärung und geplanter Führung irgendwie überhaupt unter Kontrolle zu bringen - und auch zu halten. Aber: Die Gewalt nimmt ganz offenkundig gerade *eher zu* als ab – und das *trotz* anhaltender, globalisierter Aufklärung, *trotz* grenzenloser medialer Verfügbarkeit, *trotz* Entwicklung und Fortschritt, *trotz* Wachstum und planender, kontrollierender Erziehung und Propaganda - weltweit.

Auf *allen* Ebenen der globalen gesellschaftlichen Entwicklung ist zudem bereits seit langem eine Art Verrohung der Sprache, des Umgangs, der Sitten und vor allem auch der Moral zu beobachten – fragen Sie nur in etlichen Schulen und anderen Einrichtungen für Kinder und Jugendliche mal nach. Und die *Kontrolle* entgleitet ebenfalls bereits zusehends - nicht nur im nahen und im ferneren Osten, sondern zum Beispiel auch hier bei uns, etwa beim ständig schwieriger werdenden Kampf gegen Antibiotikaresistenzen (die sogenannten multiresistenten „Krankenhauskeime"), bei der Bewältigung der immer immenser werdenden Flüchtlingsströme, oder auch bei der „Führung" der Gesellschaft usw.

Es scheint also so, als wäre unser absolut einseitig materialistisch orientierter Gesellschaftsentwurf *auf Dauer* wenig tragfähig. Es wird signifikant immer wahrscheinlicher, dass wir *umdenken **müssen***, um die Anforderungen einer globalisierten Welt meistern zu können. Unser Gehirn ist jedoch ein *lernendes* Organ - und das nachweislich sogar ein Leben lang (von gewissen ererbten oder auch krankheitsbedingten Ausfallerscheinungen einmal abgesehen). Die Hirnforschung hat zudem gezeigt, dass es *trainiert* werden kann - wie ein Muskel. So können wir also lernen, ***bewusst*** Gutes und Schönes *in uns aufzunehmen*, wachsen und gedeihen zu lassen - und Falsches - oder auch Negatives - zu überwinden.

Auch die Erkenntnisse der Relativitätstheorie und der Quantentheorie ***zwingen*** uns gleichsam dazu, das starre mechanistische Weltbild einer vor aller Erfahrung (a priori) feststehenden mathematischen, *digitalisierten* Gesetzmäßigkeit zu revidieren. Das stets subjektive Denken und Fühlen in *Wahrscheinlichkeiten*, in informativ-immateriellen, nicht-lokalen Feldern, in emergenter, komplementärer Selbstorganisation usw. ist *nachweislich* also nicht nur die *bessere* Methode, um diese Welt zu begreifen, als die des starren, empirischen, objektiven Beweises - der Glaube an eine mathematische Determiniertheit im Sinne einer Weltformel mit all ihren, teilweise gar monströsen Auswüchsen und Folgen stellt sich mittlerweile sogar als **so** unhaltbar heraus, dass das Festhalten an dieser Sichtweise nicht nur als ausgesprochen töricht, sondern als schlicht und ergreifend *lebensfeindlich* erscheint.

Auf der Quantenebene kann etwas durchaus zur selben Zeit Welle und Teilchen sein. Oder sich auch an zwei gänzlich unterschiedlichen Orten *gleichzeitig* befinden. Das ist in etwa so, als ob ihre Katze neben ihnen schläft und *dennoch* draußen herumläuft und Mäuse fängt. Mit anderen Worten: Die *reale, erfahrbare* Welt ist mitunter ganz schön „verrückt", so das manche - ganz rational - glauben, dass die Seltsamkeit der Quantenrealität durchaus auch als Grund für bestimmte „magische Momente" und

„übersinnliche Ereignisse" in ihrem Leben gelten könne. Aber auch hier muss Wissenschaftlichkeit natürlich immer als notwendiges und nützliches *Werkzeug* begriffen werden, welches sinnloser Beliebigkeit effektiv entgegenwirkt - etwa bei der Erforschung bestimmter, „paranormal" oder auch „esoterisch" genannter Phänomene.[61]

Wie auch immer: Die *Dominanz* des materialistischen Weltbildes beginnt deutlich erkennbar an allen Ecken und Enden zu bröckeln. Sägen Sie mit an diesem unzumutbaren Ast, indem sie versuchen, ihr Innerstes von dieser Last zu befreien. Logisch unhaltbar und spirituell absolut unbefriedigend werden die (negativen) Folgen der rationalen Aufklärung irgendwann einmal als bloße kritische Phase der Menschheitsentwicklung in die Geschichte eingehen - wenn wir es denn schaffen, unsere weitere Entwicklung als Spezies aufrechtzuerhalten, was im Moment allerdings leider durchaus zumindest als fragwürdig gelten muss.[62]

In einer Welt, die immer kleiner, immer enger wird, ***müssen*** wir notwendigerweise ein wenig mehr ***Demut*** entwickeln und ***teilen*** lernen: Mit der Natur, mit den Pflanzen, mit den Tieren in ihr, deren Artenvielfalt allein schon für unser bloßes *physisches* Wohlergehen absolut unerlässlich ist - und natürlich auch mit allen anderen Menschen (und Kulturen) auf diesem Planeten, ob wir dies nun wollen und zulassen oder auch nicht - oder aber wir werden zukünftig gemeinsam und auf globaler Ebene leiden.

Auch bei der Wahrnehmung, Erkundung und Verarbeitung der in den letzten Kapiteln behandelten, manchmal vielleicht etwas traurig und auch ratlos machenden gesellschaftlich-globalen Zusammenhänge und Themen hilft uns übrigens unsere spirituelle Achtsamkeit und meditative Hinwendung erfahrungsgemäß sehr. Meditieren ist also immer noch besser als *rumzusitzen und gar nichts zu tun.*

Die Macht der Gewohnheit

Viele Menschen empfinden heutzutage ein geradezu bedingungsloses Vertrauen und ehrfürchtiges Staunen vor der Macht und scheinbar *absoluten* Zuverlässigkeit der wissenschaftlichen Methode. Und hat sie uns nicht auch unglaubliche und eindrucksvolle „Wunder" beschert, die noch vor 100 Jahren geradezu magisch und „wie Zauberei" ausgesehen hätten?

Diese Macht und die Erfolge bei der Erforschung und Entschlüsselung der Geheimnisse der Natur (und deren Aneignung), beruhen allesamt auf den bereits mehrfach erwähnten, unbedingt zu fordernden, wissenschaftlichen Prinzipien *Objektivität* und *Kausalität*. Den meisten Forschern ist diese Forderung nach Objektivität und Kausalität daher auch bloße, nicht weiter hinterfragbare Selbstverständlichkeit. Und sie stellt natürlich fraglos auch ein sehr hohes und erfolgreiches Ideal dar, das nicht nur Anerkennung verdient, sondern unbedingt beibehalten und sogar gefördert werden sollte.

Doch sind Zweifel an der ***Ausschließlichkeit*** dieser Form der Naturaneignung durchaus angebracht, wie unter anderem versucht wurde zu zeigen. Nicht nur aus den erwähnten philosophischen, soziologischen, sowie ökologischen Erwägungen heraus *alleine*, sondern vor allem auch aus ganz objektiven, handfesten, naturwissenschaftlichen Gründen, die mitunter sogar *messbar*, *reproduzierbar* und *kontrollierbar* sind.

Wir haben ebenfalls bereits gesehen, dass der untersuchende Forscher *immer* auch ein *Subjekt* ist, dessen Ansätze und Theorien gefärbt sind von bestimmten Erwartungen, Hoffnungen, Ideen, Überzeugungen und Idealen - was so manchen mitunter tatsächlich gerade *das* messen lässt, was gefunden und bewiesen werden soll. Die Zahl der Beispiele für diese Feststellung ist Legion - und sie betrifft nicht nur Anfänger oder unsauber arbeitende Dogmatiker, sondern tatsächlich sogar einige der Geistesgrößen der Wissenschaftsgeschichte.

Besonders in diesem Zusammenhang sollte man auch bedenken, dass junge Kollegen oft nur dann in die

Forschergemeinde integriert werden, wenn bestimmte Einweihungsprozeduren, Machtstrukturen und Modelle der Wirklichkeit verinnerlicht worden sind. Das führt in unglaublich vielen Fällen dazu, dass aufstrebende Wissenschaftler in ihren Forschungsprojekten immer wieder *dieselben* Ergebnisse und Glaubenssätze ihrer Doktorväter *reproduzieren* - um nicht anzuecken, um weiterhin gefördert zu werden, um Anerkennung zu finden usw. - anstatt *eigene* Gedanken, Thesen und Schlussfolgerungen zu erproben und zu wagen.

Eine Tatsache, die oft genug bereits dafür gesorgt hat, dass wissenschaftlicher Fortschritt sich viel länger herausgezögert hat, als das eigentlich hätte der Fall sein müssen. Auch für diese Aussage lassen sich einige sehr prominente Beispiele - und Zeugen - ins Feld führen. Diese skurrile Praxis treibt mitunter sogar so seltsame Blüten, dass manche Ärzte und Akademiker zu einer sehr speziellen Art von Schizophrenie gezwungen sind: In ihren Forschungen vertreten sie „offizielle" und „objektive" Positionen - im privaten Gespräch jedoch sind sie felsenfest *vom genauen Gegenteil* überzeugt - etwa im Zusammenhang mit Nahtoderfahrungen.

Eines der interessantesten und zugleich erhellendsten Argumente gegen den nahezu bedingungslosen Überlegenheits- und Absolutheitsanspruch der wissenschaftlichen Methode ist jedoch von ganz anderer Natur. Es hängt mit den erwähnten Phänomenen natürlich fraglos zusammen, hat aber dennoch einen so speziellen, eigenen Charakter, dass dieses Argument hier zumindest einmal erwähnt werden sollte.

Die physikalischen Natur- oder Grundkonstanten sind bekanntlich *elementare* Zahlen, die sämtliche Wissenschaftler für jede ihrer Berechnungen verwenden. Sie werden daher natürlich als grundlegend und auch als absolut unveränderlich angesehen, wie der Name eben schon sagt - als Zeichen einer elementaren, kausalen mathematischen Harmonie und Ordnung in der Natur also, die wir durch unsere möglichst weitgehende Objektivität erkennen und, zumeist durch Messung, schließlich auch ermitteln können.

Diese mathematischen Gesetze und Grundkonstanten werden als *universell* und - was bislang offenbar kaum reflektiert worden ist, in gewisser Weise auch als *ewig* - angenommen, weshalb bereits die abenteuerlichsten Spekulationen möglich geworden sind, die weit über unseren unmittelbaren Erfahrungshorizont hinausreichen. Das *a priori* ihrer Natur ermöglicht den Forschern dabei nicht nur die *kausale* Betrachtungsweise (nach A kommt B), sondern erlaubt ihnen auch anzunehmen, dass die Gesetze *sogar Raum und Zeit transzendieren.*

Sie lägen damit also *allen* Phänomen, Strukturen und Erscheinungen *ursächlich* zugrunde, gleichen Platons Ideal der „ewigen Ideen" und seien daher eindeutig „nicht von dieser Welt", sondern irgendwie „außerhalb" festgelegt worden - wie, wann oder auch von wem, das spielt dabei natürlich überhaupt keine Rolle.

Diese Grundkonstanten sind dem modernen Forscher daher auch geradezu *heilig* - und wer es tatsächlich wagt, den *Glauben* an die Konstanz dieser Zahlen irgendwie in Frage zu stellen, outet sich schnell als Spinner (und wird von der Wissenschaftsgemeinde fortan auch nicht mehr allzu ernst genommen). Was aber nun, wenn es tatsächlich eine Möglichkeit gäbe, die *Veränderlichkeit* dieser Grundkonstanten in der Zeit *wirklich zweifelsfrei nachzuweisen?* Oder im *umgekehrten* Falle, ihre *Konstanz* ganz real *zu messen* - und sie damit dann auch zu belegen?

Für *Materialisten* ist natürlich allein schon die Fragestellung völlig absurd - und wird daher auch gar nicht erst ernsthaft diskutiert. Konstanten *müssen* ***per definitionem*** konstant sein - Punkt. Deren Werte können aber *nur in einem winzig kleinen Teil* dieses gewaltigen Universums tatsächlich *direkt gemessen* werden. Die Messungen finden zudem erst *seit einigen Jahrzehnten* überhaupt mit hinreichender Genauigkeit statt. Die Behauptung also, dass die Naturkonstanten immer und überall unverrückbar gleich sein *müssen,* kann daher aus den ***empirischen*** Daten ***keineswegs*** besonders glaubhaft (und zweifelsfrei) abgeleitet werden - im Gegenteil.

Zudem gibt es eindeutige Belege, dass manche Werte bei verschiedenen Messungen *schwanken* - und das mitunter sogar erheblich. Das ist nicht nur bei der berühmten Hubble-Konstante oder der Gravitationskonstante offensichtlich und anerkanntermaßen der Fall, sondern es betrifft sogar so wichtige Werte wie die *Lichtgeschwindigkeit*, die *Masse des Elektrons* oder auch das als absolut elementar anzusehende *Plancksche Wirkungsquantum*. Die gemessenen Abweichungen mögen für den Laien vielleicht gering erscheinen. Dennoch sind sie *eindeutig feststellbar* - und manchmal sogar *signifikant*.[63]

Wir sollten in diesem Zusammenhang bedenken, dass es mindestens ***drei*** verschiedene Arten von Theorien über die wahre Natur der Grundkonstanten gibt: *Erstens:* die Konstanten sind *wirklich* konstant im Sinne der materialistisch-objektiven Annahme. Dann lassen sich die erwähnten Schwankungen der Daten auf Fehler bei der Messung, Unvollkommenheit der jeweiligen Messmethode oder andere Ursachen zurückführen. Mit dem Fortschreiten der Möglichkeiten der Wissenschaft sollten solche Fehler somit kontinuierlich immer geringer werden - was ja durchaus auch zu beobachten ist.

Zweitens: Die Grundkonstanten ändern sich im Laufe der Entwicklung des Universums *mit der Zeit* in *stetiger, regelmäßiger* Weise. Etliche prominente Vertreter der theoretischen Physik sind bereits zur Auffassung gelangt (oder vertraten zumindest den Verdacht), dass diese Theorie zumindest *möglich* ist, weil sich mit ihrer Hilfe eine ganze Reihe widersprüchlicher Beobachtungen und Daten des favorisierten Standardmodells von Teilchenphysik und Kosmologie eindeutig besser mit bestimmten theoretischen Erwägungen vertragen würde.

Die Schwierigkeit ist jedoch, dass diese Entwicklung auch den *Maßstab* verändern würde, wodurch die Veränderlichkeit für uns vielleicht *gar nicht wirklich messbar* wäre (weil sich ***auch das Bezugssystem** mit* verändert). Das Ideal der „ewigen Ideen“ hat also auch diese Position nicht angetastet. Es gibt sogar mittlerweile einige Experimente, die allesamt *gegen* diese zweite Möglichkeit sprechen, doch sollte man bei der Beurteilung dieser Ansätze - und natürlich auch ihrer Widerlegungen - stets vorsichtig sein, da bedacht werden muss, dass die Testmethoden mitunter stillschweigend *voraussetzen* (s. o.), was sie eigentlich *beweisen* oder *widerlegen* sollen.

Es lässt sich aber auch noch eine *dritte* Position formulieren. Die Konstanten könnten in der Tat *schwanken* und diese Schwankung könnten mitunter sogar *exakt nachweisbar* sein. Allein schon das Aussprechen dieser Möglichkeit ist für das hehre Reich der Naturwissenschaft natürlich geradezu Ketzerei. Denn wäre das der Fall, könne man sich ja auf gar nichts mehr verlassen, jedweder Beliebigkeit wäre Tür und Tor geöffnet.

Allerdings finden wir **nichts** mit der postulierten Eindeutigkeit der Naturkonstanten Vergleichbares in der *realen* Natur. Sie wird sogar *definitiv überall* tunlichst *vermieden. Unschärfe, Dekohärenz, Nicht-Lokalität* und *Relativität* usw. scheinen ganz elementare (und paradoxe) *Naturprinzipien* zu sein, und *Veränderlichkeit* - durch *Bewegung, Entwicklung und Evolution* - ist im genauen Gegenteil geradezu so etwas wie ein grundlegendes *Markenzeichen* des gesamten, beobachtbaren Universums.

Die *entgegengesetzte* Interpretation ist somit also eigentlich auch die viel Naheliegendere: Uneindeutigkeit und Paradoxie - das sind in der Natur offensichtlich gerade *nicht* die Ausnahmen. Sie sind viel eher *die Regel.* Somit sollten wir also auch bei der Einschätzung der als „universell" und „ewig" gedachten Naturkonstanten vielleicht ein wenig demütiger, bescheidener, offener - und auch kritischer - sein. Zumal es tatsächlich relativ einfache und verhältnismäßig kostengünstige, Experimente zur *Überprüfung* dieser drei Alternativen gibt.

Rubert Sheldrake schlägt vor, wie wir, nur als Beispiel, eine mögliche Varianz der Gravitationskonstanten (die ja eine der am stärksten schwankenden Konstanten überhaupt ist) tatsächlich *nachweisen* könnten (*prinzipiell* kann diese Methode aber natürlich auch für die Überprüfung *jeder anderen* Naturkonstante angewendet werden): [63]

Eine Reihe von Messungen *in regelmäßigen Abständen* (etwa monatlich), die mit den besten verfügbaren Instrumenten *gleichzeitig, weltweit* und auch *mit unterschiedlichen Methoden* durchgeführt werden, sollten eigentlich über mehrere Jahre hinweg *eine eindeutige Tendenz* klar erkennbar werden lassen - sollten die Werte tatsächlich gewissen Schwankungen unterliegen, müssten sich diese an unterschiedlichen Orten und zu verschiedenen Zeiten deutlich bemerkbar machen, wodurch vielleicht sogar ein ***Muster*** erkennbar werden könnte, das nicht mehr nur allein durch Zufallsfehler, Ungenauigkeiten der Messung oder Ähnliches erklärbar wäre. Unterliegen sie dagegen aber *keinen* (signifikanten) Schwankungen, ließe sich *tatsächlich* auf eine *wissenschaftlich-objektiv begründbare Konstanz* (!) schließen.

Somit ließe sich also auch eine *Entscheidung* - zumindest zwischen zwei der drei Alternativen - herbeiführen. Und es geht dabei nicht darum, Zweifel um des Zweifels willen zu säen. Die Möglichkeiten der wissenschaftlichen Methode sind, wie gesagt, enorm und sollten unbedingt als *zusätzliches Werkzeug* - *sowohl* der global-gesellschaftlichen *als auch* der individuellen Entwicklung - verstanden und genutzt werden. Nur ein Narr würde Gegenteiliges behaupten.

Es stände einer *neutralen* Wissenschaft aber durchaus gut zu Gesicht, die erwähnte dritte Möglichkeit einmal *ohne* vorgefasste Ergebnis-orientierung *objektiv* (!) *zu prüfen.* Denn sollte sich dabei *tatsächlich* eine Tendenz in der erwähnten ***veränderlichen*** Weise erkennen lassen, müsste *zwingend* die Möglichkeit in Erwägung gezogen werden, dass ***auch die Naturkonstanten*** in die Entwicklung des Kosmos ***miteinbezogen*** sein könnten, dass sie also ***Teil*** der ***universellen Evolution*** sind (und eben ***nicht*** vor jeder Erfahrung gegeben) - und dass daher die ausschließlich materialistische These *sogar aus rein naturwissenschaftlichen Gründen* ***dringend*** einer gewaltigen Revision und „Grundreinigung" bedarf.

Die mathematische Theorie des materialistischen Weltbildes hat sich, vor allem aufgrund ihrer bisherigen, unbestreitbar großen Erfolge auch absolut verständlicherweise, als *morphische Gewohnheit* aber mittlerweile ***so*** fest in unsere Vorstellung von Wirklichkeit eingeprägt, dass sie nur äußerst schwer überhaupt zu erkennen, zu durchbrechen und zu überwinden ist, wenn ***neue Entwicklungen*** - also etwa

Klimawandel, Überbevölkerung, soziale Kälte etc. - dies unumgänglich machen. Die Möglichkeit, eine solche gewachsene *morphische Resonanz* aber immer auch ***verändern*** zu können, lässt sich an einem ganz anderen Beispiel dennoch recht anschaulich belegen. Eine besonders hartnäckige Variante, an der das Beharrungsvermögen dieser Gewohnheitsfelder[64] sehr deutlich zum Ausdruck kommt, ist nämlich auch die faszinierende Theorie der Kontinentaldrift:

Bereits 1912 hatte Alfred Wegener seine These zum ersten Mal vorgestellt. Er behauptete, dass eine einzelne, zusammenhängende Landmasse (die er *Pangäa* nannte) ungefähr im frühen Mesozoikum (also etwa 200 bis 300 Millionen Jahre vor unserer Zeitrechnung) die Erde bedeckte. Dieser Superkontinent brach irgendwann auseinander, und die einzelnen Landmassen wanderten seither aufgrund der glühenden Beschaffenheit des Erdinneren auf unterirdischen Kontinentalschollen, bis sie ihre heutige Lage und Gestalt erreichten. Wegener fand auch Belege für seine damals recht abenteuerlich und kühn klingende These. So passen die Küstenlinien von Westafrika und dem Osten Südamerikas nahezu perfekt zusammen. Auch bestimmte Fossilien, die gleichen Mineralien in kontinentalen Gebirgsketten, oder Übereinstimmungen im früheren Klimageschehen - Wegener war nicht Geologe, sondern Meteorologe - stützten bereits früh seine provokante Theorie.

Die *morphische Gewohnheit* der damaligen Fachwelt - und damit auch das Beharrungsvermögen auf bislang Bewährtem - war jedoch so groß, dass die Kollegen seine Vorstellung entrüstet als absolut ungeheuerlich zurückwies. Und so starb Wegener etwa 20 Jahre später auf einer seiner gefahrvollen Expeditionen als milde belächelter Outlaw, der nur einigen Insidern überhaupt ein wenig bekannt war. Und es sollte noch bis Ende der 1960er Jahre dauern, bis diese spezielle *morphische Resonanz* dann nachhaltig *verändert* wurde: Als nämlich die Fülle der *handfesten Beweise*, die von unterschiedlichster Seite geliefert wurden, *unabweisbar* geworden war, kam die Theorie Wegeners plötzlich wieder zum Vorschein, weil sie am Besten zu *allen* beobachteten Phänomenen passte.

Aber erst 1987 (!) wurde die These der wandernden Landmassen dann schließlich auch offiziell anerkannt - als nämlich Wissenschaftler mit einem sehr langen Grundinterferometer messend nachwiesen, dass sich Hawaii Japan jährlich um ca. 7,5 cm nähert (oder auch dass sich Nordamerika von Europa um damals ca. 2,5 cm entfernt usw.). *Erst damit* wurde also schließlich eine ***neue*** morphische Gewohnheit geschaffen, die die alte - letztlich sogar relativ spontan – ablöste und sie damit in das reichlich bestückte Kuriositätenkabinett der Wissenschaftsgeschichte verbannte.

Strukturen und Muster

Ein wichtiger Grund für die „Trägheit" unseres Beharrungsvermögens - sei sie nun hilfreich oder auch schädlich - ist: Unser Gehirn sucht ständig nach bekannten Ordnungsmechanismen. Es sortiert das Wahrgenommene nach diesen Mustern, Formen und Strukturen und *beurteilt* dann die Welt aus ganz naheliegenden Gründen anhand der gefundenen Übereinstimmungen.

Wie leicht jedoch diese Form der Naturerfahrung auch zu *überlisten* ist, zeigt ein Beispiel, das vielleicht ganz gut dazu geeignet ist, uns die evolutionsbedingt gewiss äußerst sinnvolle - aktuell allerdings wohl ein wenig aus dem Ruder gelaufene - ***Dominanz*** der *selektiven Wahrnehmungstendenz* unseres Gehirns ein wenig deutlicher ins Bewusstsein zu rücken. Lassen Sie sich dazu einmal auf folgendes Gedankenexperiment ein. Lesen Sie nacheinander die nachfolgenden Worte und schauen Sie mal, was passiert:

Morgenstern

Glücksstern

Polarstern

Abendstern

Zwergelstern

Geburtsstern

Na? Über welchen Begriff sind Sie gestolpert? Fragen Sie sich vielleicht auch, was ein *Zwergelstern* wohl für ein seltsames astronomisches Gebilde sein könnte? Oder auch, welches andere Glatteis es ist, auf das Sie dieses Experiment locken will?

Aber warten wir noch einen kleinen Moment mit der Auflösung. Es ist, wie Sie gleich selbst sehen werden, nur unsere *selbst erschaffene Wirklichkeit*, die auch dieses Beispiel relativ anschaulich entlarvt. Wir klammern uns ans Altbekannte. Unser Gehirn benutzt offenbar ein bestimmtes Prinzip, das altes Denken *bestätigt* und sich „aus Sicherheitsgründen" an vertrauten Mustern und Strukturen, an Gewohnheiten und Übereinstimmungen orientiert. Wir können dieses Prinzip auch erkennen und durchschauen, wenn wir zum Beispiel einem ortsfremden Gast einmal zurückhaltend unsere Stadt, unser Dorf oder auch unsere Gegend zeigen. Unser Besucher sieht auf einmal interessante und sehenswerte Dinge, die uns vorher noch nie aufgefallen waren, obwohl wir doch glaubten, unser Zuhause in und auswendig zu kennen.

Auf unser Sternbeispiel bezogen bedeutet das, dass unser Gehirn nicht *jedes einzelne Wort* ***einzeln*** analysiert, wie es hier mitunter richtiger und angemessen wäre, sondern dass es die offenkundige Stern-Gemeinsamkeit auf *alle* Beispiele ***extrapoliert*** - und dadurch auch dahingehend deutet.

In diesem Falle liegen wir jedoch mit dieser evolutionär sicher äußerst sinnvollen Strategie definitiv falsch. Denn der rätselhafte „Zwergelstern" entpuppt sich bei näherer Betrachtung tatsächlich als nichts anderes als eine uns sehr wohl bekannte Erscheinung - allerdings nicht kosmischer, sondern irdischer Natur. Es handelt sich hierbei nämlich um eine bestimmte Vogelart: um *Zwerg-Elstern.*[65]

Wer sich daher aus guten Gründen auch auf seinem spirituellen Weg an Mustern, Strukturen, Methoden und Systemen orientieren möchte, sollte sich dadurch nicht irritieren lassen - im Gegenteil. *Gleichzeitig* ist es aber immer auch unglaublich wichtig, Muster zu erkennen, sie zu *durchbrechen, eigenverantwortlich, offen* und *selbständig* in seinen Körper *hinein zu spüren* und Erlebtes *aktiv* zu *gestalten* – wenn wir denn unser *gesamtes kreatives Potential* und dessen *schöpferische Kraft* ausschöpfen möchten.

Nehmen wir ein Beispiel: Auch die Musik (und natürlich auch jede andere künstlerische Erfahrung) ist eine Art von Muster und die Strukturierung von Unsagbarem - und kann daher für eine direkte, spirituelle Erkundung entdeckt und sinnvoll genutzt werden. Wenn Sie ein Instrument spielen und vielleicht sogar ein wenig beherrschen lernen werden Sie die selbstvergessenen Momente des völligen Eintauchens und Loslassens kennen.

Kreativität wird dann möglich und in diesen zeitlosen Augenblicken sind wir definitiv ganz da. Dann besteht für einen Moment *wirkliches Gewahrsein*, losgelöst vom ständigen Dialog unseres Verstandes. Dieses *Gewahrsein* ist es auch, dass *neue morphische Resonanzen schafft* - etwa durch die spontane Kreation eines neuen Liedes.

Nicht zuletzt deshalb wird daher Musik ja auch immer öfter und mit großem Erfolg *therapeutisch* eingesetzt - unter anderem bei der Trauerbewältigung, bei depressiven Erkrankungen oder auch bei der Behandlung von altersbedingter Demenz. Und musikalische Ekstase, sei sie nun ausgelöst durch Tanz, Gehör oder auch eigenes Spiel, ***ist*** natürlich ***reines Sein*** und bildet nicht Umsonst eine der wichtigsten Grundlagen vieler religiöser Riten - etwa der Derwische im Sufismus (dem mystischen Zweig des Islam), oder auch in der Praxis verschiedener schamanischer Rituale, Gesänge und Tänze weltweit, aber natürlich auch im christlichen Kontext - etwa beim traditionellen Kirchengesang.

Lachen und Weinen sind ebenfalls bestens dazu geeignet, unsere Gedankenmuster ein wenig aufzubrechen. Echtes, herzhaftes Lachen schließt - achten Sie nur einmal darauf - Gedankenkontrolle definitiv völlig aus, wie jeder weiß und bestätigen kann, der bereits einmal einem „Lachflash" erlegen ist. Er bringt uns unmittelbar in die Präsenz des momentanen Augenblicks. Und die tiefe Emotionalität des Weinens - wenn uns *Gefühle* zu überwältigen drohen - ist definitiv zu Vergleichbarem in der Lage, wie man schnell erkennt, wenn man die reinigende Wirkung eines solchen Ausbruchs nach erlittenem Leid schon einmal am eigenen Leib erfahren hat.

Nebenbei: Das prinzipiell scheinende *Muster* der *Komplementarität* - also etwa der aufeinander bezogenen ***Paarigkeit***, die zur ***Einheit*** führt - ist auch an diesem Beispiel recht gut erkennbar. Vielleicht finden wir daher letzten Endes, also nach unserem materiellen Tod, in der *geistigen* Welt sogar *dieselben Prinzipien der Ordnung* und der Reorganisation von „Teilchen" in „Kreisläufen" wieder - eine Art „Recycling" also, wie sie auf der materiellen Ebene der Realität ganz offenkundig der Fall ist.

Dann wäre es womöglich gar nicht mehr unser abgegrenztes Ego, unser Ich oder Selbst *als Ganzes*, das in das *große* Mysterium der universellen Einheit eingeht, sondern die Auflösung unserer begrenzten, lokal materialisierten, seelischen Muster und Strukturen in die *Gesamtheit* dessen, was wir als „nicht-lokales Bewusstsein" oder auch als den allumfassenden *„Großen Geist"* beschreiben und - zumindest ansatzweise - auch *verstehen* können.

Ähnlich einer Welle, die an einem Stein in einem Fluss in der wirklichen Welt in Erscheinung tritt oder auch einem Regentropfen, der sich in einem See auflöst, könnte sich daher auch die ***Belebtheit***, die wir als unsere eigene, individuelle Seele empfinden, in einem ständigen Prozess der Wandlung und Erneuerung, der Veränderung und Evolution hin zu immer neuen materiellen *und* geistigen Erscheinungsformen befinden - stets verbunden mit dem ***einen*** Urgrund, der aller weltweiten mystischen Erfahrung nach einzig und allein die ***Kraft der Liebe*** ist.

Spiritualität und Entheogene

Man kann Spiritualität - oder auch die Anerkennung einer geistigen Realität - natürlich nicht verschreiben. Man kann sie nicht verordnen, oder erzwingen, wenn man merkt, dass ohne eine strukturierende innere Instanz etwas Entscheidendes im Leben fehlt. Man kann aber versuchen, Achtsamkeit und Bewusstheit, Mitgefühl und Hingabe, Vertrauen, Demut und Verständnis zu *erlernen* - lediglich, indem man diese Haltung *aus dem tiefsten Inneren heraus* anstrebt. Und man kann Anderen natürlich *helfen*, einen, notwendigerweise immer *eigenen* Zugang zu mystischen Erfahrungsräumen, Betrachtungs- und Verhaltensweisen zu finden.

Es gibt aber auch bestimmte Substanzen, die einen gewissen Beitrag zur Entdeckung und Förderung eines spirituellen Bewusstseins leisten können. Gerade in einer Welt der materiellen Verblendung scheint die Gruppe der Entheogene heutzutage auch wieder eine immer stärkere Bedeutung zu erlangen. Um nach einer Phase der Sinnleere oder des Leides überhaupt einen Weg zur geistigen Welt zu finden, bedürfen manche Menschen einer Erfahrung, die in manchen Fällen sozusagen „von Außen" vermittelt wird.

Psilocybin, Lysergsäurediäthylamid, aber auch das körpereigene Dimethyltryptamin, das in unserer Zirbeldrüse (Epiphyse) produziert wird, sind Substanzen, die ihre Botschaften sowohl direkt in die emotionalen, auditiven, und visuellen Zentren unseres Gehirns als auch in unser Blut abgeben, und diese chemischen Stoffe zeigen zudem bedeutungsvolle Parallelen und Zusammenhänge im Aufbau und in der Struktur mit dem bereits erwähnten Serotonin. Wie Meskalin und andere Entheogene, sind diese drei Substanzen also offenbar sehr eng mit unserem körpereigenen Hirnhormon *verwandt*. Medizinisch ausgedrückt: Sie sprechen denselben S2-Rezeptor (Schalter oder Filter) in unserem Gehirn an - was auch die mitunter erstaunliche und außergewöhnliche Natur der hierbei vermittelten Eindrücke und Erfahrungen ein wenig erklären helfen kann.[66]

Natürlich können auch ohne den Einfluss dieser entheogenen Substanzen die körpereigenen Prozesse nachweislich anders verlaufen als gewöhnlich - etwa bei einer tiefen Meditation. Auch hierbei steigt der Serotoninspiegel in unserem Körper (mitunter sogar deutlich messbar) an, wohingegen der Cortisol- und (Nor)-Adrenalinspiegel absinkt. Aber auf *materiellem* Wege sind es wohl vor allem diese besonderen Stoffe (bzw. auch Stoffgruppen), die eine gesteigerte Aufmerksamkeit und Verschiebung unseres alltäglichen Wahrnehmungsfilters bewirken können.

Bewusstseinsverändernde Substanzen haben den Menschen seit Anbeginn seiner Entwicklung begleitet. Manche glauben sogar (und versuchen dies auch zu belegen), dass es nicht zuletzt diese Stoffe waren, die bei der Entstehung von Mystik im Allgemeinen eine wichtige, wenn nicht gar *entscheidende* Rolle gespielt haben könnten. Und achtsam genutzt wirken Erfahrungen dieser Art sicherlich auch förderlich auf die (Wieder)-Entdeckung und Erkundung unserer individuellen spirituellen Verbundenheit ein.

Sogar im Tierreich ist ein *absichtlicher* Gebrauch dieser Substanzen belegbar. So berichten Forscher zum Beispiel von Kängurus, die *gezielt* in Mohnplantagen einbrachen, dort weideten, um anschließend - offensichtlich berauscht - herum zu laufen. Es gibt Erfahrungen mit Rentieren, die scheinbar *bewusst*

Fliegenpilze konsumierten, von Affen, die in Gruppen *geplant* immer wieder Plätze mit vergorenen Früchten aufsuchten oder auch von Delfinen, die bestimmte Kugelfischarten *mit Absicht* attackierten, weil diese Fische bei Angstzuständen ein bestimmtes, für die Delfine berauschendes Hormon absondern. Ein Forscher kommentiert, die Delfine ließen anschließend „den Kugelfisch wie einen Joint herumgehen".[67]

Aber bleiben wir beim Menschen. Aldous Huxley, einer der bekanntestes Romanciers des 20. Jahrhunderts und Autor der schon fast sprichwörtlich gewordenen *Schönen neuen Welt,* beschreibt vor allem in seinen beiden Büchern *Die Pforten der Wahrnehmung* bzw. *Himmel und Hölle* seine ganz persönlichen Erfahrungen und Eindrücke im Kontakt mit Entheogenen im Mai 1953. Angeregt durch einem Artikel im *Journal of Mental Science,* in dem der englische Arzt und Psychiater Humphrey Osmond ein Jahr zuvor einige sehr provokante Thesen im Zusammenhang mit möglicherweise heilungsfördernden Eigenschaften des Meskalin zur Diskussion gestellt hatte,[68] bot Huxley sich selbst für weitere Experimente, quasi als Versuchskaninchen, an. Es kam in der Folge zu etwa zehn intensiven Erfahrungen mit verschiedenen - damals noch als Psychedelika oder Phantastika bezeichneten entheogenen Substanzen, die er später in seinen Büchern verarbeitete.

Vor allem diese Bücher waren es nun, die gewisse Zeit später einen recht maßgeblichen Einfluss auf die entstehende Flower-Power-Generation ausüben sollten. Sie lösten aber auch eine im Grunde bis heute anhaltende kontroverse Debatte aus: *Darf* man psychoaktive Substanzen für medizinische, therapeutische - und eben auch spirituelle - Zwecke nutzen oder nicht?

Der Gebrauch dieser Substanzen ist vielfältig und ausführlich im globalen Maßstab erforscht und dokumentiert - und wird auch heute noch von vielen nativen Völkern (und auch von nicht wenigen zivilisierten Menschen) als (zeitweise) unerlässlich für ihre jeweilige spirituelle und mentale Entwicklung und/ oder Gemeinschaft angesehen.

Im Missbrauch allerdings liegt auch eine große und unmittelbare Gefahr. Wer diese Gefahr unterschätzt, handelt grob fahrlässig und gefährdet (mitunter nicht nur) seine geistig-spirituelle Entwicklung ohne Zweifel ganz enorm. Wer glaubt, aus welchen Gründen auch immer, im grenzenlosen Konsum einer bestimmten Substanz, ein Heilmittel gegen sämtliche Übel dieser Welt gefunden zu haben, befindet sich unter Garantie auf einem egozentrischen und wenig spirituellen Holzweg. Wir müssen also stets *beide* Seiten im Blick behalten, wenn wir spirituelles Wachstum auch auf diese Weise erhalten und fördern wollen.

Und es geht dabei nicht um *Drogen*. Drogen verkaufen Apotheken und Drogerien (wie der Name eben schon sagt). Die wirksamen Bestandteile von pflanzlichen Heilmitteln jedweder Art werden im allgemeinen Sprachgebrauch so bezeichnet. Im gesellschaftlichen Umgang jedoch hat sich eine ganz andere Definition etabliert. Wenn man diese Definition übernehmen will, sollte man allerdings sehr vorsichtig sein und nicht alles *Verbotene* in einen Topf werfen.

Genauso wenig sollte man aber auch alles *Erlaubte* verharmlosen, wie nicht nur die besorgniserregende Zahl der Alkoholabhängigen, Zuckerkranken, Raucher oder auch Tablettensüchtigen zeigt. Ganz allgemein wäre in diesem Zusammenhang wohl eine gewisse realistische Differenzierung und auch Sachlichkeit wünschenswert, die einen genaueren Blick auf die Situation - und auf die jeweilige Gefährdungslage - ermöglicht. Zudem sollten bestimmte *natürliche* Substanzen, die bereits seit unglaublich langer Zeit als *rituelle Hilfs- und Heilmittel* genutzt und verehrt werden, nicht automatisch mit jeder *künstlich veränderten* Substanz pauschal in einen Hut geworfen und dämonisiert werden.

Wir müssen unterscheiden zwischen *narkotisierenden* Substanzen, *aufputschenden* Mitteln und der *völlig anderen* Klasse der *Entheogene*. Letztere sind vor allem auf die *Psyche* einwirkende Alkaloide, wie sie zum Beispiel in der *Zauberpilze* genannten Gattung Psilocybe,[69] dem Windengewächs Ololiuqui oder auch im mexikanischen Kaktus Peyotl vorkommen - aber auch im aus dem Mutterkornpilz (Claviceps purpurea) halbsynthetisch hergestellten LSD, sowie im eingangs bereits erwähnten, körpereigenen DMT.

All diese Substanzen enthalten Wirkstoffe, die nachweislich völlig anders wirken als die beiden anderen erwähnten Kategorien berauschender Mittel. So entwickeln sie zum Beispiel definitiv keinen Suchtcharakter. Die Gefahr liegt hier definitiv ganz woanders. Nämlich *in jedem einzelnen Versuch*, der ohne Vorbereitung und Einbettung in einen entsprechenden Erfahrungs- und Bedeutungsraum eindeutig als sehr gefährlich anzusehen ist. Sind die entsprechenden Bedingungen und Umstände jedoch zufriedenstellend erfüllt, kann schon *eine einzige „Reise"* ausreichend sein, um die tiefere Bedeutung von Verbundenheit und Kommunikation mit dem Inneren *und* mit der uns umgebenden Welt (sowie ihrer geistig-immateriellen Prinzipien) zu erfahren *und bleibend zu erlernen.*

Die Grundfrage, die sich hier stellt, lautet also: Sollten Menschen mit entsprechendem Interesse und auch mit der notwendigen Vorkenntnis und Erfahrung - die Klasse der *Zauberpflanzen* oder *Entheogene* im spirituell-religiös-zeremoniellen Rahmen gebrauchen dürfen? Oder ist die Benutzung dieser Stoffe verwerflich und sollte daher besser illegal sein und auch verboten bleiben?

Arthur Koestler[70] hat sich diesbezüglich eher kritisch geäußert. Seiner Meinung nach kann nur der Wanderer, der den Berg *wirklich* „zu Fuß" erobert und alle Qualen und Mühen zur Bewältigung des Aufstiegs *selbst* auf sich nimmt, die reinigende Qualität der Erfahrung ermessen. Die Benutzung der Entheogene verglich er deshalb unter anderem mit einem Skilift, dessen Gebrauch in seinen Augen unzulässig sei, wenn man wirklich wertvolle und bleibende, reale Erfahrungen machen wolle.

Dessen Freund Aldous Huxley jedoch erwiderte auf diesen Vergleich hin, dass alles sei zwar selbstverständlich richtig, aber die *Aussicht* auf der Bergspitze sei letztlich doch dieselbe, weshalb er *jedem* den Gebrauch entheogener Substanzen empfahl. Natürlich nicht immer und als bloßes Genuss- oder Konsummittel, sondern nur unter Berücksichtigung einer umfangreichen Einbettung in einen angemessenen spirituellen Kontext (oder auch in bestimmten Lebensphasen, etwa der Initiation junger Erwachsener, in psychisch bedingten Lebenskrisen zur therapeutischen Unterstützung, sowie als beruhigende, sterbebegleitende Maßnahme).[71]

Wer hat hier „Recht"? Was denken Sie? Ich würde sagen: Womöglich *beide!* Denn die Benutzung von Hilfsmitteln dieser Art ist natürlich *keineswegs* der Königsweg, der jedem von uns zu jeder Zeit die spirituelle Erfahrung zugänglich machen kann. Diese Mittel können in einer Welt der materiellen Verblendung offenkundig lediglich eine gewisse *Ahnung* darüber vermitteln, *wo* und *wie* wir suchen müssen. Sie können uns *helfen,* uns selbst - und die ***wirkliche*** Welt - *kennenzulernen. Weiterwandern* müssen wir aber schließlich *immer selbst*.

Man steigt nicht auf einen Berg, um darauf sitzen zu bleiben. Wir müssen immer, auch wenn dies mitunter sehr schwer fallen mag, an den *Rückweg* denken - für den es in der Regel aber *keine* entsprechenden Hilfsmittel gibt. Willigis Jäger erinnert in diesem Zusammenhang daran, dass auch Jesus sich nach seiner Verklärung (der Bergpredigt) nicht dem Wunsch seiner Jünger gemäß drei Hütten errichten ließ, um den Augenblick zu konservieren, sondern sie lieber zum Abstieg trieb:

> „Und am Fuße des Berges angekommen, tat er ihnen kund, dass er nun nach Jerusalem gehen und leiden werde. Eine Mystik, die sich aus der Welt zurückzieht, wäre eine Pseudomystik. Sie wäre Regression, während

eine echte mystische Erfahrung unweigerlich zurück ins Leben führt. Mystik ist Alltag."[72]

Auf unser Skilift-Beispiel bezogen bedeutet das: Wir können uns *Hilfe* holen - wo auch immer - um die „Aussicht" auf dem Berg zunächst einmal überhaupt kennen zu lernen und zu genießen. Um jedoch den unvermeidlichen *Rückweg* anzutreten, sollten wir immer auch bedenken, dass diese Möglichkeit keine *dauerhafte* sein kann, dass es letztlich *nur* durch *unser eigenes, tiefinneres* Bemühen *ohne* äußere Mitwirkung gelingen kann, diese heilsame Erfahrung in unser Alltagsbewusstsein *wirklich* zu integrieren.[73]

Es gibt nun viele Beispiele, die einen verantwortungsvollen Umgang mit den verschiedenen Entheogenen, sakralen Substanzen oder auch Zauberpflanzen belegen. So gibt es seit langem bereits die *Native American Church*, deren ritueller *Peyote*-Gebrauch seit Ende des 19. Jahrhunderts dokumentiert werden kann - einer spirituellen Gemeinschaft, der die Benutzung 1960 unter Berufung auf Artikel 14 der amerikanischen Verfassung als Bestandteil der religiösen Freiheit höchstrichterlich garantiert wurde.

Auch die Haltung der *Rastafari* kann in diesem Zusammenhang verstanden werden. Denn obschon diese um 1930 aus christlichen Zusammenhängen in Jamaika erwachsene religiöse Orientierung sich auf strenge alttestamentarische Reinheitsvorschriften beruft, sich möglichst ohne tierische Produkte und Salz ernährt und grundsätzlich auch auf den Genuss von Alkohol und Tabak verzichtet, konsumieren viele *Rastafari* auf rituelle Weise *Marihuana* (Ganja), das sie zum Meditieren, Nachdenken (Reasoning) oder auch zur Debatte mit Anderen benutzen. Die auffälligen und mittlerweile auch allseits bekannten *Dreadlocks* werden dabei übrigens keineswegs als körperlicher Ausdruck des Protestes getragen, wie vielfach angenommen, sondern als Zeichen der Naturverbundenheit und der Orientierung bzw. dem *direkten Kontakt* (Antennen) „nach oben".

An dieser Stelle sollte vielleicht erwähnt werden, dass manche die Einordnung von *Marihuana* in die Gruppe der Entheogene aus unterschiedlichen Gründen ablehnen. Und der allgegenwärtig scheinende Missbrauch, Dauerkonsum und auch die psychische Abhängigkeit von manchen Nutzern, sowie die gesundheitsgefährdenden Komponenten des *Tabaks*, der den Gebrauch von Marihuana heutzutage in vielen Fällen begleitet, hat ja auch, zum Teil sogar durchaus verständlicherweise, für ein eher negatives Klima in der Diskussion um diese seit Jahrtausenden bekannte und geschätzte Kulturpflanze (Hanf) geführt, so dass eine ernsthafte und realistische Debatte über die Vor- bzw. Nachteile der Nutzung ihrer psychoaktiven Bestandteile momentan wenig sinnvoll bzw. überhaupt möglich erscheint.

Richtig an der ablehnenden Haltung ist meiner Meinung nach jedenfalls, dass Rauchen ganz allgemein die Lunge belastet. Die Lunge aber ist eines unserer *direktestes* Kontaktorgane mit der Umgebung (Atmung) - und es ist klar, dass ein *in Verbindung sein* und ein „freies Fliegen" unserer „Lungenflügel" immer schwerer fällt, wenn der Weg zur Lunge geteert ist (und dadurch immer „schwärzer" wird).

Ebenfalls zu bedenken wäre in diesem Zusammenhang, dass die *Vermeidungshaltung*, die sich unter anderem durch den *Dauerkonsum* von *Marihuana* oder auch von *Tabak* ausdrückt, immer eine *Flucht* (und eine *Sucht)* ist: Anstatt seine Probleme und sein Leid anzunehmen, *flieht* man ein gutes Stück weit vor der Realität - was allerdings natürlich nur eine begrenzte Zeit gelingen kann. Irgendwann wird die Auseinandersetzung mit der Wirklichkeit unvermeidlich, so dass von dieser Art der Benutzung natürlich dringend abzuraten ist.

Abhängigkeit, Flucht und Sucht - nebenbei letztlich übrigens ***ebenfalls*** *morphische Felder*, die eindeutig auch immer wieder verändert und „bearbeitet" werden können - sind *immer* schlechte Berater, nicht nur in spirituellen Fragen. Aufgrund ihrer potentiell psychoaktiv wirksamen Inhaltsstoffe sollten *cannabis sativa* und ihre Verwandten meiner Meinung nach aber dennoch zur Gruppe der entheogenen Zauberpflanzen gezählt werden, auch weil der verantwortungsvolle

Umgang und heilbringende Gebrauch der Hanfpflanze über Jahrtausende in vielfältiger Weise belegt werden kann.

Eine andere Art der gesellschaftlichen Integration schließlich finden wir in bestimmten traditionellen schamanischen Trance- und Heilmethoden. In verschiedenen Stammeskulturen weltweit werden auch heute noch mithilfe von *Zauberpilzen* (magic mushrooms) nicht nur die Visionssuche, sondern auch viele andere rituelle Behandlungszeremonien durchgeführt. Ein bekanntes Beispiel ist die mazatekische Heilerin María Sabina, die bis in die 1980er Jahre hinein in der Umgebung von Mexiko City wirkte und dort im hohen Alter starb. Im Frühjahr 1955 lud die *Curandera* zum ersten Mal Angehörige einer fremden Kultur ein, um an ihrem Ritual der *wahrsagenden Pilze* teilzunehmen. Der Ethnobotaniker R. Gordon Wasson, (der dem schweizer Chemiker Albert Hofmann diese Pilze zusandte, woraufhin erstmals deren Wirkstoffe, vor allem *Psilocybin* und *Psilolin*, isoliert werden konnte), sowie der Fotograf Allan Richardson durften der eindrucksvollen Sitzung der Schamanin beiwohnen. Deren Eindrücke und Erfahrungen wurden dann in der Zeitschrift *Life* veröffentlicht und inspirierten so tausende Neugierige, ebenfalls ratsuchend nach Mexiko zu pilgern - darunter übrigens auch einige so berühmte Persönlichkeiten wie zum Beispiel Nobelpreisträger Bob Dylon oder John Lennon.

María Sabina, deren Urgroßvater, Großvater und Vater allesamt ebenfalls Schamanen waren, die entscheidend dabei mithalfen, die Kultur des *teonanácatl* über vier Jahrhunderte hinweg aufrechtzuerhalten (und sie im Verborgenen überdauern zu lassen, nachdem die spanischen Eroberer diese verboten und mit drakonischen Strafen belegt hatten), begriff ihre Rolle als Schicksal und die Nutzung der *heiligen Pilze* war Zeit ihres Lebens unverzichtbarer Bestandteil ihrer Zeremonien, die ihr nicht zuletzt sogar den Ruf einer Wunderheilerin einbrachten.

Ihre Fotoportraits drücken totale Überzeugung und absolutes Vertrauen in die Offenbarungskraft der Pilze aus. Und einer ihrer seltenen Kommentare zur Macht und reinigenden Wirkung der Pilze war:

„Der heilige Pilz nimmt mich bei der Hand."

All diese Beispiele können auf unterschiedliche Weise vielleicht andeuten, dass ein verantwortungsvoller Umgang mit diesen sakralen Substanzen *grundsätzlich möglich* ist - wenn die Rahmenbedingungen, die Gebote und Regeln, Rituale und Zeremonien zu ihrem Gebrauch stimmen und auch eingehalten werden können.

In einer Umgebung des ungehemmten materiellen Konsums jedoch ist der verantwortungsvolle Gebrauch, der zudem in keinerlei rituelle Tradition mehr eingebunden erscheint, in den allermeisten Fällen keineswegs gewährleistet, so dass vor der Benutzung der Entheogene *momentan* eher gewarnt werden sollte: Ohne Einbettung in einen bestimmten spirituellen Kontext, ohne das, was die psychedelische Literatur, etwas verharmlosend, wie ich finde, *Set und Setting* nennt, ohne Besinnung auf die geistigen Hintergründe, das Wirken einer höheren Ordnung oder auch die Kraft der Schöpfung, ist ein Umgang mit diesen spirituellen Hilfsmitteln keineswegs besonders empfehlenswert.

In einer Atmosphäre, in der die augenblickliche Erfüllung, narzisstischer Wünsche und Triebe absolut oberste Priorität erlangt hat, erscheint mir die Überwindung des Ichs, wie sie von sämtlichen Religionen als Weg und Ziel spiritueller Erleuchtung und mystischer Erfahrung beschrieben wird, mithilfe von psychoaktiven Hilfsmitteln jedweder Art daher eher hinderlich als förderlich zu sein.

Und mitunter ist deren Gebrauch sogar gefährlich. Denn: Im entheogenen Rausch verschwinden - je nach Stärke - die Grenzen zwischen dem erlebenden Ich und der Außenwelt mehr oder weniger total. Das kann durchaus als beglückendes und befreiendes Einheitserlebnis empfunden werden. Es kann aber auch einen Horrortrip auslösen. Eine durch den - manchmal relativ spontanen - Verlust des vertrauten Ichs ausgelöste, tiefe und panische Angst, die als absolut traumatisch empfunden wird, und die in einigen Fällen sogar anhaltende Konsequenzen für die Psyche nach sich zieht. Entheogene sind deshalb auch ein denkbar ungeeignetes Mittel, seinen Schwierigkeiten im Rausch entfliehen zu wollen. Sie *verstärken* im Gegenteil sogar meist die Konfrontation mit diesen Problemen, was für den Unvorbereiteten daher mitunter zu schweren Zwischenfällen bis hin sogar zu psychotischen Zusammenbrüchen führen kann.[74]

Die *reale* Gefahr des Konsums der Entheogene liegt daher, anders als bei den beiden anderen Kategorien berauschender Mittel, auch *nicht* in einer körperlichen Schädigungen oder einer etwaigen Abhängigkeit - sie liegt viel eher in der *Nicht-Vorhersehbarkeit eines jedes einzelnen Versuchs.* Dennoch sollte es für Interessierte aus den beschriebenen Gründen aber *grundsätzlich immer möglich* sein, sich dieser Helfer in einem realistischen, mystisch-spirituellen Kontext zu bedienen, um einen tieferen, *direkten* Einblick in die unabweisbare Präsenz universeller Verbundenheit erlangen zu können.

Es ist eine Erfahrung, die uns, in perfekter Analogie zur paradoxen quantenphysikalisch-relativistischen Realität, *sowohl* unsere völlig unbedeutende Rolle im Kontext dieses gewaltigen Universums erkennen lässt, *als auch* das *Gefühl* dafür vermitteln kann, dass dieses Universum tatsächlich ***vollständig*** höchst real in seiner unfassbaren Gesamtheit und Totalität *in uns selbst* *enthalten ist.* Wir ***sind*** tatsächlich winzig und doch unbegrenzt zugleich - wie wir jederzeit und an jedem Ort dieser Welt natürlich auch auf „normale", meditative, geistig-spirituelle Art ***direkt*** und ***unmittelbar*** in unseren Herzen entdecken und selbst erfahren können.

Dieser Einblick ist mithilfe von stimulierenden Substanzen, gleich welcher Art übrigens, jedoch notwendigerweise immer auch ein Vergänglicher: Die Wirkung des Mittels lässt irgendwann zwangsläufig nach,[75] das Alltagsbewusstsein und der gewohnte Wahrnehmungsfilter werden – glücklicherweise, wie an dieser Stelle natürlich unbedingt hinzugefügt werden sollte – wieder aktiv, so dass eine *dauerhafte Präsenz* mit Hilfe dieser Stoffe *definitiv nicht* erreicht werden kann.[76]

Der weitere Fortschritt eines jeden spirituellen Weges sollte daher in *keinem* Falle in irgendeiner Weise *abhängig* gemacht werden - von wem oder was auch immer. Denn es ist ***immer*** ein ***Weg***, der letztlich ***nach Innen*** führt - und ohne Zweifel irgendwann ***ohne jede*** äußere, materielle Hilfe (und auch ohne jede „fremde Führung" übrigens) bewältigt werden sollte - oder sogar *muss*. Nur dann führt er uns tatsächlich zu unserer ganz persönlichen, privaten und unmittelbaren Erfahrung der Einheit mit der Natur.

Die Kunst der Verwandlung

Dieser ganzheitliche Weg bedarf manchmal einer gewissen Wandlung. Eine spezielle, viele Jahrhunderte lang praktizierte Methode, um Wandlung zu ermöglichen, war und ist auch die Alchemie. Und obwohl einem recht weitverbreiteten Missverständnis zufolge ihre Hauptaufgabe traditionell in der chemischen (materiellen) Umwandlung von unedlen Metallen oder anderen Substanzen in Gold liegt, geht in Wirklichkeit aus den meisten Schriften und Überlieferungen eindeutig hervor, dass der zentrale Fokus alchemistischer Praxis in erster Linie das *Heilen durch Umwandlung* ***im Allgemeinen*** war.

Es blieb dem schweizerischen Psychologen C. G. Jung vorbehalten, diesen Bedeutungsraum in der ersten Hälfte des 20. Jahrhunderts wiederzuentdecken und die fast verlorengegangenen Erkenntnisse der Alchemie mit neuem Leben zu füllen. Mindestens vier seiner Bücher widmete Jung der Interpretation dieser alten Kunst, die er unter anderem als eine Möglichkeit zur Unterstützung im unerlässlichen *Prozess der Individuation* begriff, der dem *Selbst* oder *Ich* bei der Suche nach Ganzheit, Heilung, Frieden und Sinn helfen kann:

> „Im alchemistischen Opus handelt es sich nicht nur um chemische Prozesse allein, sondern auch

um ***psychische*** Vorgänge, die in pseudochemischer Sprache ausgedrückt werden."[77]

Auch diese Kunst der *elementaren Transformation* hat ihre Wurzeln übrigens in der schamanischen Tradition. Sie entstand aus der praktischen Arbeit schamanischer Bergleute, Schmiede und Metallurgen. Sie waren die Meister des Feuers, sie wussten, wie man Metalle veränderte und zu Werkzeugen oder auch Waffen verarbeitete, sowie, welche zusätzlichen Stoffe und Chemikalien dazu notwendig waren usw. Dieser geschichtliche Erfahrungszusammenhang lässt sich auf vielfältige Weise weltweit belegen.

Unter dem zunehmenden Druck des ideologischen Verfolgungseifers der katholischen Kirche über mehrere Jahrhunderte hinweg, aber natürlich auch aufgrund eigener Versäumnisse - der Anpassung alchemistischer Sprache und Erklärungsversuche nämlich an die Erkenntnisse und Erfolge der modernen Naturwissenschaften - befand sich die Alchemie im Zuge der Aufklärung bald in einem Zustand der inneren Zersetzung und der Verbannung in die Bedeutungslosigkeit. Ihr Ansatz, Dunkles durch noch Dunkleres und Unbekanntes durch noch Unbekannteres zu erklären und zu behandeln vertrug sich schlecht mit dem aufkommenden Geist der Rationalität und des Humanismus und den wachsenden Erfolgen vor allem von Biologie, Chemie und Physik.

Damals schied sich der Chemiker vom Hermetiker. Der Chemiker verfolgte - und verfolgt bis heute - die präzise, experimentelle Erforschung transformativer Prozesse auf materieller, molekularer Ebene *ohne* Einbeziehung möglicher Einflüsse geistiger Art. Der Hermetiker dagegen driftete zusehends ab und schuf eine Art Geheimlehre, der immer mehr (und leider oft auch völlig zu Recht) der Vorwurf des Okkulten, Obskuren und des Aberglaubens anhaftete.[78]

Jung versuchte nun eine Art Rehabilitation. Seine Argumente zielten darauf ab, auch die Realität einer unbewussten Ebene möglichst *objektiv* zu begründen, die *nicht* mit den Mitteln des Verstandes *allein* zu erfassen sei, sondern *nur* unter Berücksichtigung der subjektiven, inneren Gefühlsebene. Er bezog damit eindeutig auch Stellung gegen die wachsende materialistische Grundhaltung seiner Zeit und gegen das, was bereits in den 1930er Jahren als Mathematisierung der Natur bezeichnet wurde:

> „Der wissenschaftliche Terminus *Individuation* will keineswegs bedeuten, dass es sich um einen restlos bekannten und aufgeklärten Tatbestand handele. Er bezeichnet bloß das noch dunkle und erforschungsbedürftige Gebiet persönlichkeitsbildender Zentrierungsvorgänge im Unbewussten. (...)

> Und diese Vorgänge sind geheimnisvoll, sofern sie dem menschlichen Verstand Rätsel aufgeben, um deren Lösung er sich noch lange *und* ***vielleicht vergeblich*** mühen wird. Es ist nämlich durchaus zweifelhaft, ob der Verstand in letzter Linie das geeignete Instrument dafür ist oder nicht. (...) *Es ist wohl eher das* ***Erlebnis*** (also die ***direkte Erfahrung***), *welches in die Nähe des Verstehens führt.*" [79]

Gleichzeitig versuchte er aber auch, den sicheren Boden des objektiven Standpunktes als Wissenschaftler nicht zu verlassen, und warnte davor, seine Interpretationen etwa als Glaubensbekenntnis oder Ähnliches misszudeuten:

> „Die Psychologie als Wissenschaft von der Seele hat sich auf ihren Gegenstand zu beschränken und die Möglichkeit eines Gottesbeweises (aber auch dessen Negation) tunlichst zu meiden."[80]

Eine sehr wichtige, psychologisch relevante Erkenntnis war nun, dass das im alchemistischen Prozess an absolut zentraler Stelle stehende *Gefäß der Transformation* offenkundig *wir selber* sind. In *jedem* von uns *kann* die Vereinigung der (komplementären) Elemente dieser Welt tatsächlich vollzogen werden. Zu diesem *inneren Vollzug* der ***Individuation*** - das Werden und Bleiben eines ungeteilten und heilen Ichs - gehört aber ganz offenkundig, neben der möglichst erfolgreichen Bewältigung der *materiellen* Realität, auch der subjektive *Kontakt zum Unbewussten* - und die *spirituelle Erfahrung der geistigen Welt*.

Und auch in anderen mystischen Zusammenhängen wird der Körper als grundlegender Partner und Gefäß verstanden, dessen Wahrnehmung *transzendiert* werden kann und sollte. Alle „Wege des Herzens", alle „Pfade der Schönheit", „Erfahrungen der Einheit" usw. setzen primär im Körper – und nicht etwa im Kopf - an. *Er* ist der Ausgangs- oder Bezugspunkt, der die Begegnung mit der geistigen, göttlichen Präsenz überhaupt erst ermöglicht.

Ein Gedanke grenzt notwendigerweise ein. Der Verstand - dieses wunderbare, evolutionär entstandene, *zusätzliche* Werkzeug der Erkenntnis - schöpft immer aus Vergangenem und Zukünftigem, *niemals* aber aus der unmittelbaren Erfahrung, die ja erst *analysiert* und *bewertet* werden muss, wenn sie denn *verstanden* werden soll. Der Körper ist unserem wahren Selbst also stets *näher*, weil er die *direkte Erkundung* der geistigen Realität ermöglicht.

In unterschiedlichen kulturellen Zusammenhängen weltweit, in denen Schamanismus und Alchemie auch heute noch praktiziert wird, war und ist diese direkte Naturerfahrung ein wichtiger und absolut zentraler Bestandteil des Alltags - bzw. des Lebens: Das Universum wird stets im *ganzheitlichen, holistischen*

Zusammenhang verstanden und entsprechend der eigenen Erfahrungen und Erkenntnisse gedeutet, wobei gleichzeitig das *polare, komplementäre Zusammenspiel* der elementaren Kräfte immer auch als *ewiger Kreislauf* beschrieben wird.

Und sogar die Grundlagen unserer eigenen westlichen Kultur, die sich ohne Zweifel momentan als absolute Speerspitze der gesamten globalen Entwicklung begreift, finden sich *ebenfalls* ganz unmittelbar in dieser mystisch-spirituellen Tradition. Ein Beispiel ist der römische Kaiser und Philosoph Marc Aurel (Marcus Aurelius), der im zweiten nachchristlichen Jahrhundert lebte. Berühmt war er vor allem wegen seiner stoischen Neigung - eine philosophische Art der Naturbetrachtung, die die eigene Daseinsberechtigung aus der *Einheit des Denkens und Handelns* und der *Einheit von Wort und Tat* herleitete, und deren recht kontemplativ anmutenden Formen der Selbstbetrachtung als „Quelle der Kraft" angesehen wurde:

> „Alles, was Du siehst, wird die Natur alsbald verwandeln, und aus diesem Stoff wird sie andere Dinge schaffen, und aus deren Stoff wiederum andere Dinge, damit die Welt immer wieder verjüngt werde."[81]

Aber vor allem in der griechischen Kulturgeschichte, der Wiege unseres Abendlandes, auf die sich die wissenschaftliche Tradition mit großem Stolz - und natürlich auch völlig zu Recht - als eine ihrer wichtigsten Quellen und Säulen beruft, erkennen wir den holistisch-elementaren Ansatz wieder. In der Beschäftigung mit den „Mysterien von Eleusis" können wir den gleichen Gedanken zur *ganzheitlichen Lösung* der Grundprobleme und Sehnsüchte der Menschheit entdecken, welcher überall auf der Welt seit mindestens 6000 Jahren die Völker verbindet.

Die Geschichte, die zur Gründung dieses Heiligtums führte, ist ausführlich in der homerischen Dichtung beschrieben. Über einen tatsächlich belegbaren Zeitraum von fast 2000 Jahren hinweg dagegen (also von etwa 1500 vor Christus bis etwa 400 nach Christus) fanden an diesem Ort aber nachweislich die wohl bedeutendsten rituellen Zusammenkünfte des gesamten (europäischen) Altertums statt. Die Teilnahme an diesen Zeremonien blieb nur bestimmten Auserwählten vorbehalten, die allerdings nicht nach Standeskriterien allein auserwählt wurden. Sie mussten sich vielmehr in irgendeiner Weise auch dem Gemeinwohl gegenüber verdient gemacht haben.

Recht einflussreiche Zeitgenossen beschreiben ihre Erfahrungen bei der Teilnahme an diesen Mysterien. Unter anderem Cicero und Pindar, aber auch Sokrates und Platon, dessen Haus direkt an der Straße nach Eleusis lag, berichten, dass die rituellen Treffen *zum einen* der Sicherung und Befriedigung leiblicher

Bedürfnisse diente, der Auseinandersetzung mit der materiellen Natur und auch der Danksagung für deren Fülle der Gaben. *Zum anderen* waren sie aber immer auch ein *Streben nach Transzendenz*, eine Suche nach dem *Sinn der Existenz* und nach der Vereinbarkeit *materieller, objektiver Wahrnehmung* mit den *subjektiven, geistigen, visionären Erkenntnissen* und *Anforderungen* dieser Welt - was sich im Leben und Werk vieler altgriechischer und römischer Philosophen auch eindeutig wieder findet. Cicero zum Beispiel bezeugt, welchen Glanz Eleusis in sein Leben brachte, und auch, welcher Art der *komplementäre Charakter* seiner Erlebnisse war:

> „Nicht nur haben wir dort den *Grund* erhalten, dass wir in Freude leben, sondern auch dazu, dass wir *mit besserer Hoffnung sterben* können."[82]

Auffallend ist in diesem Zusammenhang auch, dass die verschiedenen Erfahrungen der eleusischen Riten immer in *Antithesen* beschrieben werden, die *auf-einander bezogen* sind: Licht und Schatten, Entsetzen und Glückseligkeit, tiefste Verdammnis und größtmögliche Verzückung usw. Diese Ambivalenz kann als weiterer Hinweis auf den komplementären Charakter einer ganzheitlichen Weltbeschreibung gewertet werden - jede *physische* (materielle) Wahrnehmung oder Erscheinung hatte gleichzeitig immer ihre Entsprechung in der geistigen Welt - eine *psychische Komponente*, die sie sozusagen *beseelte*.[83]

So war daher - ausgehend von der animistisch-schamanischen Antike bis hin zur Geburtsstunde des modernen naturwissenschaftlichen Weltbildes zu Beginn der Neuzeit - die *Physik* gleichzeitig immer auch eine *ganzheitliche Theologie*, eine *Alchemie* und eine *transzendente Psychologie*: Was ihr auf der materiellen, körperlich erfahrbaren Ebene begegnete, wurde im Sinne von metaphysischen Wesenheiten oder Geisteswelten interpretiert und gedeutet. Naturwissenschaft war also immer auch eine *Geisteswissenschaft* und die vielfältigen Bedeutungsebenen der Sprache und Symbole fassten die verschiedenen Aspekte der Wirklichkeit zu einem einzigen, *ganzheitlichen* Wissenskomplex zusammen.

Die physischen, psychischen, spirituellen - und natürlich auch die kosmischen, *universellen* - Dimensionen der Wahrnehmung wurden also letztlich stets *in ihrer Gesamtheit* gesehen. Als eine ***Einheit*** - und nicht als separate Felder oder Themen. Und so lieferte Johannes Kepler, einer der Pioniere der modernen Astronomie, auch noch so manchen wichtigen Beitrag zur alchemistisch-astrologischen Forschung seiner Zeit und erstellte sogar umfangreiche Horoskope für Prinzen und Regenten.

Auch der berühmte Sir Issac Newton verbrachte noch ganze 17 Jahre seines Lebens mit der gründlichen Erforschung diverser alchemistischer Texte (und sogar der Durchführung entsprechender eigener Experimente in seinem Labor), bevor er schließlich seine bahnbrechenden und wegweisenden Gesetze der Himmelsmechanik formulierte - und einigen Vätern der modernen Quantenmechanik wird übrigens ebenfalls noch eine recht ambivalente (und pragmatische) Haltung zu diesem aktuell eher verwaisten Zugang zur immateriellen Ebene der Realität bescheinigt.

Die Kunst der Verwandlung hat also nachweislich eine recht lange und durchaus vielfältige Tradition. Die maßgeblichen Schriften alchemistischer Autoren stimmen weiterhin ausdrücklich darin überein, dass ihr Opus (Werk) *nur* „mit der Hilfe Gottes" möglich sei und „vollendet werden" könne:

> „Diese Wissenschaft ist nur wenigen gegeben und niemand versteht sie wirklich, dem nicht Gott oder ein Meister das Verständnis geöffnet hat."[84]

Zu diesem Zweck bedurfte es der altbekannten mystisch-spirituellen Hilfsmittel: Unter anderem also der Meditation, der Atmung, der Achtsamkeit, der Einsamkeit in der Natur, dem Fasten, der Visionssuche oder dem Gebet - aber auch diverser „handfester" Techniken, bis hin zur Nutzung bestimmter, psychoaktiver Substanzen, wie sie im vorherigen Kapitel beschrieben wurden. Die Alchemie selbst sah sich also keineswegs als dunkle Kunst, sondern im Gegenteil sogar „auf der Suche nach der göttlichen Seele".

Die Konfrontation mit dem Dunklen, dem Schatten, dem Unbewussten oder Unbekannten, wurde jedoch - unter anderem natürlich auch aus komplementären Gründen - als absolut unerlässlich für den *Transformationsprozess* angesehen. Die *eigene* Seele hatte dabei die Beziehung zu Gott wie die Beziehung eines Tropfens oder einer Welle zum Meer - eine sehr bekannte und recht modern anmutende Form der spirituellen Betrachtung unseres individuellen, persönlichen Verhältnisses zur Welt als Ganzes.

Der bildhafte Charakter der Sprache sollte bei der Beurteilung der Relevanz alchemistischer Lehren natürlich gebührend in Rechnung gestellt werden. Diese symbolische Sprache der Alchemisten nannte den Prozess der Vereinigung der unterschiedlichen komplementären Aspekte - dem Bewussten und dem Unbewussten, dem Hellen und dem Dunklen, dem Guten und dem Schlechten usw. - die Suche nach dem Stein der Weisen (*lapis philosophorum*), oder dem goldenen Fließ, dem begehrten Ziel der Argonautenfahrt.

Dieser Stein der Weisen sei paradoxerweise sowohl *stofflich* als auch *immateriell*, sowohl flüssig als auch fest, sowohl heiß als auch kalt - und schließlich sowohl

Licht als auch Schatten. Und nur anhand dieser *Polaritäten* oder *Antithesen* ließe sich auch des Thales paradoxe Bemerkung verstehen, dass erst der Rost der Münze „ihren richtigen Wert" gebe:[85] Es ***gibt*** keine Ganzheit ohne Fehlerhaftigkeit, das Leben bedarf zu seiner Erfüllung nicht der *Vollkommenheit* und der völligen Freiheit von Leid und Schmerz - oder auch Sünde. Es bedarf vielmehr der *wahrhaftigen Vollständigkeit.* Dazu gehört aber unweigerlich immer auch das Erleben und Erleiden unserer prinzipiellen Mangelhaftigkeit, ohne die es letztlich kein Aufwärts und keine Wandlung gibt, der Konfrontation mit unserem Schatten, ohne die Heilung und Sinn unmöglich sind.

Der heilige Kreis

Die Kunst der Verwandlung beruft sich in ihrer Praxis vor allem auf die vier Elemente, die *in aufsteigender Form* aus dem *Einen* hervorgehen, und schließlich zum *Einen* - der Einheit der Natur und eines ungeteilten, heilen Selbst - wieder zurückführen. Es ist also gewissermaßen ein elementarer *Kreis,* bzw. *Kreislauf*, welcher als *Symbol* transformativer Prozesse gelten kann.[86] Diese vier Elemente sind: Wasser, Erde, Luft und Feuer - und ihre Vereinigung wird als *Quintessenz* bezeichnet, das berühmte *fünfte Element.*

Sie stehen, wie übrigens auch in vielen anderen kulturellen Zusammenhängen weltweit, in bedeutungsvoller Entsprechung zu anderen Vierergruppen. So ist zum Beispiel das Wasser sowohl mit dem Winter als auch mit dem Norden assoziiert (der Schnee, also Wasser in gefrorener Form, bringt), die Erde mit dem Frühling und dem Osten (der aufgehenden Sonne, die Fruchtbarkeit und Wachstum ermöglicht), das Feuer mit dem Sommer und dem Süden (der Hitze und neues Leben hervorbringt) und schließlich die Luft mit dem Herbst und dem Westen (der die Stürme der Veränderung einleitet). Diese Assoziierungen sind natürlich alle kulturell bedingt, in gewisser Weise willkürlich und durchaus auch anders miteinander zu verknüpfen. Aber eine derartige - oder ähnliche - Verbindung ist weltweit vielfach belegbar.

Auch der *Baum* (Weltenbaum Yggdrasil, Baum des Lebens usw.) wird natürlich als wichtiges Symbol der Transformation angesehen - ein bekanntes Bild, das sich interessanterweise ebenfalls in vielen anderen mystisch-spirituellen Traditionen weltweit wiederentdecken lässt. Eines der wichtigsten Symbole aber, das besonders gut die Vorstellungen der ursprünglichen amerikanischen Stammeskulturen von der Beziehung des Menschen zu seiner Welt zum Ausdruck bringt, ist ein Kreuz in einem Kreis.

Im Zentrum dieses Kreises, wo in einem Punkt in der Mitte die vier Himmelsrichtungen und die vier Jahreszeiten vereinigt sind, befindet sich das universelle Bewusstsein, der *Große Geist*.

Alles Erschienene auf dieser Welt wird auch von diesen Stammeskulturen als *komplementär-polar* begriffen, obwohl die Menschen jahrtausendelang kaum einen Kontakt zu anderen *Gesellschaftssystemen* oder Traditionen pflegten - es müssen immer *zwei entgegengesetzte* Dinge, Strukturen oder Prozesse *zusammenwirken*, damit etwas *Neues* entstehen kann, und alle Dinge stehen *immer* auch in einer elementaren *Beziehung* oder *Verbindung* zueinander.

Alles Handeln wirkt somit also unvermeidlich auf den Handelnden selbst zurück - und das gesunde Wirken der allgegenwärtigen Polarität führt schließlich über verschiedene Zwischenstufen zur ***Einheit***. Es ist also ebenfalls eine Art ***zyklischen*** Denkens, die sich hier ausdrückt - was natürlich eine der Kernbotschaften einer *jeden* mystischen Weisheitslehre weltweit ist: Es ***gibt*** keinen Anfang und auch kein Ende - sondern nur Kreise oder Kreisläufe. Es *gibt* auch keinen Tod auf der geistigen Ebene des Bewusstseins - nur Wandlung. Geboren werden und Sterben (des *materiellen* Körpers) sind somit lediglich verschiedene *Stationen* auf unserem Weg, der *niemals endet.*

Der *heilige Kreis des Lebens*, den diese Art des zyklischen Denkens erkennen lässt, bedeutet daher natürlich unter anderem auch: Der Mensch (oder ein beliebiges Wesen, das *seiner selbst* ***bewusst gewahr*** *geworden ist)* sollte ***aktiv*** für die *Einhaltung* dieser Kreisläufe sorgen. Spiritualität ist also gewissermaßen als ***Harmonie*** mit den diversen Kreisläufen und Bedeutungszusammenhängen der Natur zu verstehen – als eine *intime Haltung* also, die stets auf absolut grundlegende Weise ins ***alltägliche Leben*** integriert ist, die dort *wirkt* und *auf uns zurückwirkt.*

Diese *Harmonie* ist im elementaren Wortsinne *heilig*, und die Wahrung der Harmonie bedeutet Ganzheit, Freiheit, Frieden und Sinn - das ***Eins-Sein*** mit uns selbst *und* mit der Umwelt. In diesem heiligen Kreis werden sämtliche Beziehungen der Dinge, Systeme und Strukturen untereinander sichtbar. Und um diesen Kreis, der auf der materiellen Ebene dieser Welt bekanntlich momentan an manchen Stellen ein wenig durchbrochen erscheint, wieder *schließen* zu können, müssten irgendwann einmal *sämtliche* globalen Kulturen und Betrachtungsweisen *miteinander in Einklang gebracht* und *versöhnt* werden.

Dieser *heilige Kreis des Lebens*, der *Stein der Weisen*, das *goldene Fließ* - oder wie auch immer Sie das *ganzheitliche* „Ziel" ihrer ganz persönlichen Suche nach Vollständigkeit auf *gegenständliche* oder *materiell-objektive* Weise beschreiben mögen - kann natürlich auf sehr unterschiedliche Art erkannt, erfahren, gefunden und *gelebt* werden. Welchen „Weg" aber auch immer Sie für sich wählen:

Diese Welt scheint ohne jeden Zweifel am Besten *in Kreisläufen* zu funktionieren und beruht offenbar auf der *Verbindung* bzw. *Integration* zweier sich eigentlich *logisch ausschließender, komplementärer* Prinzipien. Es ist folglich *definitiv* eine *paradoxe* Welt, in der erlittenes Leid die tiefste Erfüllung - und schließlich auch die größte Verzückung - bringen kann und in der Geist *und* Materie in letzter Konsequenz ganz konkret ***ein und dasselbe*** *sind* - was in Momenten der unmittelbaren *Präsenz* im *Hier und Jetzt* auch *real erfahren* werden kann.

Ohnehin gehört das Verständnis der Paradoxie mittlerweile sogar zum höchsten „objektiven" Gedankengut. Es ist daher auch eine Welt, in der wir ohne weiteres fortschrittlich *und* primitiv, Naturwissenschaftler *und* Alchemist, Schamane *und* Priester, Dichter *und* Denker, Druide *und* Mystiker, Lernender *und* Lehrer, gewöhnlicher Mensch mit allen seinen Fehlern, Sorgen, Ängsten, Nöten, Wünschen oder auch Schwächen *und* Erleuchteter bzw. Heiliger *zugleich* sein können.

Bewusstsein und Materie

Wenn wir dem Paradigma der materialistisch-reduktionistischen Naturwissenschaft kritiklos und ohne jede Einschränkung folgen wollen, besteht unser Universum dem aktuellen Kenntnisstand nach elementar „aus punktförmigen, eigenschaftslosen Teilchen"[87] - und ihm steht eine wahrlich düstere Zukunft bevor: In einigen Billionen Billiarden Billiarden Billiarden von Jahren (oder so - eine „Zahl", deren unfassbare Absurdität allein übrigens schon recht lustig und bezeichnend zugleich ist) wird selbst der letzte Stern erloschen, das letzte Atom zerfallen und somit auch noch der letzte Rest unseres materiellen Universums *komplett verschwunden* sein.

Wohin, das weiß allerdings keiner so genau. Aus einem (mehr oder weniger) exakt datierbaren Anfangszustand heraus, dem Urknall, der aus dem absoluten - und auch absolut *unvorstellbaren* - Nichts plötzlich den gesamten Kosmos erschuf, ist dann (wieder?) eine leere, öde, ehemalige RaumZeit geworden, die vollständig verschwunden ist. Das in etwa ist in der Tat das Szenario, welches uns die moderne Physik momentan zumutet, weil es nicht nur „ausreichend wissenschaftlich begründbar" sei (wobei die angebliche Begründung interessanterweise erstaunlich viele geheimnisvoll-obskure dunkle Elemente enthält), sondern „einzig vernünftig".

Wir haben dagegen bereits gesehen, dass es eine ganze Menge recht guter Gründe dafür gibt, dieses sehr einseitig orientierte Weltbild der modernen, „objektiven" Naturwissenschaft ein wenig zu relativieren und es vom mystisch-spirituellen Weg der Erkenntnis intellektuell abzugrenzen. Eine weitere hilfreiche Möglichkeit der begrifflichen Unterscheidung ist auch die Einteilung in ***upward causation*** und ***downward causation***.

Die *upward causation* geht davon aus, dass das Materielle und die bereits erwähnten, als universell geltenden mathematisch-physikalischen Gesetze absolut grundlegend für diese Welt sind, und dass Evolution, Entwicklung oder Fortschritt somit *nur objektiv nachvollziehbar* und im *kausalen Ablauf der Zeit* erfolgen könne. ***Ausgehend*** vom Materiellen wirke die Evolution also ***hin*** („aufwärts") zu geistigen Bewusstseinserfahrungen, die somit auch lediglich als *Begleiterscheinung* materieller Strukturen, als *Systemeigenschaft*, anzusehen seien.

Am Anfang gab es dieser Argumentation zufolge die „erste Ursache" (den Urknall), der über verschiedene Zwischenschritte die elementaren Bausteine des Universums, Wasserstoff und Helium, schuf. Daraus formten sich dann aufgrund der allgegenwärtigen Gravitation die Sterne, die sämtliche Elemente fusionierten, aus denen die Planeten bestehen.

Auf diesen Planeten wiederum entstanden aufgrund komplizierter und komplexer Prozesse schließlich die ersten Lebensbausteine, die sich aufgrund biologisch-chemisch-physikalischer Gesetze entwickelten - bis hin zu uns „geistigen Wesen", die ihrer selbst gewahr geworden sind und ihre Herkunft und ihr Wohin hinterfragen können - Schritt für Schritt kausal verständlich und objektiv nachvollziehbar, lediglich rein zufällig erfolgend und ohne jede konkrete Absicht, ohne Geist oder Plan, sondern nur durch die elementaren Naturgesetze gelenkt, die *a priori* absolut feststanden. ***Bewusstsein*** ist aus dieser Sicht also quasi so etwas wie ein *Nebenprodukt*, das erst dann auftreten konnte, als Gehirne von hinreichendem Komplexitätsgrad entstanden waren.

Abgesehen davon allerdings, dass keineswegs so recht einzusehen ist, *wer* oder *was* diese zwingenden mathematischen Grundgesetze denn *a priori* eigentlich festgelegt und „definiert" haben sollte (oder auch *wann* das wohl geschah), lässt uns diese Interpretation der Welt auch noch aus ganz anderen Gründen recht unbefriedigt - und sogar ein wenig ratlos - zurück. Doch betrachten wir zunächst einmal die Alternative:

Die Position des ***downward causation*** - auch die psychedelische Literatur kennt und vertritt diesen Ansatz übrigens bereits seit langem als *mind over matter* - begreift *die Existenz der geistigen Welt* als *absolut grundlegend* - und auch als real erfahrbare Tatsache. Diese *informative Bewusstseinsebene* ist *an keinerlei materielle Strukturen gebunden*, nimmt aber dennoch ganz direkt und unmittelbar Einfluss auf die materielle Ebene der Realität - was jedoch, und das ist wichtig, definitiv *nicht* konkret *messbar* ist.

Diese Sichtweise legt also nahe, dass Bewusstsein die Materie *überhaupt erst erschaffen* hat (und nicht umgekehrt), bzw. dass es diese in einem anhaltenden, ewigen, kreativen Prozess *ständig neu erschafft*. Das Konzept der *downward causation* ist daher offenbar auch verwandt mit der mystisch-spirituellen Position, die bekanntlich seit Jahrhunderten bereits in Konflikt steht mit der rein rationalen, „aufgeklärten" Sicht der Welterkenntnis.

Aber auch wenn von materialistischer Seite natürlich anderes behauptet wird, kann tatsächlich *keine* der beiden Ansätze ihre Argumentation letztlich wirklich *beweisen* (bzw. falsifizieren). Bei ***beiden*** handelt es sich um eine *Hypothese* (was allerdings die rationale Seite in der Regel verschweigt) an die man *glauben* kann - oder eben nicht.

Es gibt jedoch, wie auch bereits an verschiedenen Beispielen versucht wurde zu zeigen, gerade aus dem Bereich der *Naturwissenschaft* mittlerweile *eine ganze Fülle* von Beobachtungen, Theorien und Konzepten, die die *zweite* Version als *die ungleich*

Plausiblere erscheinen lassen. Und es ist nicht weniger als ein *völlig neues Weltbild*, das sich hier abzeichnet, ein höchst überfälliger *Paradigmenwandel*, der mit freundlicher wissenschaftlicher Unterstützung sich anzubahnen längst begonnen hat.

Die ***rein*** naturwissenschaftliche (kausal-objektive) Betrachtungsweise dieser Welt bröckelt an allen Ecken und Enden, und die moderne Forschung ist gerade ganz unübersehbar dabei, sich wieder an ihre alten Traditionen zu erinnern und sich erneut - und ganz modern - mit der geistigen Perspektive zu verbinden. Der Durchbruch zu einem ***entscheidenden Bewusstseinswandel*** aber, ein Prozess, der von vielen spirituell interessierten Menschen überall auf dieser Welt bekanntlich seit langem innig herbeigesehnt wird, gelingt aber eher *nicht*, wie viele offensichtlich immer noch meinen, durch den Rückzug auf die geistigen Prinzipien des mystischen Weges allein - oder auch *nur* durch hoffen und beten.

Es wird im 21. Jahrhundert wohl viel eher der Naturwissenschaft vorbehalten sein, unser Streben nach Ganzheit, Frieden und Sinn auf ein völlig neues, langfristig tragfähiges und vor allem *lebendiges* (!) Fundament zu gründen, sowie die jahrhundertealten tiefen Gräben zwischen Wissenschaft und Theologie überwinden zu helfen - und diesmal vielleicht sogar in gewisser Weise „endgültig“.

Es ist aber natürlich keineswegs die „Weltformel" (Theorie of everything oder Quantengravitation), die Vereinigung der beiden großen, physikalischen Theorien des 20. Jahrhunderts (ART und QM) also, die hier gemeint ist und die den Bewusstseinswandel vollziehen wird. Nicht der *mathematische* Versuch also, die Objektivierung der Realität doch noch irgendwie zu retten – koste es auch, was es wolle.

Es ist vielmehr *eine völlig neue* Form geistig-naturwissenschaftlichen Denkens, das sich zu etablieren längst begonnen hat. Dieses ***neue Bewusstsein*** gründet auf einigen anerkannten, *objektiv verständlichen* Phänomenen, deren realistische Einbettung in ein wissenschaftstheoretisches Gesamtkonzept aber bislang offenbar noch nicht wirklich gelungen ist.

Ein gutes Beispiel ist das Prinzip der *Nicht-Lokalität.* Dieses auch unter dem Namen *Verschränkung* bekannte Phänomen kann man sich in etwa wie folgt vorstellen: Zwei Photonen - also etwa zwei Licht-„Teilchen" (oder mehr), die *einmal* miteinander interagiert haben - *bleiben* in Wechselwirkung (in Verbindung), auch wenn sie sich später räumlich an zwei beliebig weit voneinander entfernten Orten befinden. Ändert man nun den Zustand des *einen* Teilchens (etwa seine Polarisation), so ändert sich simultan und instantan (ohne jede zeitliche Verzögerung) auch der Zustand des *anderen* Teilchens

- und zwar ***ohne*** *das beide auf materiell-energetischer Ebene irgendwie miteinander kommuniziert hätten.*[88]

Hinzu kommt das bekannte Prinzip der *Unschärfe*. Es besagt, dass man immer nur *entweder* den Ort *oder* aber den Impuls (bzw. die *Geschwindigkeit*) eines beliebigen Teilchens messen und somit genau bestimmen kann - *niemals* aber *beides zugleich*. Die Parameter *eines jeden Teilchens* sind also *niemals* ***wirklich vollständig*** objektiv messbar - „statistisch gesichert" heißt *nicht* exakt, sondern immer nur *fast*.

Ein drittes Phänomen ist die *Untrennbarkeit von Subjekt und Objekt:* Was auch immer wir wissenschaftlich oder mit unserem *Geist* untersuchen - *in jedem Fall* sind wir unausweichlich ***Teil*** dieser Untersuchung oder des Experiments,[89] weshalb wir also *niemals gänzlich objektiv* erkunden und berichten können werden. Wir sollten die individuelle *Subjektivität eines jeden Bewusstseins* beim Verständnis der Zusammenhänge dieser Welt daher besser *angemessen berücksichtigen,* wenn wir sie *wirklich* erkennen und *ganzheitlich* verstehen wollen.

Ein weiteres, recht erstaunliches Prinzip, dessen angemessene Würdigung einer re-aufgeklärten Naturwissenschaft eigentlich gut zu *Gesicht* stünde, ist die überall in der Natur stattfindende *Selbstorganisation* - ein Phänomen, das stets *emergente* (also absolut *unvorhersehbare*) *Komponenten* beinhaltet. Diese

Prozesse, bei denen das neu entstandene oft weit über das bisher Erreichte hinaus geht, liefern manchmal eindeutig ***mehr***, als die Summe der beteiligten Faktoren oder Teile dies erwarten ließe - ein der *mathematischen* Beschreibung der Realität eindeutig *widersprechender* Aspekt, der sich in der *realen Natur* aber tatsächlich vielfach beobachten lässt.[90]

Man könnte natürlich noch einige weitere Phänomene beschreiben, Prinzipien formulieren, Axiome definieren usw. - was aber an dieser Stelle eigentlich gar nicht wirklich von Belang ist. Wichtiger erscheint mir: Wer meint, dass diese in erster Linie wissenschaftlich entdeckten und untersuchten Phänomene und Grundsätze (und bestimmte *Schlussfolgerungen*, die sich aus ihnen *geradezu zwingend* ergeben) nur für einige wenige von uns überhaupt verständlich sind oder Relevanz in unserem Alltag besitzen, irrt - mitunter sogar gewaltig.

Im *Gegenteil*. Wir sollten diese *Zusammenhänge* - und auch die *Konsequenzen*, die sich aus ihnen ergeben - sogar schleunigst *in unser Leben integrieren*, sowie sie bei unserem tagtäglichen Denken und Handeln und unseren jeweiligen Entscheidungsprozessen (welcher Art auch immer) angemessen berücksichtigen. Zum einen natürlich, weil deren Integration in ein Gesamtbild der Welt uns einen völlig neuen Zugang zur *ganzheitlichen* Naturbetrachtung und *Erfahrung* ermöglicht - was letztlich immer Ziel eines jeden mystisch-spirituellen Weges ist. Zum anderen aber auch, weil auf der objektiven Ebene der Realität dieses Verständnis für unser *physisches Überleben* - und somit für die Kontinuität unserer Entwicklung als Spezies - absolut maßgeblich sein wird.[91]

Man kann heutzutage aus ganz handfesten, *naturwissenschaftlichen* Gründen fragen: Worin *besteht* eigentlich die *biologische* (materielle) *Basis* von Bewusstsein? *Gibt* es überhaupt eine solche Basis? Wo *befindet* sich unsere Seele - oder auch unser Selbst oder Ich? Wo *sind* wir? Und es lassen sich definitiv ***keinerlei belastbare Beweise*** für die materielle Position anführen. Der Einfluss von *bewusster Aufmerksamkeit* und *kreativer Spontaneität* dagegen verändert *messbar* die Realität. In mehreren Studien konnte *eindeutig gezeigt* werden, dass die Kraft des Geistes *nachweislich* dazu in der Lage ist, Gehirnfunktionen und Neuronen *aktiv* und *materiell* zu beeinflussen. Glaube, Vertrauen und positive Erwartungen *können* somit also durchaus sowohl neurophysiologische als auch elektro-chemische Prozesse *verändern* - oder sogar steuern.[92]

Mentale Bewusstseinsaktivitäten - wie Gedanken, Gefühle, Überzeugungen, der freie Wille *und sogar Gebete* - *können* somit auch die Funktionalität unseres Gehirnes auf unterschiedlichen Ebenen der Realität signifikant - und durchaus messbar - beeinflussen. Ähnliche Effekte sind bekanntlich auch nach langjähriger Praxis der Meditation und der verschiedenen Formen von Achtsamkeitsübungen nachgewiesen. Einige vergleichen unser Gehirn aber dennoch weiterhin lieber mit einem Computer - und gehen davon aus, dass geistige Bewusstseinsprozesse im Grunde lediglich so etwas wie eine Systemeigenschaft oder gar Illusion seien, bzw. dass sie irgendwann auf rein materiellem Wege sogar künstlich erzeugbar sein werden (und maschinell übertragen werden können usw.).[93]

Wie diese Illusion (nicht zu verwechseln allerdings mit der aus der Mystik bekannten Illusion des Ichs) jedoch *nachweisbare materielle Veränderungen* bewirken kann - nur ein Beispiel (von Vielen) sind hier die sexuellen Gedanken - bleibt tatsächlich weiterhin rätselhaft. Hierfür ***gibt*** es bislang noch *keinerlei Erklärung* - lassen Sie sich nicht durch gelehrig klingendes, aber dennoch letztlich wirklich hohles Geschwätz beeindrucken oder gar manipulieren.

Das dagegen eine reale Verbindung und Interaktion zwischen Gehirn und Bewusstsein *besteht*, ist nicht nur *ungleich wahrscheinlicher*, sondern es ist mittlerweile offensichtlich sogar so gut wie erwiesen. ***Verstanden*** *werden* kann diese Vernetzung allerdings *nicht* im Sinne von Ursache und Wirkung - sondern viel eher kausal-vernetzt, nicht-lokal verbunden (bzw. verschränkt), durch morphische Resonanzen strukturiert, sowie in *emergent-selbstorganisierenden Feldern* und Kreislaufprozessen organisch-organisiert.

Der Vorteil, den dieser Ansatz bietet, ist ein grundlegend neues Verständnis von unserer Rolle und Position im Gesamtgefüge dessen, was wir als Evolution bezeichnen: Wenn wir unserer Verbundenheit als *absolut elementar* erkennen und *anerkennen*, wenn wir tatsächlich *ganz real erfahren*, dass das Leid, das wir anderen zufügen, letztlich *ganz konkret auf uns selbst zurückwirkt*, dass der Krieg, den wir führen, immer auch ein *Krieg gegen uns selbst ist*, wenn wir die Existenz einer jenseitigen, geistigen Welt, die sowohl naturwissenschaftlich als auch mystisch-spirituell erkennbar und verständlich ist, ***wahr-nehmen*** – dann, und wohl wirklich ***nur*** dann, besteht vielleicht eine Chance auf Heilung, Frieden und Sinn in einer Welt, die selbstverschuldet immer egozentrischer, kälter, chaotischer und sogar lebensfeindlicher geworden ist.

Wenn wir *als globale Spezies* lernen können, unsere künstliche Trennung von Subjekt und Objekt *wirklich* aufzuheben und unser Geborgen-Sein im *nicht-lokalen, universellen* Bewusstsein *erfahren*, ist Ganzheit und die Überwindung des Leides auch auf der objektiven Ebene der materiellen Realität erreichbar.

Augenblick und Ewigkeit

Auch das mystisch-spirituelle Konzept der Ewigkeit ist der naturwissenschaftlichen Erklärung natürlich verständlicherweise nach wie vor eher fremd. Aber: Zeitempfinden entsteht gerade aus relativistischen Gründen immer nur *in Verbindung mit der räumlichen Wahrnehmung*. Ohne einen *Raum*, in dem die Ereignisse stattfinden, ist auch die Vorstellung einer *Zeit*, die vergeht, absolut sinnlos. Der prozesshafte, veränderliche Charakter der räumlichen Wahrnehmung *erschafft* also in Wirklichkeit erst die Zeit.[94]

Wir konnten uns den Prozess der Wirklichkeitsbildung in Raum und Zeit, die in jedem von uns auf absolut einzigartige und unvergleichliche Weise *in jedem Augenblick stets neu* stattfindet, bereits am Sender/Empfänger-Modell der Realität vergegenwärtigen. Es verdeutlicht auch auf recht anschauliche Weise, dass ***wir höchstselbst*** es sind, die die *Einheit der Natur* stetig aufs Neue - nicht nur ***in*** uns sondern auch ***um*** uns - im *Hier und Jetzt kreativ erschaffen* können.

Wir hatten ebenfalls gesehen, dass es mindestens zwei entscheidende Unterschiede gibt zwischen *äußerer*, objektiver Realität und *innerer* Welt, die sich als rezeptives, subjektives und kreatives Zentrum unseres Selbst einer ***jeden*** *exakten* wissenschaftlichen Definition entzieht:

Während nur ***genau eine*** äußere Welt existiert, ist die Zahl der *inneren Wirklichkeiten* unvorstellbar groß - nämlich so groß, wie es Individuen gibt, die sie in jedem einzelnen Augenblick erfahren und wahrnehmen. Zudem ist die Existenz der materiellen Welt natürlich - bis zu einem gewissen Grad zumindest - *objektiv nachweisbar*, während die innere Schau *immer* eine rein subjektive Angelegenheit ist, die *nicht* mit anderen Erfahrungen verglichen, *nicht* systematisch kategorisiert, *nicht* objektiv betrachtet oder auch reduktionistisch zerlegt werden kann - eben *weil* sie individuell und in jedem einzelnen Augenblick der Ewigkeit stets neu *in uns passiert*.

Gleichzeitig ist aber natürlich auch die Wahrnehmung der äußeren, objektiven Welt *ohne* erfahrendes Subjekt schlicht und ergreifend illusionär. Es ist dies die altbekannte (philosophische) Frage, ob denn die Sonne überhaupt scheint, wenn niemand da ist, der sie sieht. Es *gibt* sie in diesem Fall dann in gewissem Sinne genauso wenig, wie es den Raum ohne die Zeit gibt - oder die Welle ohne das Teilchen usw. Um all dies anschaulich zu machen, haben wir den Vorgang, wie Wirklichkeit entsteht, mit der Entstehung von Bild und Ton in einem Fernsehgerät verglichen: Der Sender *sendet* Informationen und die Antenne *empfängt* verschiedene Signale der äußeren Welt, um sie in einen individuellen Gesamteindruck umzuwandeln.

Die Antennen des *menschlichen* Empfängers sind dabei seine Sinnesorgane. Diese empfangen verschiedenste Reize der Außenwelt und bilden sie, nachdem sie in unserem Körper unterschiedliche und komplizierte Prozesse der Umwandlung erfahren haben, im ***Bewusstsein*** des Menschen ab. Das aber, was wir zum Beispiel als Farben wahrnehmen, existiert dabei tatsächlich *keineswegs* in *objektiver* Weise. Bienen oder Fledermäuse zum Beispiel nehmen die Welt bekanntlich deutlich anders wahr als wir. Daraus lässt sich unter anderem aber schließen, dass auch die Wahrnehmung von Farbe ein *rein psychisches Phänomen* ist - weil keineswegs besonders klar ist, ob alle Menschen die *gleiche* Empfindung haben, wenn sie zum Beispiel rot oder grün oder blau sehen.

Was für eine von unserer normalen Alltagserfahrung unfassbar *verschiedene* Welt wir wohl wahrnehmen („empfangen") würden, wenn unsere Sinne auch für andere Spektren sensibel wären? Wenn wir zum Beispiel Röntgenwellen „sehen" könnten, wäre es eine *transparente* Welt, die für uns ganz real wäre. Auch könnten wir mithilfe der Fähigkeit, Radiowellen *direkt* zu verwerten, ohne Probleme in ferne Länder blicken. Wir könnten also auch *jenseits der Erdkrümmung* Dinge erkennen und beobachten.

Die Metapher des Sender-Empfänger-Modells macht uns somit auf bestimmte Weise ebenfalls die längst überfällige Einsicht zugänglich, dass das materialistische Bild der Naturwissenschaft immer *nur einen Teil* dieser Welt beschreibt - beschreiben *kann*: Nämlich den äußeren, den objektivierbaren Teil. Den eigenen, inneren Teil, die immer eigene, subjektive, geistige Realität, wie sie ein jeder von uns ***andauernd erfährt***, ist von dieser Möglichkeit der Beschreibung auf keinen Fall zu erfassen - *denn der aktuelle Augenblick geschieht ja immer* ***genau jetzt*** *und ist* ***niemals*** *im Nachhinein wiederholbar, vergleichbar - oder auch erlebbar.*

Beide Wirklichkeiten bilden jedoch immer ***gemeinsam*** die *reale Welt* (!) - und prägen die Ereignisse in ihr. Das Modell enthüllt somit auch die Tatsache, dass ***die Wirklichkeit*** kein fest umrissener, lediglich nach mathematischen Gesetzen ablaufender Zustand ist, *sein kann*, sondern ***immer*** ein ***momentanes Ergebnis*** vielfältiger, kontinuierlicher, geistiger, individueller, kreativer Prozesse, die ganz offenkundig auf unterschiedliche Weise *direkt Einfluss* nehmen auf das, was wir als materielle Realität bezeichnen.

Eigentliche Wirklichkeit gibt es also ***immer nur im Hier und Jetzt*** - eine Erkenntnis, die uns ebenfalls aus mystischen Zusammenhängen und Erfahrungen weltweit bereits seit langem bekannt und wohlvertraut ist - und auch eine Erkenntnis, die wir auf spirituelle

Weise als Atem, Kraft, Puls, Feld oder Fluss des Lebens usw. ganz real erkennen und *erleben* können.

Diese *eigentliche Wirklichkeit* aber ***ist*** spiritueller Erfahrung nach tatsächlich – ganz paradox vertraut - ***gleichzeitig*** immer auch ***die Ewigkeit selbst***, was unter anderem bei sogenannten Klarträumen (die viel weiter verbreitet sind, als manche glauben), bestimmten Dejá-vu-Erlebnissen, Nahtoderfahrungen oder vielleicht auch bei dem, was als Präkognition bekannt ist usw., mitunter vielleicht sogar *direkt erkannt* – und „verstanden" - werden kann.

Der wohl am weitesten entwickelte materielle Komplex auf diesem Planeten zur bewussten Wahrnehmung von Wirklichkeit, zum *Empfangen* und *Senden* von Information, ist nun bekanntlich das menschliche Gehirn. Die geistigen Fähigkeiten haben sich bereits heute in uns in einem solchen Ausmaß entwickelt, dass wir uns nicht nur unseres Selbst *bewusst* geworden sind, sondern dass wir sogar ganz ***direkt*** an der Schöpfung ***teilhaben*** können, die sich in jeder einzelnen materiellen Manifestation - sei es nun Ding, Struktur, Tier, Pflanze oder auch Mensch – stets aufs Neue entwickelt und offenbart.

Wie nehmen *Sie* nun diese realen Augenblicke der Ewigkeit wahr? Als tick, tack, tick, tack der Sekunden, die ständig gleich und voneinander abgrenzbar dahineilen? Oder vielleicht doch eher als eine Art *Gleiten*, das nicht so ganz eindeutig vom gerade vergangenen Moment abgrenzbar ist? Oder auch von nahen und sogar ferneren, zukünftigen Ereignissen *abgetrennt* betrachtet und erfahren werden kann? Momente, die „subjektiv" mal als etwas länger, mal als kürzer empfunden werden, je nachdem, welcher Tätigkeit wir gerade nachgehen oder wie es uns gerade geht?

Wie *fühlt* sich eine Stunde „objektiv" für Sie an? Die Wahrheit ist, dass selbst die beste Uhr auf dieser Welt keinen Fetzen Zeit „enthält". Es *gibt* in Wirklichkeit natürlich auch keine Kalender. Es gibt die Wichtigkeit der Zeiteinteilung in Minuten, Stunden und Tage usw. nur, weil wir sie - *subjektiv* und *individuell - allzu wichtig nehmen.*[95] Zeit ist somit auch *nicht* in Abschnitten real erlebbar, sondern immer nur als *ununterbrochener, kontinuierlicher Zusammenhang der persönlichen Erfahrung.*

Das Leben *fließt* und diesen Fluss können wir wahrnehmen, diesem Fluss können und dürfen wir uns mit Zuversicht und auch mit Hoffnung, mit Glauben und mit tiefer Überzeugung anvertrauen und hingeben. Das Bild des Flusses zeigt aber auch recht deutlich, dass wir uns - gleich einer Welle oder eines Tropfens - in der Gesamtheit des Wassers *auflösen* müssen, wenn wir denn „vollständig" ***bewusst*** daran teilhaben wollen. Denn letztlich *gibt* es auch *keine Teile.*

Nichts auf dieser Welt kann definitiv *für sich alleine* existieren. *Alles* ist *mit allem verbunden* - und daher ***ist*** *auch* ***jeder einzelne Augenblick*** - auf rational natürlich absolut unvorstellbare Weise - immer ***die zeitlose Ewigkeit selbst***.

Um unsere eigene Präsenz in der zeitlosen Ewigkeit zu erkunden und zu fördern, müssen wir „nur" lernen, unsere Verstandesdominanz ein wenig zu relativieren. Unsere Kinder können uns vielleicht dabei helfen, diese paradiesische Perspektive der Geborgenheit in der Ewigkeit wiederzuentdecken, die wir *momentan* wohl etwas aus den Augen verloren haben. Wer Kinder je beim Spiel in zeitloser Selbstvergessenheit erlebt hat, kann eine ungefähre Ahnung von der Richtung und Gültigkeit ewiger Präsenz erhalten. Sie haben ihre Welt noch nicht in Parzellen und in Hab und Gut aufgeteilt, in Gestern und in Morgen, in Gut und in Schlecht usw. Alles existiert irgendwie *gleichzeitig*, mit dem gleichen Recht und der gleichen Gültigkeit in der unabweisbaren, unmittelbaren Erfahrung des momentanen Augenblicks. Ohne das Ich dabei überzubewerten - aber auch, ohne es *völlig* zu *vergessen*, denn neben der Notwendigkeit einer spirituellen Reifung ist natürlich auch die angemessene Sorge für unseren *materiellen* Körper ohne jeden Zweifel eine sehr elementare und absolut wichtige Voraussetzung für Ganzheit und Gesundheit.

Kinder sind in diesem Sinne daher vielleicht (noch) ein wenig „vollständiger" als wir. Wir sollten sie achten und respektieren, sie beschützen, verstehen und ehren. Wir haben ihnen weniger mit Überlegenheit und mit „erwachsener" Arroganz zu begegnen, sondern viel eher mit einer gehörigen Portion Demut, Empathie und Rücksicht - denn sie können in vielerlei Hinsicht sogar unsere Lehrmeister sein. Wir sollten daher lieber lernen, ihnen zuzuhören und ihren Fähigkeiten zu vertrauen, anstatt ihre Kreativität schon von klein auf in genormte Bildungsvorgaben, Erziehungsziele, Lehrpläne und sonstige Rahmenbedingungen einer immer technokratischer operierenden Welt zu pressen, sowie ihr Verhalten nahezu ausschließlich an zentral entwickelte Muster, Organisationsmodelle, Programme und Strukturen einer global-digitalisierten Welt anzupassen – dies alles natürlich ohne dabei zu vergessen, ihnen zu gegebener Zeit auch gewisse notwendige und authentische Grenzen zu setzen.

Diener des Lebens

Die Evolutionsbiologie erinnert uns an unsere grundlegende Verwandtschaft nicht nur mit den Primaten, sondern auch mit allen anderen Lebewesen auf diesem Planeten. Und sowohl die Quantenmechanik als auch die Relativitätstheorie bestätigen uns, dass es so etwas wie *exakte* Berechenbarkeit in der Natur nicht gibt - sondern dass die Zukunft, im Gegenteil, stets *offen und gestaltbar* ist und immer und überall *von unserer Entscheidung* - für oder auch gegen das Leben - ***direkt*** und ***unmittelbar beeinflusst*** wird.

Wählen wir nun die mechanistische, recht einseitig materielle Variante handeln wir im Grunde gegen unsere eigene Natur. Sofern wir in Städten leben, was immer mehr Menschen, zumeist aus wirtschaftlichen Gründen, auch tun zu müssen glauben, vergessen wir oft nur allzu leicht, woher die Dinge eigentlich kommen, die wir zu unserem Leben brauchen. Sie kommen aus Geschäften und aus Leitungen - und die Abfälle werden eben „entsorgt". Die Entwicklung der letzten Jahrzehnte hat jedoch bereits sehr deutlich zeigen können, welche Veränderungen an den natürlichen Ressourcen, welche Zerstörungen der Lebensgrundlagen unserer gemeinsamen Umwelt aufgrund dieser Gleichgültigkeit für Zusammenhänge, wir für unsere Bequemlichkeit (bzw. unseren Wohlstand) in Kauf zu nehmen bereit waren (und sind).

Aber die Konsequenzen dieser Achtlosigkeit beginnen bereits sehr massiv *auf uns selbst* und unsere Umgebung zurückzuwirken. Es lässt sich nicht mehr so ohne weiteres übersehen, dass wir auf einem endlichen Planeten mit begrenzten, nicht beliebig regenerierbaren Rohstoffen leben, und dass das *Wesen* dieser Erde ganz konkret von unserem Handeln beeinflusst und geschädigt wird. Aber nicht die Erde selbst ist es, die aktuell todkrank ist, nicht die Natur, das Leben oder auch der Geist - es ist unsere Zivilisation, unsere Spezies, es sind wir selbst.

Die Evolution hat bereits oft diverse Katastrophen und Krisen überstanden. Und sie wird letztlich definitiv auch *sämtliche* Eingriffe des Menschen verdauen - darauf können wir uns verlassen. Ob ***wir*** dabei allerdings auf der Strecke bleiben, ***das*** liegt einzig und allein an uns - und an unserer *Entscheidung*.

Unglaublich viele beherrscht im Moment dieses Gefühl des Krankseins. Dies ist aber keine Zwangsläufigkeit oder gar Naturnotwendigkeit, wie manche immer noch meinen. Es ist lediglich *eine* der Folgen der Ignoranz und der Einseitigkeit unseres modern genannten technologisch-materiellen Kulturentwurfs und der ihr zugrundeliegenden (Wachstums)-Ideologie.

Wenn wir als Individuen - und als planetare Spezies - auf eine gesündere und lebenswertere Zukunft hoffen wollen, müssen wir uns daher lediglich auf die Veränderbarkeit dieser weltweit vorherrschenden Ideologie besinnen - oder auch der morphischen Resonanz, die diese bestimmt. Wir müssen unsere Beziehung zum *Wesen* der lebendigen Erde wieder auf ein dauerhaft tragfähigeres Konzept gründen. Kurz: Wir müssen *Diener des Lebens* werden.

Wenn wir von einem spirituellen Erlebnis sprechen, meinen wir im Grunde immer andere - Heilige, Schamanen, Priester, Mönche, Weise, Visionäre usw. Das aber auch *wir selbst* mystische Erfahrungen - jederzeit und überall - machen können ist den Wenigsten von uns wirklich bewusst.

Eine bereits etwas ältere repräsentative Umfrage in Großbritannien und in den Vereinigten Staaten zu diesem Thema ergab, dass *mehr als ein Drittel* der Befragten mindestens einmal im Leben bereits eine Art „Erscheinung" hatte oder „eine besondere Kraft" gesehen bzw. gespürt hat. Es ließ sich auch erkennen, dass diese Wahrnehmung für die Meisten sehr bedeutsam war und sogar „spirituell prägenden Charakter" hatte.[96]

Doch viele scheuen sich immer noch offen mit anderen über diese Erlebnisse zu sprechen, um sich nicht lächerlich zu machen, für geistig verwirrt gehalten - oder sogar gleich ins Irrenhaus eingeliefert - zu werden.[97] In einem Bericht des Oxforder Instituts *Religious Experience Research Unit* zeigte sich, dass eine solche, übersinnlich genannte (paranormale) Erfahrung in unserer aufgeklärten, mechanistisch-funktionalen Gesellschaft ganz eindeutig mit einem sehr wirksamen Tabu belegt zu sein scheint:

> „Die Gefühlslage bei solchen Schilderungen erinnert an die Atmosphäre, die früher bei der

> Erörterung intimer sexueller Dinge herrschte. Das gleiche zögernde Herantasten, gefolgt von hastigem Rückzug, wenn keine oder nicht die richtige Reaktion erfolgt. (...) Es scheint das Gefühl zu bestehen, dass die Gesellschaft irgendwie *dagegen* ist, solche Erfahrungen dem ganz normalen Leben zuzurechnen."[98]

Wenn wir dem materiellen Weltbild bedingungslos folgen, nachdem die Natur als unbeseelt und von endgültigen mathematischen Gesetzen beherrscht gilt, können wir die reale Erfahrung einer mystischen Verbundenheit mit einer wie auch immer definierten *lebendigen Präsenz* - einem *Geist*, einer *höheren Ordnung*, einer *Ur-Kraft* usw. - als bloße Illusion, drogeninduzierte Halluzination oder aber auch als schlichte, animistische Wunschvorstellung herab interpretieren, auf die man besser nicht weiter achten sollte, wenn man denn bei klarem Verstand bleiben möchte. Wenn wir aber die Natur tatsächlich in elementarer Weise als *lebendig* - bzw. als *beseelt* - begreifen und wahrnehmen, können wir auch versuchen, diese spirituelle Erkenntnis in ein ganzheitliches Weltbild zu integrieren. Hier ein, wie ich finde, besonders schönes Beispiel einer Kunstlehrerin für diese Art der Naturerfahrung und Wahrnehmung von Wirklichkeit:

„Plötzlich war mir, als sei der Dunst ein schimmerndes Gewebe von Spinnenfäden, und die Glockenblumen, die hier und da zu sehen waren, schienen wie flammend zu strahlen. Irgendwie begriff ich, dass dies das lebendige Gewebe des Lebens war, in das auch alles, was wir Bewusstsein nennen, eingebettet ist - und hier und da als leuchtender Energieknoten im diffuseren Ganzen erscheint. In diesem Augenblick wusste ich, dass ich, wie jedes andere belebte und unbelebte Wesen, meinen ganz bestimmten Platz habe, und dass wir alle Teil dieses universellen Gewebes sind, das so zart und doch so ungeheuer stark und von Grund auf gut ist.[98]

Wenn Ihnen diese Schilderung irgendwie sympathisch oder vertraut vorkommt, haben Sie bereits sämtliche Werkzeuge gefunden und Voraussetzungen in sich selbst entwickeln können, um die Welt und die Wirklichkeit mit Ihren eigenen Sinnen mystisch, spirituell, magisch und bewusst usw. *zu erfahren.*

Wenn Sie dann auch noch in der Lage dazu sind, rationales Denken mit mystischer Betrachtung zu versöhnen, zu verbinden, *zu vereinen*, schaffen Sie sich selbst eine gesunde Basis dafür, in einer rapide sich verändernden Welt *beide* großen Weisheits- und Erkenntniswege zu nutzen - eine Basis um, ganz altmodisch, gleichzeitig aber auch topmodern, Ihren ganz privaten heiligen Kreis zu schließen, ein treuer *Diener des Lebens* zu werden und zu sein - und letztlich vielleicht sogar auf Dauer auch zu bleiben.

Vom Wollen zum Sein

Unsere wahre Bestimmung, unserer Identität als Mensch kann ***nur*** von Innen heraus erfahren werden. Deshalb: Wachen Sie auf, finden Sie *Ihren eigenen* Kontakt, ihren „direkten Draht" zu *Gott* - wie unvollkommen auch immer er Ihnen erscheinen mag. Dies ist definitiv besser als weiterhin irgendwelchen zweifelhaften, materiellen Phantomen nachzujagen, die über selbstverständliche und notwendige Bedürfnisse - wie etwa ausreichend Kleidung, Obdach, Nahrung, Mobilität und Kommunikation (und vielleicht auch noch den ein oder anderen ganz speziell für sie persönlich wichtigen Luxus) - hinausgehen.

Worte sind allerdings austauschbar. Nur die eigene, individuelle Erfahrung der Verbundenheit, der ***Einheit*** mit allen Wesen und Erscheinungen, vermag uns *wirklich* ein *Gefühl* dafür zu vermitteln, wie wichtig spirituelles Wachstum für unsere weitere Entwicklung bereits geworden ist. Erst wenn der Satz `Was ich anderen antue, das tue ich mir selbst´ tatsächlich zur eigenen, inneren, ganzheitlichen Wahrnehmung und

Naturerfahrung geworden ist - also nicht nur kognitiv *verstanden* worden ist, sondern auch im Herzen *gefühlt* wird - werden Egoismus, Hass und Neid verblassen und Mitgefühl, Empathie und Verständnis die Richtlinien sowohl des eigenen als auch des globalen Handelns entscheidend mitbestimmen - und somit *unser aller Alltag* mitgestalten.

Unser größter Feind, mag er nun *innen* sitzen oder *außen*, ist immer auch unserer bester Lehrmeister. Wir können den Kontakt mit ihm vermeiden, wir können ihn hassen und versuchen, diesen Feind bis aufs Blut und mit allen uns zu Gebote stehenden Mitteln zu bekämpfen. Wir können aber auch versuchen, aus diesem Kontakt *zu lernen*. Dies ist im Grunde auch der Kern dessen, was uns die Bergpredigt zu vermitteln versucht. Die Mystiker drücken die entscheidende Botschaft etwa folgendermaßen aus:

> (...) Liebet eure Feinde, tut Gutes denen, die Euch hassen. Segnet die, die Euch verfluchen, betet für die, die Euch misshandeln. Dem, der dich auf die Wange schlägt, halte auch die andere hin, und dem, der dir den Mantel wegnimmt, lass auch das Hemd. Das hat nichts mit einem Gebot zu tun. So kann nur sprechen, wer die *Einheit mit allen Wesen* ***erfahren*** hat. Der hat erfahren, dass es ***den***

anderen gar nicht gibt. Er gibt sein Hemd sich selbst, und ebenso gibt er seinen Mantel.[99]

Wer immer noch glaubt, solche Ratschläge oder Botschaften sämtlicher Weisheitslehrer mystisch-spiritueller Traditionen weltweit seien ja theoretisch vielleicht ganz schön und gut - für manche „Träumer" und andere „Gutmenschen" - für die Welt, für die Staatengemeinschaft und die verschiedenen Kulturen, Religionen und sonstigen Übereinkünfte aber einfach nicht praktikabel, hat die recht eindeutigen *globalen* Zeichen der Zeit ganz offensichtlich noch immer nicht wirklich erkannt und *verstanden* - weder rational noch geistig-spirituell, weder emotional noch kognitiv oder sonst wie - und sie angemessen in ein realistisches, *ganzheitliches* Gesamtbild der Wirklichkeit integriert.

Wenn Sie also *selbst* etwas **tun** wollen, geben Sie einfach Ihrer eigenen geistigen Kreativität genügend Raum. Auch dadurch wird Verbindung geschaffen. In festgefahrenen Strukturen fällt Entwicklung und Reifung schwer. Im offenen, inspirativen Rahmen jedoch wächst die Erkenntnis - Weisheit und spirituelles Wachstum wird möglich.

Kreativität ist daher auch kein Privileg einiger weniger Musiker, Maler oder anderer Künstler. Kreativität steht immer uns Allen im vollen Umfang und jederzeit zur Verfügung, wenn wir es schaffen, die Rahmenbedingungen dafür im *Hier* und *Jetzt* konstruktiv und offen zu gestalten - und unsere kulturell bedingte Verstandesdominanz ein wenig zu relativieren.

Was hier gemeint ist, ist eine *Kreativität des Alltags*, die sich in vielfacher Art und Weise ausdrücken kann: Es kann eine Haltung des spielerischen Umgangs mit zuvor als nervtötend empfundener Arbeit oder anderen Menschen sein, eine Wiederentdeckung des kindlichen Blickes, mit dem Sie sich selbst gestatten, die Welt wieder neugierig und offen zu betrachten, festgefahrene Muster (morphische Felder) zu erkennen und sie bewusst zu durchbrechen. Es kann das Warten an der Supermarktkasse sein. Oder aber auch ganz praktische Inhalte betreffen, wie zum Beispiel die individuelle Gestaltung und Praxis der möglichst häufigen Meditation und Achtsamkeit.[100] Sie können ein Instrument spielen, zeichnen, malen - oder auch schreiben. Und sogar beim Sport, in der Kneipe, beim regelmäßigen Spaziergang, sowie bei der alltäglichen Autofahrt zur Arbeit usw. ist immer ein bewusster Kontakt möglich.

Ihrer kreativen Phantasie sind also definitiv keinerlei Vorgaben und Grenzen gesetzt. Aber was auch immer es sein mag, dass Ihnen den *persönlichen* Kontakt zur geistigen Welt und zur ***Wahr**-nehmung* des *allgegenwärtigen, nicht-lokalen Bewusstseinsfeldes* (und des *Friedens* und der *Geborgenheit,* die darin steckt) ermöglicht: Tun Sie es *Jetzt* und *Hier*. Es gibt keine bessere Zeit und keinen angemesseneren Ort.

Nur aus subjektiver, *individueller* Perspektive ist Intimität und ein In-Kontakt-Sein wirklich möglich. Der einzige realistische Maßstab für Veränderung und Reife ist daher immer auch nur das Wachstum Ihrer eigenen, inneren, ganz privaten Stille, Ihres Friedens, ihrer Freiheit und Ihrer Liebe, die sich niemals mit anderen vergleichen oder gar bewerten lässt. Aber sie werden recht schnell merken: Es fühlt sich einfach besser an „verbunden" zu sein, mitfühlend und gut, anstatt egozentrisch, habgierig und verlogen.

Der alte Mann in wallenden Gewändern, zumeist mit langem, weißen Bart, der ungeheure Weisheit und Überlegenheit ausstrahlt, im Himmel sitzt, von dort aus richtet und streng, aber gerecht über „sein" Jenseits wacht - ein Ort, der perfekter Altersruhesitz für gestresste Lebewesen und reuige Seelen ist - dieses Gottesbild dürfen wir wohl getrost als antik und längst überkommen betrachten. Diese Feststellung gilt übrigens auch für jedes *weibliche* Gottesbild, denn das, was wir Gott nennen, *hat* mutmaßlich überhaupt kein Geschlecht.

Der *personifizierte* liebe Gott: Es gibt ihn in der Realität wohl eher nicht (aller Wahrscheinlichkeit nach natürlich), weshalb ihn im Leben *konkret zu finden* somit auch sehr schwer fallen dürfte. Es ist dagegen immer möglich, sich der ***Einheit der Natur*** zu öffnen - dem Geist oder der Kraft, die, wie wir aus guten Gründen glauben dürfen, alles erschaffen hat und erschafft - jederzeit und an jedem Ort.

Wer kein Objekt mehr vor sich aufbaut, ***ist*** die wahrnehmende Wirklichkeit selbst. Wenn wir dies schaffen, möglichst in jedem Augenblick unseres Lebens, dann *sind* wir auch *verbunden* mit der wahren *Liebe Gottes*. Wenn unser Gegenüber, egal, ob Ding, Person, Pflanze oder Tier, kein *Es* mehr ist, sondern ein konkretes *Wesen*, ein *Du*, mit dem man mitfühlt oder auch „mitschwingt", dann schwindet auch die Entfremdung, die Macht (und die Illusion) des Ichs und ein realer Kontakt wird möglich. Und dazu müssen wir noch nicht einmal irgendwo hin gelangen oder auch etwas Bestimmtes erreichen. Der bekannte Sufi-Gelehrte Kabir beschreibt diese Botschaft wie folgt:

> „Oh, der du mir dienst, wo suchst du mich? Siehe, ich bin doch bei dir. Ich bin weder in der Kirche oder im Tempel, noch in der Moschee, weder in der Kaaba noch auf dem Kailash. Weder bin ich in Riten und Zeremonien, noch im Yoga und Entsagung. Wenn du ein wahrhaft Suchender bist, wirst Du mich sogleich sehen, mir begegnen noch im gleichen Augenblick."[101]

Und eine alte ZEN-Weisheit, die ich im Laufe meiner nicht nur spirituell sehr prägenden Zivildienstzeit erfahren durfte, drückt die gleiche tiefe Einsicht auf folgende Weise aus:

> „Ich habe die ganze Welt auf der Suche nach Gott durchwandert und ihn nicht gefunden. Als ich nach Hause kam, sah ich ihn an der Tür meines Herzens stehen. Er sprach: Sieh, hier stehe ich und warte auf dich seit einer Ewigkeit. Da bin ich mit ihm hineingegangen."[102]

Die eigentliche Quelle des Seins, dass also, was die verschiedenen Glaubensgemeinschaften und Religionen als Gott, Allah, Buddha, Manitu, Großer Geist usw. bezeichnen, ist ungleich *gewaltiger* als *jede* rationale Erkenntnis, die immer nur ein ***Teil** der Wahrheit* ist, unbestreitbar und nachweislich *sein kann!* Weisheit ist somit auch keineswegs gleichbedeutend mit der Summe rein intellektuellen Wissens oder objektiven Verständnisses.

Weisheit ist vielmehr die unmittelbare, momentane, *individuelle* und *einigende* Einsicht in die *wahre Natur* der Dinge, die niemals im klassischen wissenschaftlichen Sinne erkannt, beschrieben und bewiesen werden kann. Es ist dies die Einsicht in die unabweisbare Realität einer höheren Ordnung, eines bewussten, universellen *Geistes* als *strukturierendes Prinzip* dieser Welt, ein Vertraut-Werden – und auch bleiben - mit diesem bewussten Geistwesen, das ohne festgeschriebene Wahrheit oder Vermittler, ohne Tempel, Kathedrale oder Kirche auskommt, weil es letztlich stets *eine innere Angelegenheit* ist, die ***nicht gewusst*** werden kann, sondern ***gelebt*** werden muss.

Leben heißt Lieben

Es ist wahrhaft ein erstaunlicher Paradigmenwandel, der sich hier anbahnt, eine *Mutation* geradezu, die in der Tiefe unseres Bewusstseins stattfindet, stattfinden *muss*. Dieses im Entstehen befindliche, neue globale Bewusstsein ist im wahren Wortsinne zutiefst revolutionär. Und es ist eine Revolution, die die Welt und den Menschen als planetar agierender Spezies tiefgreifender und auch nachhaltiger verändern wird, als dies ***jede*** andere Revolution in der Geschichte der Menschheit *je zuvor* getan hat - und zudem, als wir uns das auch nur ansatzweise vorzustellen in der Lage sind. Diese unaufhaltsame Revolution des Bewusstseins ist bereits in vollem Gange.[103]

Der notwendige und - wenn wir als Spezies überleben wollen - letztlich unvermeidliche Entwicklungsschub ist jedoch *nicht* durch politische Umstürze, gewaltsame Verordnungen, restriktive Gesetze oder auch Ähnliches zu erreichen, sondern lediglich durch die *individuelle Bereitschaft* einer genügend großen

Zahl von Menschen, sich in längst überfälliger Anerkennung der eigenen Begrenztheit ***und*** Universalität zugleich miteinander in Freiheit, Frieden und Liebe auf globaler Ebene *zu vereinen*.

Elementarteilchen ziehen sich an, Atome und Moleküle gehen Verbindungen ein, Zellbestandteile schließen sich zu Zellen zusammen und Zellen zu Organismen. All diese Organismen gründen dann in irgendeiner Form eine Gemeinschaft. Gemeinschaften leben auf Planeten. Planeten wiederum gruppieren sich zu Sternsystemen, die sich schließlich zu Galaxien strukturieren usw. Die *Grundtendenz* der Natur - oder auch der Evolution - ist also ohne jeden Zweifel auf *Verbundenheit*, auf Vereinigung von Teilen zu immer größeren und umfassenderen Zusammenhängen angelegt, die zu immer neuen und erstaunlicheren Leistungen in der Lage sind - bis der heilige Kreis des Lebens schließlich unvermeidlich irgendwann eine „Erneuerung" notwendig macht.

Diese Tendenz zur *Intimität* und zur *Integration* ist eine **Urkraft**, die auf *geistiger Ebene* als *Bewusstsein, Seele, Leben, Feld* - oder eben auch als ***Liebe*** - bezeichnet und erfahren werden kann, desselben göttlichen Prinzips, dass, sozusagen als eine Art „gleicher Nenner", *alle* Religionen als *gemeinsame Basis* umfasst und vereint. Ein altes, aus der Erinnerung zitiertes fernöstliches Sprichwort besagt:

> „Das Schicksal vereint alle, auch wenn sie tausende Meilen voneinander getrennt sind. Aber ohne das Schicksal werden sie einander verfehlen, auch wenn sie sich von Angesicht zu Angesicht gegenüberstehen."

Ich finde, dass die entscheidende Lehre und der umfassende Sinn dieses Sprichworts vielleicht noch Treffender zum Ausdruck kommt, wenn wir den Begriff des Schicksals durch den der Liebe ersetzen.

Der Verstand ist nur ein unvollkommenes Instrument, um das, was wir als göttliche Kraft oder Geist empfinden, zu erkennen und zu nutzen. Der Verstand kann immer nur wissen. Wer diese Kraft aber *ganz real erfahren* will, muss schließlich Bücher, Rituale und mentales Begreifen, Hilfsmittel und vermeintliche Abkürzungen zur Seite legen, Irrwege und Prüfungen, Leid, Angst, Schmerz und Sorgen durchschreiten, um schließlich ***selbst*** zur eigenen, inneren Stille zu finden, die ***allein*** Verbindung schafft. Meister Eckhart lehrte:

> „Gott will nur auf ***eine*** Weise verehrt werden - ***indem wir ihn leben***."

Es *gibt* tatsächlich kein besseres Heilmittel, als unseren inneren Wesenskern selbst zu entdecken und zu erkunden - und unsere Verbundenheit und Kommunikation mit dem ***Einen*** in Liebe *zu leben*. Wir brauchen „nur" die heutzutage manchmal arg verdeckten Schichten in uns freizulegen, um selbst an dieser einigenden, heiligen Kraft teilhaben zu können. Wer Ganzheit und Sinnhaftigkeit anstrebt, sollte daher versuchen, diese Weisheit unseres tiefen, inneren Wesens in unserer rastlosen, modernen, zivilisierten Welt (wieder-) zu entdecken.

Ganz rational betrachtet ist Bewegung und *Veränderung* eines der *elementaren Grundprinzipien* des Universums. *Alles* verändert sich - *immer*. Auch wir selbst *können* uns also stets verändern. Ein weiteres Naturprinzip ist: Das Ich - die jeweilige *Form* also, in der das nicht-lokale, bewusste Geistwesen dieser Welt sich ganz konkret und sehr speziell in diesem besonderen Augenblick der Ewigkeit in uns selbst *materiell manifestiert* hat - *ist naturgemäß endlich*. Wir können diese Tatsache ignorieren. Wir können die *Kraft*, die in dieser Erkenntnis der eigenen materiellen Begrenzung steckt, aber auch zur Transformation, zur *Transzendenz* unseres Werdens ins „höhere Sein" benutzen. Paulo Coelho beschrieb dies einmal so:

> „Das Leben ist im besten Fall ein Weg von der Angst zur Liebe."

Je schneller wir daher den heiligen Kreis erkennen, den Pfad der Schönheit beschreiten, die Urkraft des Universums, die ***Liebe*** ist, als absolut grundlegende Wahrheit mit höchster Relevanz für unser aller Leben begreifen, und je *vollständiger* wir diese Einsicht dann in unser alltägliches Denken, Fühlen und Handeln *integrieren,* desto eher besteht Hoffnung auf Heilung, Frieden und Sinn in einer Welt, deren Potenzen absolut zerstörerisch sein können - oder aber auch paradiesisch, je nachdem, ***wie*** wir uns entscheiden.

Rituale, Gebete und andere Methoden und Hilfsmittel können global differieren, sind aber dennoch sicher oft nützlich und sinnvoll. Unser *persönlicher* Zugang und der *direkte Kontakt* ist letztlich aber *nicht vermittelbar* und darf *niemals* anhängig gemacht werden - von wem oder was auch immer - sondern ist stets „privat", und kann so unterschiedlich sein, wie es Menschen und natürlich auch Gemeinschaften gibt. Als eher allgemein gedachte Orientierungspunkte können daher lediglich gelten:

1. Die Natur ist heilig - alles ist mit allem verbunden.
2. Das Leben ist heilig - jedes Lebewesen und jedes Ding verdient unsere Achtung, unsere Achtsamkeit und unseren Respekt.
3. Die Bewahrung der natürlichen Kreisläufe hat höchste Priorität und *Vorrang* vor *sämtlichen* wirtschaftlichen, politischen und/oder/auch privaten Interessen.

4. Die spirituelle Erfahrung ist Grundrecht und Naturnotwendigkeit zugleich.
5. Das Verweigern der Selbsttranszendenz ist in den allermeisten Fällen die Quelle von Angst, Leid, Not und Schmerz.
6. Liebe ist die Ur-Kraft des Universums.

Vertrauen Sie ruhig darauf: Es gibt in dieser Welt so unglaublich viel mehr zu entdecken, ***wahr**-zunehmen,* zu verstehen und natürlich auch zu gestalten, als dass, was unser Verstand ***allein*** uns zu bieten hat.[104]

Und: Es besteht *sowieso* Anwesenheitspflicht im aktuellen Augenblick, weshalb es sich also durchaus *lohnen* könnte, dieser Pflicht einmal *wirklich bewusst* und auch *wach* nachzukommen – diesen Augenblick also *aktiv* zu gestalten, anstatt sich bloß *passiv* zu ergeben und einfach nur irgendwie treiben zu lassen.

Wer die absolut erstaunlichen Konsequenzen, die sich heutzutage schon fast zwangsläufig aus der modernen Forschung ergeben, auch nur einigermaßen verstanden hat und in ein ganzheitliches Weltbild zu integrieren versucht, erkennt schnell, dass Naturwissenschaft letztlich ohnehin nur so etwas wie „Mystik mit anderen Mitteln" ist. Und dem erschließt sich vielleicht auch erst der eigentliche Sinn der sehr realen, sowohl wissenschaftlich-materiell-objektiv als auch mystisch-spirituell begründbaren Aussage:

Für das Licht ist *immer* Jetzt.

Deshalb: Nutzen Sie Ihr *gesamtes* Potential. Es ist die Kraft der ***Einheit der Natur***. Eine Energie, die in jedem von uns steckt. Eine „Macht", die sowohl auf naturwissenschaftlichem Wege als auch auf spirituelle Weise zugänglich, nutzbar und verständlich ist. Jeden einzelnen Augenblick unseres Lebens wartet dieses Potential nur darauf, um von uns entdeckt, genutzt - und schließlich auch *gelebt* - zu werden.

Anmerkungen und Literatur

(1) Von „Anthropoi", der Mensch in seiner heutigen Gestalt oder Homo sapiens. Man spricht in ähnlichen Zusammenhängen auch vom „Anthropozän", dem Menschenzeitalter, das längst angebrochen sei, weil die Auswirkungen menschlichen Handelns diesen Planeten bereits sehr entscheidend geprägt haben - was sich angesichts der gravierenden Folgen menschlicher Naturaneignung tatsächlich auch immer schwerer leugnen lässt.

Als kleines Beispiel für die grundsätzlich überall zu beobachtende Lebensfreundlichkeit des Universums sei hier folgender Zusammenhang erwähnt: Die Kernbindungkräfte der Atome und die elektromagnetische Wechselwirkung stehen in eben jenem genau bemessenen Verhältnis zueinander (und übrigens auch zur anziehenden Eigenschaft der Gravitation), welches den weitaus meisten Sternen eine sehr lange Zeit stabile Lebensphase beschert - und gleichzeitig die Produktion sämtlicher Elemente erst ermöglicht. Der von der Kernfusion erzeugte Strahlungsdruck würde einen beliebigen Stern nämlich relativ schnell in einer gewaltigen Explosion zerreißen, wenn ihm nicht *exakt* vom Gewicht seiner eigenen Masse Paroli geboten würde. Die Wirkungskraft der Gravitation ist aber um den Faktor von rund 10^{40} schwächer als die elektromagnetische Kraft.

Dieses *Verhältnis* hat zur Folge, dass die Masse eines Sterns vergleichsweise riesig sein muss, um ein bestimmtes, lange Zeit stabiles ***Fließgleichgewicht*** aufrechterhalten zu können. Wäre sie nur geringfügig stärker, hätte auf fusionierende Weise vermutlich kaum die Fülle der uns bekannten Elemente aus dem „Urmaterial" Wasserstoff und Helium entstehen können. Wäre sie jedoch nur etwas schwächer (und um den - immer noch riesigen - Faktor 10^{30} liegen), hätte ein typischer Stern nur noch ein Billiardstel der Sonnenmasse - und wäre bereits nach einem Jahr ausgebrannt. Dass diese Zeit nun kaum ausreichen würde, um eine biologische Entwicklung einzuleiten und ablaufen zu lassen, liegt auf der Hand.

Extreme Positionen interpretieren die absolut unfassbar erscheinende „Abgestimmtheit" oder auch „Bezogenheit aufeinander" als *Beweis* dafür, dass das gesamte riesige Universum von Gott lediglich zu dem einen, einzigen Zweck geschaffen worden sei, gerade uns heutige Menschen – Anthropoi - hervorzubringen. Die Naturwissenschaft ist aktuell aber bereits dabei, auch diese moderne Form theologischer Hybris durch die Entdeckung von Lebensspuren auf anderen Planeten und sogar weit entfernten Sternsystemen zu relativieren. Am anderen Ende des bunten Interpretationsspektrums findet sich dagegen zum Beispiel die sogenannte Viele-Welten-Theorie und ähnlich abstruse „Erklärungen" für das *anthropologische Prinzip*, die nicht weniger lächerlich - und ebenso schlecht *falsifizierbar* (nämlich gar nicht) – sind, weshalb sie als wissenschaftliche Theorie eigentlich auch keine Aufmerksamkeit beanspruchen dürften, denn eine grundsätzliche Falsifizierbarkeit ist nach Karl Poppers Definition von Wissenschaftlichkeit ein absolut nicht verhandelbares Prinzip der objektiv-kausalen Herangehensweise an ein beliebiges Problem.

(2) Der kritische Blick auf die „direkten Messungen" der Gravitationswellen zeigt, dass es noch immer einige gute Gründe gibt, an der Relevanz dieser „Beweise" zu zweifeln. Es kann zum Beispiel aufgrund des unfassbaren *Aufwandes*, der bereits seit einigen *Jahrzehnten* betrieben wird - und auch an der riesigen Menge an Geld, die weltweit dabei eingesetzt wurde – bereits aus psychologisch-soziologischen Gründen geschlossenen werden, dass es jetzt einfach „höchste Zeit" war, diese ultimative Größe des *postulierten mathematischen Universums* endlich zu entdecken. Das klingt natürlich erst mal pauschal – und ist es auch. *Nicht* pauschal dagegen – sondern höchst real und

„signifikant" relevant - sind aber andere handfeste *Argumente*, die weiterhin für eine solche Haltung des Zweifels sprechen.

So konnte man unter anderem beim Doppelsternsystem, dessen beobachteter Energieverlust bereits seit den 1970er Jahren als *indirekter Beweis* von Gravitationswellen interpretiert wurde (worauf *alle Modelle* der zu erwartenden Signale grundlegend aufbauen) bislang *keine* Gravitationswellen detektieren. Das gleiche gilt für den berühmten und bestens bekannten Krebsnebel, jener schon im alten China beobachteten Supernova, der ***selbst dann*** Gravitationswellen erkennen lassen sollte, wenn diese *für nur zwei Prozent* der beobachteten Abstrahlungsleistung verantwortlich wären. Der Pulsar verliert also - anders ausgedrückt - etwa *fünfzigmal mehr Energie* durch andere, bislang unbekannte Prozesse, die gut auch alleine für den Energieverlust der Pulsare im Allgemeinen verantwortlich sein könnten (was natürlich dann auch die erwähnten Modelle hinfällig werden ließe).

Immer mehr in Vergessenheit gerät auch, dass bereits in ganz grundlegenden physikalischen Theorien, auf denen die Annahmen des Standardmodells *elementar aufbauen* - also Elektrodynamik, Quantenmechanik und Allgemeine Relativitätstheorie - bislang nicht zu beseitigende Widersprüche stecken, deren Eliminierung auch statistisch nur höchst unbefriedigend gelingt. Im allgemeinen Forschungsbetrieb dagegen herrscht die geradezu schizophren anmutende Haltung vor, diese Probleme aufgrund ihrer offenkundigen Unlösbarkeit entweder durch mathematische Tricks zu eliminieren (Renormierung etc.), oder aber sie lieber gleich ganz zu ignorieren, anstatt sie eingehend zu erforschen. Beliebig anpassbare „freie Parametern" und andere, höchst zweifelhafte und unwissenschaftlich zu nennenden Methoden helfen dann dabei, neue „Erkenntnisse" „im Konsens" „zu etablieren".

Wenn es dann heißt, dass Standardmodell sei „experimentell bestens bestätigt", ist das nicht nur dreist, sondern – siehe auch Anmerkung 1 – im Grunde eigentlich so etwas wie ein wissenschaftstheoretischer Offenbarungseid.

Es gibt noch eine ganze Menge weiterer guter Argumente, die in ihrer Ausführlichkeit hier aber fehl am Platze sind. Die Gefahr jedenfalls, erwünschte Ergebnisse zu bevorzugen und experimentelle Methoden daraufhin anzupassen, ist groß und ihr sind schon einige der größten wissenschaftlichen Koryphäen erlegen. Und sie besteht auf allen Gebieten der Physik, weshalb sie durchaus ein wenig ernster genommen werden sollte, als das heute der Fall ist, wo Physik nicht mehr *entdeckt*, sondern viel eher von gigantischen Kollaborationsmaschinerien *gemacht* wird. Es darf daher tatsächlich weiterhin als zweifelhaft gelten, ob man diesen elementaren Bestandteil des Standardmodells wohl jemals *eindeutig, transparent,* sowie *nachvollziehbar* (und vor allem auch alltagstauglich ***nutzbar***) wird nachweisen können.

Die als „Stauchung" der RaumZeit interpretierte „signifikante Koinzidenz" bei den ersten Entdeckungen der Gravitationswellen ließe sich übrigens durchaus auch auf alternative Weise erklären. Die „Koinzidenz" - das in etwa zeitgleiche Auftreten in verschiedenen Detektoren also – ist lediglich „ein wichtiger Beleg für ein reales Ereignis" (ja, das gilt ausdrücklich auch für die anderen „Belege" von Gravitationswellen, zum Beispiel die, an denen VIRGO, einer der europäischen Detektoren, beteiligt ist). Und die „hohe statistische Signifikanz", die als „weiterer wichtiger Beleg" ***gedeutet*** wird, lässt allein schon aufgrund der absolut extremen Empfindlichkeit der Messanordnung nicht unbedingt auf „Eindeutigkeit" schließen (vgl. unter anderem auch *Sterne und Weltraum* 4/2016, Seite 24 bis 36).

Die konsequente Anwendung von Ockhams Rasiermesser jedenfalls lässt bei kritischer Betrachtung auch andere Deutungen zu. Doch ***selbst wenn*** es durch geschickte

Messanordnungen usw. irgendwann gelingen sollte, die Ergebnisse irgendwann einmal wirklich ***allgemeingültig*** „zu reproduzieren" (zum Beispiel mit dem ursprünglich geplanten, aber aus Kostengründen extrem gestrafften LISA-Projekt - *Laser Interferometer Space Antenna* - dessen „Arme", wie bei Advanced LIGO, nicht vier Kilometer Abstand, sondern *fünf Millionen Kilometer* hätten), bliebe ***dennoch*** die Frage offen, ***was*** wir ***überhaupt*** gemessen haben: Ist es eine „Kraft" - oder ist es nicht doch vielleicht eher eine „Wirkung"? Meiner Meinung nach ist ***dies*** nämlich ein wirklich fundamentaler Unterschied und tatsächlich die ***eigentlich grundlegende*** und auch ***entscheidende*** Frage im jahrzehntealten Ringen um Verständnis des Gravitationsproblems. Um diese Frage aber letztlich *wirklich nachvollziehbar* zu entscheiden, wäre jedoch anstrengende und auch wenig Reputation und Anerkennung versprechende Grundlagenarbeit notwendig - eine Form der Forschung, die seit längerem bereits als „Dinosaurier-Physik" aufgegeben wurde und verspottet wird, weil das Problem doch längst „gelöst" und „mathematisch entschieden" sei.

Auf die Fragwürdigkeit der Absolutheit dieser und ähnlich arrogant klingender Aussagen, auf die „Mathematisierung der Natur" also, wie sie im aktuell favorisierten Standardmodell, sowohl von Teilchenphysik als auch von Kosmologie, zum Ausdruck kommt - für die es aber tatsächlich kaum *handfeste* und *belastbare Belege* gibt - habe ich bereits in meinem Buch *Naturwissenschaft trifft Spiritualität - Eine versöhnende Begegnung*, Verlag Via Nova (Petersberg), 2016 hingewiesen und mit dem *Recyclingprinzip schwarzer Löcher* auch eine begründete Alternativtheorie für das Gravitationsproblem beschrieben.

Um nicht missverstanden zu werden. Es ist durchaus *möglich*, dass Gravitationswellen existieren. Sollten sie irgendwann einmal wirklich glaubhaft (!) detektiert werden (LISA *und* erdgebunde Anlagen *gemeinsam* bei *unterschiedlichen* Quellen, die zudem die

Grundlage der Modellierung darstellen - also unter anderem beim Hulse-Taylor-Pulsar *koinzident* und *signifikant* etc., was durch *unabhängige* und *kritische* Forscher zu prüfen ist), wäre ihre Existenz wohl *direkt* und *unzweifelhaft* erwiesen. Allerdings vermute ich weiterhin, dass das *nicht* der Fall sein wird. Meiner Einschätzung nach werden sowohl die „Gravitationswellen" als auch das „Higgs-Boson" bzw. „Higgs-Feld" irgendwann einmal stillschweigend den Gang so vieler anderer der angeblichen Durchbrüche des mechanistischen Forschungsansatzes gehen - in die Rumpelkammer der Wissenschaftsgeschichte nämlich.

(3) Das kann man unter anderem auch am immer deutlicher erkennbaren und wenig mächtig wirkenden „Getriebensein" von Wirtschaft und Politik beobachten: Sei es nun, als Beispiele nur, im Falle von Diesel-Gate, gewisser heraufziehender Handelskriege, der unsäglichen Regierungsbildung in Deutschland nach der letzten Bundestagswahl (2017), beim Snowden-Skandal, im Ukraine- oder auch Syrienkonflikt, im Umgang mit bestimmten demokratisch legitimierten Despoten, im Zuge der weltweiten, immer dramatischer werdenden Flüchtlingskrise, oder auch im Rahmen von diversen anderen geopolitisch, wirtschaftspolitisch und klimatisch relevanten Ereignissen und Entwicklungen der letzten Jahre und Jahrzehnte - einschließlich so mancher, mitunter auch „hausgemachter" Naturkatastrophe.

Und was die *Kontrolle* betrifft: Nicht nur die Entwicklung im Nahen Osten, auf dem afrikanischen Kontinent oder in den USA vor, während und/oder/auch nach der letzten großen Wahl (2016) zeigt deutlich, dass Populismus, Radikalismus, Autokratie, Demagogentum und auch eine Spaltung der Gesellschafts-strukturen *global* eindeutig wieder stark auf dem Vormarsch sind - und zwar offenkundig aller informativen medialen Beschaffungsmöglichkeiten *und* auch aller „humanistischen" und „rationalen Aufklärung" zum Trotz.

(4) Willigis Jäger *In jedem Jetzt ist Ewigkeit*, Verlag Knaur MensSana (München), 2007.

(5) Der Verbrauch dieser klimarelevanten Brennstoffe wird sogar *global gesehen* - und ***nur darauf*** kommt es letztlich wohl an - noch einmal über einen längere - bislang unabsehbar lange - Zeit *zunehmen*, und zwar sehr deutlich. Das können Sie nicht glauben? Dann schauen sie sich doch einmal eine Studie des keineswegs etwa der ökologischen Verblendung verdächtigen Energiekonzerns BP aus den 2010er Jahren an. Aus ihr geht hervor: Der klimarelevante Ausstoß (vor allem) von ***Kohlendioxid*** wird „aufgrund realistischer Prognosen ***weltweit*** noch einmal ***deutlich zunehmen:*** Von derzeit etwa 35 Gigatonnen jährlich *auf über 60 Gigatonnen im Jahre 2050*" (der zum Zeitpunkt der Studie festgestellte weltweite Kohlendioxidausstoß ist dann übrigens bereits 2018 auf über 50 Gigatonnen angestiegen - Trendwende nicht in Sicht).

In dieser Studie von 2015 wird übrigens ebenfalls „beruhigt feststellt", dass der Bestand an problemlos förderbarem Öl „nicht ***nur*** 2,9 Billionen Barrel beträgt, ***wie zunächst befürchtet***" (!), sondern „auf mittlerweile 4,8 Billionen Barrel angestiegen ist, die allein schon mit der heute bekannten Technik problemlos erreichbar wären, „womit der *Bedarf bis 2050 gesichert*" sei (unter anderem nachzulesen in verschiedenen Tageszeitungen vom 04. November 2015).

Wer daher geglaubt hat, die immer energiehungrigere „totale Digitalisierung" sei ***allein*** mit erneuerbaren, regenerativen Energien zu gewährleisten, war vielleicht etwas zu voreilig und naiv. Gleichzeitig ist die favorisierte „saubere", technologische Lösung - zum Beispiel durch *Kernfusion* - bislang nicht mehr als eine langfristige Hoffnung geblieben, die „frühstens ab 2050" in großflächigem Maßstab realisierbar erscheint - wenn sie denn *überhaupt* irgendwann einsetzbar sein wird.

Und auch die anderen „erneuerbaren Energien" scheinen mittlerweile sogar eher *mehr* Probleme zu *schaffen*, als sie zu lösen versprechen. So hat zum Beispiel der Ansatz der *Elektromobilität* - unter anderem also Autos, die mit Strom fahren - jetzt schon dazu geführt, dass die Ressource *Lithium*, die für die *Lithium-Ionen-Batterien* unverzichtbar ist und bislang unersetzbar benötigt wird, bereits recht knapp geworden ist.

Auch der Bau von Windrädern (bzw. der dafür benötigten Stromtrassen) ist zumindest in Deutschland bekanntlich an gewisse „Grenzen" gestoßen. So mussten denn auch gewisse ambitionierte Klimaziele der Bundesregierung (bis 2020, 2030 usw.) Schritt für Schritt aufgeweicht und „angepasst" werden. Der regelmäßige Aufschrei der Umweltverbände jedoch verhallt mittlerweile wieder weitgehend ungehört in der Masse des alltäglichen Informationsexodus.

Und auch das angeblich so revolutionäre „Klimaabkommen" von Paris, das vorsah (um das Zwei-Grad-Ziel *überhaupt* noch *im Blick* zu haben), dass *bereits ab 2020* die weltweiten Emissionen *zurückgehen* müssen, um 2050 auf Null (!) gesunken zu sein, enthält leider, außer „Absichtserklärungen", wenig *substantiellen* Inhalt.

Doch *selbst wenn* es irgendwann einmal tatsächlich gelänge, absolut unbegrenzt Energie zu produzieren (sozusagen zum ökologischen Nulltarif also): Der *Endzustand* von Energie ist immer Wärme, ein Phänomen, das auch Entropie genannt wird, die stets zu-, niemals aber abnehmen kann, wenn die Gesetze der Thermodynamik gültig sind, so dass also das *eigentliche* Problem wohl *selbst dann* nur in etwas langfristigerer Weise verschoben wäre (!).

Es sollte mittlerweile längst jedem vernünftig denkenden Menschen ohne den geringsten Zweifel klar geworden sein: Ein immer weiter, immer höher, immer besser, immer schneller ist auf einem materiell begrenzten, räumlich endlichen Planeten *auf Dauer* schlicht und ergreifend ***physikalisch unmöglich***.

Egal übrigens, *wie genau* dieses Wachstum letztlich auch erreicht werden soll, denn *in jedem Fall* müssen materielle Grundlagen zur Umsetzung der Ziele zum Einsatz kommen - also auch beim rein informellen (digitalisierten) Wachstum (der *bitcoins* etc.). Dennoch scheint die „Schaffung von Wachstum", die „Erhaltung der Arbeitsplätze" (vor allem in den sogenannten „systemrelevanten" Industrien, wie zum Beispiel in Deutschland der Automobilindustrie) und auch die „Sicherung von Wohlstand" usw. nach wie vor ***das*** wichtigste wirtschaftliche *und* politische Ziel zu sein, wie Sie aus jeder Nachrichtensendung (bzw. heutzutage wohl eher Twittermeldung) und Regierungserklärung entnehmen können.

(6) Sozialpsychologe, Gesellschaftskritiker und Autor unter anderem der beiden in den 1970er Jahren berühmt gewordenen Bücher *Die Kunst des Liebens* und *Haben oder Sein - die seelischen Grundlagen einer neuen Gesellschaft*, dtv Verlag (Stuttgart), 1979.

(7) Einer der wichtigsten Gründe für diese Realität scheint übrigens die ***Emergenz*** der verschiedenen lokalen und überregionalen Prozesse und Gesamtsysteme zu sein - „das Ganze" ist offensichtlich in unglaublich vielen Fällen tatsächlich irgendwie ***mehr*** als die Summe der einzelnen beteiligten Komponenten dies vermuten ließe. Ich werde im weiteren Verlauf noch darauf zurückkommen und dieses Phänomen ein wenig näher beschreiben.

(8) Denken Sie zum Beispiel an die rasante Entwicklung der Smartphonenutzung, der Computerspiele, der sozialen Medienlandschaft usw. und deren unglaubliches Suchtpotential. Oder auch an die hartnäckige und mitunter recht gruselig

wirkende Forschung auf unterschiedlicher wissenschaftlicher Ebene zum Thema Unsterblichkeit.

Künstliche Intelligenz (KI), human brain projekt, mind-engineering und die Übertragung von Bewusstsein auf die Maschine (mind-uploading), die Entschlüsselung und Manipulation des Altersgenoms und auch die verheißungsvolle Stammzellenmedizin usw. sind längst schon zu Synonymen für den hartnäckigen Wunsch und die verzweifelte Hoffnung geworden, selbst „Gott zu spielen" und die Begrenzungen der materiellen Sterblichkeit „endlich" und „endgültig" zu überwinden.

(9) Ein „objektiver Zusammenhang" wäre unter anderem etwa unsere der newtonsche Betrachtungsweise entsprechende Einteilung in „Zeitpäckchen", die (nicht nur) aufgrund dieser These ganz rational und kritisch zu hinterfragen ist. Die beiden „freien Parameter" jedoch, auf die man sich im Rahmen der heiß und innig geliebten „Newtonschen Mechanik" irgendwann einmal *interpretierend festgelegt* hat, also „Kausalität" und quasi eine „Absolutheit der Zeit", sind sozusagen zwei der „heiligen Kühe" einer wissenschaftlich-rationalen Betrachtungsweise der Welt - und daher bislang unantastbar geblieben.

Diese Haltung beginnt sich allerdings langsam und sehr vorsichtig zu verändern - nicht nur im geisteswissenschaftlich-philosophischen Bereich, sondern auch ganz konkret in der Physik und sogar, in vorsichtigen Ansätzen, in der Mathematik. Nicht weniger als ein Paradigmenwandel ist es, der sich hier anbahnt, der aber aufgrund einer Jahrhunderte währenden Fehlentwicklung wohl noch einige Zeit beanspruchen wird, um sich im wissenschaftlichen Mainstream zu verankern - oder auch, um sich wirklich gesellschaftlich relevant zu etablieren.

(10) Auch wenn die *Selbsteinschätzung* vieler Forscher, die meinen, gezielt Aktivitäten in bestimmten Regionen des Gehirns *explizit nachweisen* zu können (oder sogar *künstlich zu erzeugen*),

hier natürlich sicherlich das Gegenteil behaupten würde. Diese „Nachweise" jedoch ließen sich bei einer *offenen experimentellen Herangehensweise* ***in jedem einzelnen Fall*** leicht widerlegen. Eine ***offene*** Art der Forschung aber wird - wie nicht nur die Beispiele Rubert Sheldrakes, Halton C. Arps oder auch Julian Barbours zeigen - als „unwissenschaftlich" abgelehnt, weil *subjektive Parameter* berücksichtigt werden **müssten**.

(11) Pim van Lommel berichtet in seinem aufsehenerregenden Buch *Endloses Bewusstsein - Neue medizinische Fakten zur Nahtoderfahrung*, Knaur MensSana (München), 2013 vom Beispiel einer nachweislich von Geburt an völlig blinden Frau:

> „Ich habe niemals auch nur das geringste gesehen, kein Licht, keinen Schatten, überhaupt nichts. Auch in meinen Träumen hatte ich keine visuellen Eindrücke. Dort gibt es nur Geschmack, Gefühl, Geräusch und Geruch. (...) Zunächst kann ich mich erinnern, dass ich im Harbour View Medical Center war und auf alles *hinabschaute*. Es war beängstigend, denn ich war es absolut nicht gewohnt, etwas visuell wahrzunehmen. (...)
>
> Aber dann erkannte ich meinen Ehering und mein Haar. Und ich dachte: ›Ist das mein Körper da unten? Bin ich etwa tot?‹ (Die Ärztin) schrie immer wieder ›Wir können sie nicht zurückholen, wir können sie nicht zurückholen! ‹ Ich hatte so ein Gefühl von ›na und?‹ und dachte nur: ›Warum regen die sich eigentlich so auf?‹
>
> Ich beschloss fortzugehen, denn ich konnte diese Leute einfach nicht dazu bringen, mir zuzuhören. Allein schon beim Gedanken daran bewegte ich mich nach oben, quer durch die Decke, als ob sie gar nicht da wäre. Es war fantastisch, draußen zu sein, mich frei zu fühlen und mir keine Sorgen machen zu müssen, wogegen ich dieses Mal wieder stoßen würde."

Weiterhin beschreibt sie in vielen Einzelheiten ihre Reanimation, ihre sehr berührende NTE und auch von anderen Ereignissen in ihrem Leben, die eine *blinde* Frau *definitiv* ***nicht*** hätte wahrnehmen ***können***. Und es gibt diesbezüglich eine ganze Menge weiterer belastbarer Berichte.

(12) Auch hier zeigt sich wiederum die bereits erwähnte „mathematische Position". Einige Hintergrundinformationen ebenfalls in *Naturwissenschaft trifft Spiritualität*.

(13) Peter Wohlleben *Das geheime Leben der Bäume - Was sie fühlen, wie sie kommunizieren - Die Entdeckung einer verborgenen Welt*, Ludwig Buchverlag (2015), München. Vgl. in diesem Zusammenhang auch das sehr zu empfehlende Buch *Das geheime Netzwerk der Natur*, Ludwig Buchverlag (2017), München.

(14) Wolf-Dieter Storl *Kräuterkunde*, Aurum Verlag, (14. Auflage 2015), Bielefeld. Der Autor erwähnt in seinem Buch noch ein weiteres, in diesem Zusammenhang recht interessantes Beispiel: Der amerikanische Lügendetektorexperte Cleve Baxter befestigte an einem Blatt seines Drachenbaums die Elektroden seines Polygraphen - und fand daraufhin den „Baxter-Effekt", nach dem es scheint, dass „Pflanzen Gedanken lesen und Absichten wahrnehmen können". Nachzulesen auch in P. Tompkins/C. Bird *Das geheime Leben der Pflanzen*, S. Fischer Verlag (1988), Frankfurt am Main.

(15) Und das tut es natürlich auch manchmal. Nicht gerade wenige Pilze (und Pflanzen) sind parasitär und bringen andere Tiere und auch uns Menschen um. So gibt es zum Beispiel parasitische Pilze, Raubpilze und sogar Jagdpilze. Doch in der Regel „weiß" die Pflanze, welcher Partner ihr gut tut und welcher nicht - und das ist eigentlich ziemlich erstaunlich, wenn man bedenkt, wie unübersichtlich vielfältig und zahlreich die verschiedenen Pilzarten sind.

Beispiele aus Robert Hofrichter *Das geheimnisvolle Leben der Pilze - Die faszinierenden Wunder einer verborgenen Welt*, Gütersloher Verlagshaus (2017), Gütersloh.

(16) Und die bislang keineswegs ganz konkret „messbar" erscheinen, auch wenn manche ganz offensichtlich anderes zu glauben scheinen. Vgl. zum Beispiel Wikipedia: „Einige theoretische Aspekte der Morphogenese können mithilfe von Alan Turings Reaktionsdiffussionsgleichung beschrieben werden (Turing-Mechanismus)" usw. Einige „Morphogene" seien sogar bereits „bestens untersucht", wie zum Beispiel das Protein *Bicoid*, „das in der frühen Embryogenese der Taufliege Drosophila melanogaster *eine wichtige Rolle spielt*".

Die Theorie der *Formbildungsursache* wurde übrigens erstmals in den 1920er Jahren von Alexander Gurwitsch explizit formuliert (er nannte sie Mitogenese), aber zunächst nur wenig beachtet. Seine vielfältigen Beobachtungen in diesem Zusammenhang sind allerdings auch heute noch hochinteressant.

Zur intellektuellen Abgrenzung sei hier noch einmal ausdrücklich erwähnt, dass das Prinzip der *Morphogenese*, also der „Entstehung der Form, die die Entwicklung von Organismen, Organen und Organellen, sowie anderer Strukturen und Merkmale im Verlauf der Ontogenese von Lebewesen beschreibt", naturwissenschaftlich weitgehend als Konsens anerkannt wird. Die meisten *anderen* Aspekte dieses Konzeptes jedoch können *nicht* exakt formuliert werden und bleiben weiterhin wissenschaftlich-nebulös.

Man spricht in diesem Zusammenhang gerne von „komplexen raumzeitlichen Mustern physikalisch-chemischer Interaktion", von „Signalmolekülen, die unterschiedliche Konzentrationsgradienten bilden", oder auch von „Transkriptionsfaktoren" usw. und drückt damit im Grunde nur äußerst gelehrig weitgehende Unwissenheit aus. Die zugrundeliegende „morphogenetische Feldgleichung" jedoch harrt auch weiterhin ihrer Entdeckung im platonischen Reich der „ewige Ideen" und unumstößlicher mathematischer Formen, Formeln, Konzepte und Weisheiten.

Die Idee der „morphischen Resonanz" dagegen wird weiterhin als „pseudowissenschaftlich" (animistisch, vitalistisch usw.) diskreditiert und abgelehnt - *obwohl* Sheldrake sogar einige *konkrete Experimente* beschreibt, mit deren Hilfe möglicherweise sogar nach der grundsätzlichen Existenz dieser Felder *ganz objektiv* - also wissenschaftlich exakt - gefragt werden könnte. Ich werde auch darauf zurückkommen.

(17) Vgl. unter anderem Rubert Sheldrake *Sieben Experimente die die Welt verändern könnten - Die Wiedergeburt der Natur,* Scherz Verlag (Bern, München, Wien), 1993.

(18) Und somit *nicht* durch vermutete „Gravitonen" übertragen würde (vgl. auch Anmerkung 2). Im Falle der Gravitation ließe sich dadurch zum Beispiel auch leicht die bislang keineswegs wirklich verstandene und in das „Standardmodell von Kosmologie und Teilchenphysik" integrierbare *Veränderlichkeit* der Gravitationskonstanten erklären, die bei den unterschiedlichsten Messungen *gravierendste* Abweichungen gezeigt hat, die aber eigentlich - wie der Name ja schon nahelegt - *konstant* sein sollte. Vergleiche in diesem Zusammenhang auch die *Verzehnfachung* der Fehlergrenzen (im Vergleich zu anderen Naturkonstanten) der sogenannten „Codata-Kommision", die weltweit die Bestimmung der Naturkonstanten kontrolliert und festlegt.

(19) Aus Willigis Jäger *In jedem Jetzt ist Ewigkeit*, Seite 138.

(20) Der Biochemiker Martin Loose in einem Artikel in *Bild der Wissenschaft,* 12/2015 (Seite 34 bis 41) - „Mehr als die Summe der Teile" von Ismene Kolovos. Der Nachwuchsforscher untersuchte gemeinsam mit Halbleiterexperte Rinaldo Trotta in

einem sogenannten „Starting-Grant-Projekt" des Europäischen Forschungsrates (ESC) das Thema „Selbstorganisation" am Beispiel bakterieller Zellen am Institute of Science and Technology (IST) Austria in der Nähe von Wien. Trotta beschäftigte sich in diesem Zusammenhang übrigens auch sehr intensiv mit dem Thema *Verschränkung*. Aber obschon dieser ehrlichen Selbsteinschätzung an dieser Stelle zum wissenschaftlichen Stand der Dinge hoffen beide „langfristig die Zellmaschinerie künstlich nachbauen zu können" (vgl. Artikel vom 04. Dezember 2015, www.derstandard.at).

Interessant ist in diesem Zusammenhang vielleicht auch, dass bis heute größtenteils rätselhaft geblieben ist, wie das Spermium im Labyrinth des Geschlechtsorgans der Frau eigentlich überhaupt seinen Weg zur Eizelle „findet". Abgesehen davon, dass es sich bei den Spermien um „Eindringlinge" handelt, die bekämpft werden – es könnten ja auch schädliche Keime usw. sein – gibt es auf dem Weg ins Körperinnere unzählige Falten und Irrwege. Man vermutet, dass die Eizelle die Spermien unter anderem mit „Duftstoffen" - im Gespräch ist unter anderem eine Art „Maiglöckchenduft" – *gezielt anlockt*. Definiv geklärt ist aber auch dieser erstaunliche Vorgang bei der Erschaffung neuen Lebens bislang nicht.

Eine mindestens ebenso große Wissenslücke klafft übrigens auch bei der Erschaffung einer wirklichen – und das heißt *echten* – künstlichen Intelligenz, die *aus sich selbst heraus* ***kreativ Neues***, noch nie da Gewesenes erschafft, anstatt lediglich aus Bestehendem zu extrahieren und zu extrapolieren. Das nämlich ist es, was auch die Besten bisherigen neuronalen Netze und sogenannte Deep-Learning-Systeme bislang lediglich zu leisten vermögen.

Weitere Schwächen, wie zum Beispiel das sogenannte katastrophale Vergessen, das Erlernen *wirklicher* Intuition (siehe oben), eigenständige Entscheidungskompetenz in unbekannten

(Extrem-)Situation, oder auch das, was unsere rein körperliche Interaktion mit der Umwelt zu den umfassenden Gehirnaktivitäten beiträgt, lassen erkennen, dass es zu einer wirklich unabhängigen KI (einschließlich autonomem Fahren) noch ein extrem weiter Weg sein wird.

(21) Der indische Philosoph und Yogi Swami Rama (1925-1996), der allein durch bewusste Willenskraft verschiedenste, normalerweise absolut unbewusst ablaufende körperliche Prozesse kontrollieren und gravierend beeinflussen konnte, zitiert in *Endloses Bewusstsein*, Seite 373. Er konnte nicht nur unter anderem seinen Blutdruck und seine Körpertemperatur regulieren und seine Gehirnwellen messbar verändern, so dass das Muster auf dem EEG dem eines Menschen im Tiefschlaf entsprach, sondern sogar seinen Puls innerhalb von siebzehn Sekunden auf einen völlig anormalen Rhythmus von über 300 Schlägen pro Minute steigern - was andere Menschen definitiv bewusstlos machen würde. Diese Fähigkeiten wurden dem niederländischen Kardiologen Pim van Lommel zufolge von westlichen Wissenschaftlern nachweislich dokumentiert.

Die *direkte Beeinflussbarkeit* der Materie durch den Geist ist übrigens sehr vielfältig erkennbar. Der Niederländer Wim Hof zum Beispiel besitzt eine außergewöhnliche Fähigkeit. Er übersteht Extremtemperaturen, die für Andere schon nach wenigen Minuten definitiv absolut tödlich wären, in einem Kältebad mit Eiswürfeln beinahe zwei Stunden lang völlig unbeschadet. Ihm scheint es tatsächlich zu gelingen, direkt Einfluss auf sein - bei anderen - *autonomes* Nervensystem und auch auf sein Immunsystem zu nehmen. Hof selbst erklärt sein Talent mit seiner speziellen Art der Meditation. Aber auch eine seltene Form der Mutation seiner Gene, die eine sogenannte „Inselbegabung" nahelegen würde, wird als Erklärungsansatz diskutiert.

(22) Nachzulesen in William James *Die Vielfalt religiöser Erfahrung*, Walter Verlag (1979), Freiburg im Breisgau. Es gibt aber natürlich auch noch einige aktuellere Beispiele für diesen Standpunkt. Eine eher neuere Hypothese besagt, dass neben dem Gehirn *auch die DNA* (!) die Fähigkeit besitzen könnte, formgestaltende (morphogenetische) Informationen „auf nicht-lokale Weise" zu empfangen. Auch auf dieser Ebene der Realität könnte also auf ähnliche Weise eine Verbindung bzw. Kommunikation mit der „nicht-lokalen Ebene" bestehen, wie unser Bewusstsein sie ganz offenkundig zu besitzen scheint.

Die Differenzierung der Zellfunktionen in der Embryonalphase lässt sich jedenfalls *bis heute* keineswegs aus dem in der DNA-Struktur festgelegten Code *allein* erklären. Wie eigentlich *genau* aus dem prinzipiell absolut gleichen Ausgangsmaterial so spezifische Organisationsmuster wie Arme, Beine oder auch eine Leber werden können, ist noch keineswegs vollständig verstanden - oder etwa mit einer Formel beschreibbar. Aufgrund des fortwährenden (materiellen) Auf- und Abbaus der verschiedenen Zellstrukturen und spezifischen Funktionen und Prozesse unseres Körpers fällt es auch schwer, sich die lebenslange, reibungslose Funktionalität und Gewährleistung der Systeme auf rein materielle Weise ***allein*** vorzustellen.

Wie die molekulare Struktur der DNA, die im Kern einer jeden einzelnen Zelle mit einem Durchmesser von weniger als einem Tausendstel Millimeter Durchmesser *ständig* (!) sämtliche Informationen zur Steuerung *des gesamten Organismus* bereithalten soll - und dass, obwohl *in jeder einzelnen Sekunde* Milliarden von Zellen in unserem Körper ersetzt und neu strukturiert werden - ist im Grunde eigentlich materiell auch gar nicht wirklich verständlich. Es handelt sich immerhin um Instruktionen und Informationen, die jeweils tausend sechshundertseitige Bücher füllen können (!). Wie die andauernde Bereitstellung dieser Informationen also *anders* funktionieren sollte als im Sinne eines *nicht-materiellen, nicht-lokalen* Informationsaustauschs, ist nach Ansicht einer zunehmenden Zahl von Forschern schwer vorstellbar.

Van Lommel beschreibt in diesem Zusammenhang in seinem bereits erwähnten Buch *Endloses Bewusstsein* übrigens auch noch ein anderes, sehr bezeichnendes Beispiel für eine nicht-lokal gedachte Bewusstseinsrealität. Er bezieht sich hierbei auf bestimmte Experimente zum Verständnis der Resistenzentwicklung von Bakterienstämmen, vorgestellt in einem Artikel der Zeitschrift *Nature* (Band 401/1999), welche die *nicht-lokale* Interpretation der Wirksamkeit von „Feldern" relativ eindeutig nahe legt: Bei wilden Tieren in völlig abgelegenen Gegenden wurden ***die gleichen*** Resistenzen gegen neue Antibiotika nachgewiesen, ***obwohl*** diese Tiere ***definitiv nicht*** mit anderen Tieren, in denen sich Resistenzphänomene entwickelt hatten, in Berührung gekommen sein konnten. Dieses Phänomen lässt sich eigentlich ***nur*** mit der Annahmen erklären, dass die Bakterien, bzw. deren DNA und/oder/auch *„Gehirn"*, die betreffenden Informationen *nicht-lokal*, zum Beispiel durch *morphische Felder*, von *anderen* Bakterienstämmen irgendwo auf dieser Welt „empfangen" haben konnten.

(23) Wie es der berühmte Chemiker Albert Hofmann in seinem Vortrag am Max-Planck-Institiut in Göttingen am 15. März 2000 - beinahe 100jährig also – anlässlich einer Vortagsreihe zum Thema „Schöpferische Ordnung" vorgestellt hat.

(24) Stresssymptome, chronische Schmerzen, Burn-Out-Phänomene, Depressionen, Migräneattacken und auch noch eine ganze Reihe weiterer „Hilfeschreie der Seele" sind längst schon keine taktvoll verschwiegenen Krankheitsphänomene einer skurrilen Minderheit mehr, sondern rasant zunehmend in *allen* Gesellschaftsschichten absolut weit verbreitet.

Damit direkt *kausal verbunden* ist natürlich auch ein sprunghafter Anstieg der unterschiedlichsten Therapieangebote sowie das exponentiell gestiegene Angebot verschiedener Trainings- oder Heil-Methoden. Und nebenbei: Wen sollte diese Entwicklung auch verwundern, angesichts einer „Modernisierung" *ausschließlich* (sic!) nach *materiellen* Gesichtspunkten, die die „geistige Dimension" negiert!

(25) Vgl. Safi Nidiaye *Der Zauber der Intimität*, Heyne-Verlag (München), 2015 oder auch *Herz öffnen statt Kopf zerbrechen*, Heyne-Verlag (München), 2011. Die bekannte bayerische Meditationslehrerin beschreibt ihren (im Grunde altbekannten) Ansatz der *körperzentrierten Herzensarbeit* in den genannten Büchern auf wunderbare Weise prägnant, modern und ausführlich. Ich werde im Folgenden aus Verständnisgründen noch an einigen anderen Stellen weitere wichtige Aspekte ihres speziellen spirituellen Ansatzes – zum Beispiel das Phänomen der *Identifikation* (vgl. Safi Nidiaye) - aufgreifen und durch eigene Erfahrungen zu ergänzen versuchen.

(26) Wie nicht nur jede Transferperiode in der Bundesliga, verschiedene Gerichtsverfahren oder auch diverse kriegs- und krisenbedingte „Kollateralschäden" eindrucksvoll belegen können.

(27) Als konkrete Beispiele für diese spezielle Art der Naturwahrnehmung seien hier stellvertretend die beiden Bücher von Wolf-Dieter Storl *Mit Pflanzen* verbunden, 2010 und *Ich bin ein Teil des Waldes*, 2013, beide Heyne-Verlag (München), sowie von „Baumpapa" Freg Hageneder *Der Geist der Bäume*, Verlag Neue Erde (Saarbrücken), 2014 genannt und ausdrücklich empfohlen.

(28) Wie sie zum Beispiel vom MBSR-Programm (Mind Based Stress Reduktion) - nach dem bekannten Meditations- und Achtsamkeitslehrer Jon Kabat-Zinn – angeboten werden.

(29) Der Klassiker im Zusammenhang mit diesem Ansatz ist seit langem das Buch von Thorwald Detlefsen und Rüdiger Dahlke *Krankheit als Weg - Deutung und Bedeutung der Krankheitsbilder*, Goldmann Verlag (München), 2000.

(30) Jiddu Krishnamurti (1895 - 1986) *Einbruch in die Freiheit*, Lotos Verlag (München), 2012. Wer sich für die erstaunliche und gleichzeitig auch ungemein inspirierende Lebensgeschichte dieses „radikalen" indischen Philosophen und spirituellen Lehrers näher interessiert, empfehle ich auch das Buch von Dolores LaChapelle *Weisheit der Erde*, Verlag Neue Erde (Saarbrücken), 2013, Seite 111 ff.

(31) Aus rational-psychologischer Sicht wird dieser Prozess (nach C. G. Jung) als *Individuation* bezeichnet.

(32) So die buddhistische Unterteilung der beiden elementaren Lebenswirklichkeiten des Menschen.

(33) Dies ist der Weg toltekischer Schamanen. Vgl. zum Beispiel Carlos Castañeda *Die Lehren des Don Juan*, Fischer Verlag (1976), Frankfurt am Main (und Folgebände).

(34) Willigis Jäger *In jedem Jetzt ist Ewigkeit*, Seite 58 und 59.

(35) Vgl. zum Beispiel auch diverse, aktuelle pädagogische Standardwerke und Ratgeber. Und schon der „Klassiker", Jean-Jacques Rousseau, gerne als „Vaterfigur" der modernen Pädagogik bezeichnet, gab in einem seiner Hauptwerke *Emile, oder über die Erziehung*, Reclam-Verlag (Stuttgart), 1968, bereits den durchaus ernst gemeinten, leider immer noch vielfach missverstandenen Rat:

> „Folgt mit eurem Zögling dem umgekehrten Weg. Lasst ihn immer im Glauben, er sei der Meister, seid es in Wirklichkeit aber selbst. *Es gibt keine vollkommenere Unterwerfung (!) als die, der man den Schein der Freiheit zugesteht*. So bezwingt man sogar

seinen Willen. (...) Zweifellos darf es tun, was es will. Aber es darf nur das wollen, von dem ihr wünscht, dass es das will. Es darf keinen Schritt tun, den ihr nicht für es vorgesehen habt, es darf nicht den Mund auftun, ohne das ihr wisst, was es sagen will."

Immer ist also die Erziehungs***absicht*** des Verändern-Wollens notwendiger Bestandteil der Theorie oder des pädagogischen Ansatzes – der Glaube, dass etwas schlecht läuft, wenn der stets als moralisch überlegen gedachte Erzieher nicht eingreift. Dieser Ansatz gründet aber somit immer auf einem *Gewaltverhältnis* - und auf *Misstrauen* anstatt auf *Vertrauen*. Vgl. unter anderem auch Eckhard von Braunmühl *Antipädagogik*, Beltz-Verlag (Weinheim, Basel) 1993, *Zeit für Kinder*, Fischer-Verlag (Frankfurt am Main), 1978 oder Alice Miller *Am Anfang war Erziehung*, Suhrkamp-Verlag (Frankfurt am Main), 1980 - einige der wichtigsten Standardwerke eines vertrauensvollen, freien - und in diesem Zusammenhang vor allem auch *absichtslosen* - Ansatzes.

(36) Ein wichtiges Standardwerk zu diesen kommunikationstheoretischen Fragen ist das auch heute noch aktuelle Buch von Paul Watzlawick *Menschliche Kommunikation*, Huber-Verlag (Bern), 1974.

(37) Der Ausspruch wird Kurt Hahn zugeschrieben. Ein Erlebnispädagoge, der an Bernhard Buebs berühmt-berücktigtem Schloss Salem lehrte - jener „extrempädagogischen" Internatseinrichtung also, die Disziplin, Gehorsam und Unterwerfung (!) als absolut grundlegende erzieherische Methoden und Maßgaben versteht – eine Form der „Bildung", die aktuell bezeichnenderweise wieder sehr in Mode kommt, wie nicht nur der recht zweifelhafte Erfolg der vielfachen buebschen Veröffentlichungen (unter anderem 2014 *Lob dem Gehorsam* usw.) zeigen kann (auch wenn manche *Diagnose* – siehe Zitat – manchem natürlich durchaus berechtigt erscheinen mag).

(38) Der bekannte Benediktinermönch, Autor spiritueller Bücher und moderne Mystiker Anselm Grün in einem seiner Essays, zitiert aus *Der Atem der Freiheit*, Herder Verlag (Freiburg im Breisgau), 2002.

(39) Die zumeist sehr eindrücklich und ergreifend geschilderten Erlebnisse verschiedener Nahtoderlebnisse können beim Vertrauen darauf eine große Hilfe sein. Die unfassbar schwere Gehirnerkrankung zum Beispiel von Pamela Reynolds und auch verschiedene andere Details und Umstände während ihrer Operation, die vom operierenden Arzt, Neurochirurg Dr. Robert Spetzler, bestätigt werden konnten, lassen schwerlich andere Schlüsse zu als der eines realen Erlebnisses.

Auch die erstaunliche Erfahrung von Anita Moorjani, beschrieben in ihrem Buch *Heilung im Licht - Wie ich durch eine Nahtoderfahrung den Krebs besiegte und neu geboren wurde*, Goldmann Verlag (2015), München, ist in diesem Zusammenhang sehr aufschlussreich. Sie überlebte 2006 nicht nur eine als unabwendbar tödlich diagnostizierte Krebserkrankung im allerletzten Moment auf absolut wundersame Weise. Den Ärzten unerklärlich, aber nachweislich real und medizinisch dokumentiert, heilten zudem ihre verschiedenen Krankheitsherde danach auch noch unglaublich schnell *vollständig* aus!

(40) Aus: Peter Linke u. a. (Hrsg.) *Am Puls der Erde*, Wachholtz Verlags GmbH (2013).

(41) „Der Mensch hängt im wahrsten Sinne des Wortes zwischen Himmel und Erde. Er ist verwirrt. Die Freuden des Alltags geben ihm keine Befriedigung mehr. Die Freude der Erleuchtungserfahrung jedoch ist ihm (noch) versagt. Das Unendliche lockt - er kann nicht mehr zurück und spürt die Gottverlassenheit, von der viele Heilige sprechen."

Aus: Christoph Quarch und Elisabeth Walcher *Perlen der Weisheit - Die schönsten Texte von Willigis Jäger*, Herder Verlag (2012), Freiburg im Breisgau.

(42) Willigis Jäger *In jedem Jetzt ist Ewigkeit.*

(43) Carl Gustav Jung, zitiert aus der Erinnerung.

(44) Vergleich und Aphorismus aus: Mathias Broeckers und Roger Liggenstorfer (Hrsg.) *Albert Hofmann und die Entdeckung des LSD - Auf dem Weg nach Eleusis*, AT Verlag (2006), Solothurn.

(45) Nachzulesen zum Beispiel als Klappentext seiner umfangreichen Biographie von Albrecht Fölsing *Albert Einstein*, Suhrkamp Verlag (1993), Frankfurt am Main.

(46) Man könnte an dieser Stelle der Argumentation leider eine Vielzahl von anderen bedenklichen Entwicklungen - etwa den dokumentierten weltweiten Gletscherschwund, das einsetzende Auftauen der Jahrhunderttausende stabilen Permafrostböden (und andere „Reboundeffekte") etc. - anführen.

(47) Stand 2015. Das US-Agrarministerium USDA bezifferte allein die indonesische Produktion von Palmöl für das Wirtschaftsjahr 2014/15 auf 33 Milliarden Tonnen - nahezu die Hälfte des gesamten weltweiten Bedarfs. Diese Menge soll bis 2025 noch auf über 40 Milliarden Tonnen gesteigert werden.

(48) Und auch in anderen Regenwaldregionen kann ein ähnlich hoher Verlust des Regenwaldes dokumentiert werden - unter anderem von Greenpeace (zum Beispiel in Brasilien). Teils aus ähnlichen, teils aber auch aus regional variierenden, anderen Motiven dreht sich der Motor des (Kettensägen)-Antriebs aber *immer* um das Thema „Profit".

(49) Wie unter anderem die Beispiele von VW (Abgassskandal), Shell (gnadenlose Ausbeutung und Zerstörung des Niger-Deltas zur Ölgewinnung) und viele andere mehr als deutlich zeigen. Der

„umweltbewusste" Konsument ist schnell beruhigt, wenn nach offensichtlich gewordenen Umwelt- (oder auch anderen) Sünden „Reue" gezeigt wird und der „einsichtigen" Industrie wird fortan wieder der seit Jahrzehnten bekannte „Vertrauensvorschuss" gewährt, der solche Exzesse im Grunde aber überhaupt erst möglich gemacht hat.

(50) Der bekannte Wirtschaftswissenschaftler Nico Paech in seinem Buch *Befreiung vom Überfluss*, Ökom Verlag (2012), München berichtet. (auf dem Titelbild ist übrigens ein goldener Käfig zu sehen, der offensteht).

Auch Marcel Fratscher, immerhin Chef des Deutschen Instituts für Wirtschaftsforschung (DIW) beschreibt in seinem Buch *Verteilungskampf - Warum Deutschland immer ungleicher wird*, Carl Hanser Verlag (2016), München, die realen Auswirkungen einer immer enthemmteren Kommerzialisierung.

(51) Aus: Waltraud Wagner (Hrsg.) *Wem gehört die Erde - Heftreihe Indianische Botschaft (Heft 2)*, Mutter Erde Verlag (1980), Frauenberg/Marburg.

(52) Tatsächlich gab es bereits schon früh auch andersdenkende „Zivilisierte". Vgl. zum Beispiel Henry David Thoreau *Leben aus den* Wurzeln, Herder Verlag (Freiburg im Breisgau), 1997, zusammen mit Ralph Waldo Emerson Vordenker der sogenannten „Transzendentalisten" Mitte des 19. Jahrhunderts in Neuengland (USA). Beide waren Prophete des zivilen Ungehorsams und radikale Reformer, deren Ideen unter anderem Vorbild waren für Mahatma Gandhi oder auch für Martin Luther King.

Vgl. auch Henry David Thoreau *Über die Pflicht zum Ungehorsam gegen den Staat*, Diogenes Verlag (Zürich), 1996 und *Walden oder Leben in den Wäldern*, Diogenes Verlag (Zürich), 1979.

(53) Unter anderem in Forschungsprojekten, die bereits in den 1970er Jahren an der Universität von Californien stattfanden. Das Beispiel ist entnommen aus: *Wem gehört die Erde?*

(54) Ein anderes, ungleich aktuelleres Beispiel - das interessanterweise ebenfalls die Atmung betrifft - ist vielleicht der Schadstoffausstoß in Peking. Auch hier hat immer rücksichtsloseres wirtschaftliches Wachstum mittlerweile dazu geführt, dass die Menschen einer ständig extremer werdenden gesundheitlichen Belastung ausgesetzt sind, die längst schon nicht mehr „vernachlässigbar" - oder gar ignorierbar - ist. Im Winter 2015/2016 musste in Peking deshalb erstmals die lange vermiedene Alarmstufe Rot für Gesundheitsgefahren ausgerufen werden, weil Grenzwerte um das zig-fache übertroffen wurden und die Menschen dort einfach keine Luft mehr bekamen - was nicht nur das öffentliche Leben dort über mehrere Monate hinweg massiv beeinträchtigte und schädigte, sondern auch den Menschen dort gesundheitlich schwer zu schaffen machte. Atemschutzmasken und andere Schutzgeräte gehören dort seither mittlerweile zur Standardausrüstung der Haushalte.

Die aktuelle Fahrverbotsdiskussion in deutschen Großstädten als Folge des Abgasskandals sollten natürlich auch in diesem Zusammenhang langfristig von Interesse sein.

(55) Die beiden hier und im Folgenden zitierten Autoren sind: Gayle High Pine, mit traditionellem Namen K-apisehimu, eine Schriftstellerin aus dem Südwesten der USA und Verfasserin zahlreicher philosophischer Essays, und Sotsisowah, einer der Mitherausgeber der in den 1970er Jahren gegründeten *Akwesasne Notes.*

Die Akwesasne Notes waren lange Zeit das wichtigste Sprachrohr des indianischen Widerstandes gegen die anhaltenden Assimilierungsversuche sowohl der US-Regierung als auch der kanadischen Regierung. Entstanden aus einem spontanen

Protestblatt war diese Zeitschrift lange Zeit ein fester Bestandteil der „indianischen Szene".

Sämtliche Zitate aus: *Gesellschaft für bedrohte Völker* (Hrsg.) *Akwesasne - wo das Rebhuhn balzt*, Trikont Verlag (1978), München. Die im Buch gesammelten Texte stammen aus der Zeit von 1973 bis 1977.

(56) Wilfred Pelletier, mit indianischem Namen Wawashkesh, war zur Zeit der Studentenunruhen Anfang der 1970er Jahre Direktor des Instituts für indianische Studien am Rochdale College in Toronto, Kanada. Eine seiner wichtigsten Veröffentlichungen (zusammen mit Ted Poole): *Frei wie ein Baum - Ein Indianer erzählt sein Leben*, Diederichs Verlag (Düsseldorf, Köln), 1981. Das erwähnte Beispiel stammt aus seinem Text *Über das Helfen*, veröffentlicht unter anderem in Waltraud Wagner (Hrsg.) *Begegnungen zweier Kulturen - Indianer und Weiße, Heftreihe Indianische Botschaft (Heft 3)*, Mutter Erde Verlag (1982), Frauenberg/Marburg.

(57) Wie der Geologe Robert D. Ballard in einem Vorwort für ein bereits etwas älteres geologisches Buch zitiert wird. Vgl. National Geographic Society (Hrsg.) *Brennende Erde*, Weltbild Verlag GmbH (1997), Augsburg.

(58) Aus Safi Nidiaye *Der Zauber der Intimität - Wie sie sich selbst, anderen und dem Leben wirklich nahe kommen*, Heyne Verlag (2015), München.

(59) Franz Alt *Der Appell des Dalai Lama an die Welt*, Verlag Benevento (2015), Salzburg.

(60) Sondern nur noch als „Information", die „absolut elementar" sei! Vgl. unter anderem Anton Zeilinger (auch als „Mr. Beam" der modernen Quantenmechanik bekannt) *Einsteins Spuk - Teleportation und andere Mysterien der Quantenphysik*, Goldmann Verlag (2007), München, bzw. auch verschiedene

Interviews mit dem bekannten Wiener Forscher, der als einer der erfolgreichsten auf diesem Gebiet weltweit gilt. Es ist dies eine *wissenschaftliche* Sichtweise der Welt, die ganz offenkundig einer spirituellen Betrachtung immer näher kommt oder genauer zu entsprechen scheint.

(61) Wie zum Beispiel beim manchmal recht übernatürlich anmutenden, „hellseherischen" Verhalten von Haustieren ***vor*** der Heimkehr ihrer Bezugspersonen - und zwar *lange* vor deren tatsächlichem Eintreffen usw. Vgl. unter anderem auch Rubert Sheldrake *Der siebte Sinn der Tiere*, Ullstein Verlag (2006), Berlin.

Oder auch bei der Entlarvung der ein oder anderen „Verschwörungstheorie", zum Beispiel den recht phantasievollen Schilderungen angeblicher Entführungen durch Außerirdische - die zwar nicht als *gänzlich* unmöglich erscheinen, die aber - *rational* betrachtet - doch wohl eher als unwahrscheinlich gelten dürfen, und zwar nicht nur aufgrund der Beschränkung der maximal möglichen Reisegeschwindigkeit durch die Lichtgeschwindigkeit.

(62) Es ist die *materielle Einseitigkeit,* die das *Fließgleichgewicht* der Mutter Erde zu stören längst begonnen hat. Das ***Tempo*** der Veränderungen ist dabei besorgniserregend. Auch die aktuellen Jahren 2014, 2015, 2016 und 2018 sind wieder einmal als „wärmstes Jahr seit Beginn der organisierten Klimabeobachtung in die Statistik eingegangen". Erstmals wurde weltweit die „Ein-Grad-Marke" (im Vergleich zur vorindustriellen Zeit) überschritten. Alle zwanzig heißesten Jahre dieser Statistik sind nach 1998 zu verzeichnen. Und auch der aktuelle Fünfjahresdurchschnitt der globalen Temperatur (2011-2015) ist mit Abstand *der Heißeste* seit Erfassung der Klimadaten.

Im Jahre 2016 erlebte Deutschland den „wärmsten Winter seit Beginn der Wetteraufzeichnungen" im 18. Jahrhundert:

Temperaturen im zweistelligen Bereich, teilweise sogar Nachts, mehr als fünf Grad „über dem Durchschnitt", Bäume, die zu blühen begannen, Blumen und Gräser, die wuchsen, Bienen, die ausschwärmten und andere ungewöhnliche Phänomene ließen eher an einen beginnenden Frühling denken, als an einen „normalen" Winter. 2018 dann den „heißesten und trockensten Sommer" - was allgemein als „absolut extrem" empfunden wurde usw.

Der „Trend" jedenfalls ist eindeutig: Das über Millionen von Jahren äußerst stabile ***Fließgleichgewicht*** des Planeten Erde ist offensichtlich gerade bereits dabei, ***instabil*** zu werden. Die langfristigen Folgen dieser Entwicklung sind auch nicht einmal ansatzweise absehbar oder „simulierbar". Dennoch wird weiterhin der Eindruck erweckt, als hätten wir alles unter „Kontrolle, wenn wir nur objektiv genug an die Sache herangehen, oder auch Abkommen formulieren (Paris 2015, Marrakesch 2016, Kattowice 2018), deren Umsetzung irgendwann „ab 2020 angestrebt" oder „beabsichtigt" wird, die allerdings angesichts der Realität eigentlich nur noch hilflos wirken - oder sogar gänzlich scheitern, wenn die jeweilig veränderte wirtschaftliche und/oder politische „Notwendigkeit" die Protagonisten doch wieder einholt.

Auch wenn es also vielleicht der eine oder andere schon nicht mehr hören kann: All die erwähnten Entwicklungen sind definitiv gute Gründe, um eine *grundlegende Systemkorrektur* zumindest einmal *in Erwägung* zu ziehen - und auf gesellschaftlicher Ebene zu diskutieren, anstatt sie pauschal als „wachstumshemmend" und „wirtschaftsfeindlich" usw. zu diskreditieren. Diese Erkenntnis scheint mittlerweile auch – siehe u. a. weltweite Schülerproteste, ausgelöst durch die gerade einmal 15-jährige Schwedin Greta Thunberg – zunehmend Gehör und Akzeptanz zu finden.

(63) Wie Rubert Sheldrake in seinem Buch *Sieben Experimente, die die Welt verändern könnten*, Scherz Verlag (1999), Bern München, Wien auch ganz konkret belegt. Zwischen 1950 und 1970 zum Beispiel waren die Schwankungen bei der Messung der

Lichtgeschwindigkeit sogar so ausgeprägt, dass man sich 1972 zu einer genaueren Definition der Einheiten veranlasst sah, die von da an bei der Messung der Lichtgeschwindigkeit verwendet werden sollten: Wurde früher die Sekunde noch als der 1/86400ste Teil eines mittleren Sonnentages definiert, legte man sie nun mithilfe der Frequenz fest - nämlich als Schwingungsperiode des Lichts, das ein angeregtes Cäsium-133-Atom emittiert (9.192.631.770 Schwingungsperioden). Heutzutage ist man natürlich *noch* ein bisschen genauer - zum Beispiel auch, indem man Naturkonstanten ultimativ *definiert*.

Ich kann in diesem Zusammenhang übrigens auch eine eigene kleine Episode berichten: Die Ermittlung der Masse des Elektrons ist aus verschiedenen Gründen besonders schwierig und gelingt zudem auch nur mit einer einzigen Methode (der sogenannten modifizierten Penning-Falle) - ist somit also nicht wirklich falsifizierbar. Ich habe im Januar 2019 verschiedenen Stellen und Institutionen eine theoretische Möglichkeit angeboten, die Masse des Elektrons aus anderen elementaren Naturkonstanten zu *berechnen* - eine Form der Eliminierung von *beziehungslosen* Naturkonstanten, die in der Vergangenheit bereits durchaus sehr erfolgreich war.

Die sehr einfache Formel, die ich vorgeschlagen habe, lautet:

$$\boldsymbol{\delta = 3\alpha^3 m_p^2 / m_e^2}$$

α ist dabei die Feinstrukturkonstante, m_p die Masse des Protons und m_e die Masse des Elektrons. Sie verknüpft damit so elementare Naturkonstanten wie die Elementarladung e und das Plancksche Wirkungsquantum h mit der Lichtgeschwindigkeit c. Setzt man die bekannten Werte in diese Formel ein, erhält man eine dimensionslose Zahl δ recht nahe bei 4 (3,924...).

Nimmt man nun 4 und löst nach m_e auf, erhält man einen Wert für die Masse des Elektrons, der um knapp 1 % vom offiziell anerkannten abweicht. Es ist aus verschiedenen Gründen aber durchaus möglich, dass dieser abweichende Wert ungleich realistischer sein könnte als der „exakt gemessene". Meine diesbezügliche Argumentation wurde aber nahezu vollständig ignoriert, was einen einigermaßen ratlos zurücklässt.

(64) Einstein bekam seinen Nobelpreis erst in den 1920er Jahren - und *nicht* etwa für sein Lebenswerk, sondern für seine frühen Forschungen im Bereich der Quantenphysik! Auch hier war also wohl lange Zeit die Beharrlichkeit gefestigter morphischer Gewohnheiten am Werk.

(65) Beispiele in leicht abgeänderter Form aus: Andreas Knuf *Ruhe da* oben, Arbor Velag (2013), Freiburg im Breisgau.

(66) Vgl. unter anderem *Albert Hofmann und die Entdeckung des LSD*, Seite 25 bis 33 bzw. auch *Endloses Bewusstsein*, Seite 142 bis 144. Die Nähe der Erfahrungen unter dem Einfluss dieser Substanzen zu verschiedenen Berichten von Nahtoderfahrungen ist „signifikant" bedeutsam. Sie weisen eine verblüffende Ähnlichkeit auf. Und auch die - meist bleibenden - Nachwirkungen dieser beiden Arten außergewöhnlicher Wahrnehmung sind augenscheinlich „miteinander verwandt".

(67) Diese Fälle wurden allesamt in der Frankfurter Rundschau vom 20./21. Februar 2016 vorgestellt. Der Autor plante ein Buchprojekt und hat diesbezüglich auch noch einige weitere, sehr erstaunliche Beobachtungen machen können.

(68) Vor allem bei bestimmten Psychosen und bei Schizophrenie, aber auch bei einigen anderen psychischen Leiden. Osmond war übrigens der Namensschöpfer des berühmt/berüchtigten Terminus *psychedelic* = die Seele entfaltend.

(69) Zum Beispiel im mexikanischen Teonanácatl, dem „Fleisch der Götter", oder auch im europäisch heimischen Psilocybe semilanceata.

(70) Arthur Koestler (1905-1983), Autor (u. a.) von *Der göttliche Funke* und *Das Gespenst in der Maschine*, in denen er sein Holon-Konzept als „offene hierarchische Systeme" vorstellt. Holon bedeutet „ein Ganzes, das Teil eines anderen Ganzen ist". In *Der Mensch - Irrläufer der Evolution*, Goldmann-Verlag (1981), München fasst er seine Theorien, die er über die „Wissenschaft vom Leben" gewonnen hatte, in einer Art Schlussbilanz zusammen.

(71) Eine Vision, die Huxley in seinem letzten Roman *Eiland* auch ganz konkret mit Leben füllt und gezielt auf verschiedene Lebensphasen einer möglichen Nutzung hinweist. Er beschreibt darin auch den Versuch einer Verbindung naturwissenschaftlicher Erkenntnis mit östlicher Weisheit auf der fiktiven Insel Pala, in der Ratio und Mystik zu einer Einheit verschmelzen.

Albert Hofmann, der „Erfinder" des LSD (im Jahre 1938 bzw. 1943), berichtet in einem seiner Essays übrigens von seinem kurzen, aber intensiven persönlichen Kontakt mit Aldous Huxley. Wie er nach dessen Tod persönlich von Laura Huxley erfuhr, ließ sich der unheilbar erkrankte Schriftsteller von seiner Frau 100 mmg LSD intramuskulär auf dem Sterbebett spritzen. Die Ärzte hatten Frau Huxley auf ein dramatisches Ende mit starken Krämpfen und Schmerzen vorbereitet. Er aber verstarb ruhig und ungemein friedvoll.

Aldous Huxley machte also selbst Gebrauch von seiner „Moksha-Medizin". Vgl.: Mathias Broeckers, Roger Liggenstorfer *Albert Hofmann und die Entdeckung des LSD - Auf dem Weg nach Eleusis*, AT Verlag (2006), Solothurn.

(72) Vgl. Christoph Quarch, Elisabeth Walcher (Hrsg.) *Perlen der Weisheit - Die schönsten Texte von Willigis Jäger*, Herder Verlag (2012), Freiburg im Breisgau.

(73) Zwei der wichtigsten Techniken in diesem Zusammenhang - Achtsamkeit und Meditation - habe ich bereits erwähnt.

(74) Was nicht zuletzt auch ein wichtiger Grund für das restriktive, weltweite Verbot dieser Substanzen seit Ende der 60er Jahre ist, nachdem der völlig gedankenlose Massenkonsum - vor allem von LSD - zu häufig sogar äußerst tragischen Zwischenfällen geführt hat.

(75) Wenn der Körper diese Substanzen abgebaut hat, wenn Achtsamkeit und Sorgfalt bei der „Reise" gewährleistet waren usw.

(76) Oder auch überhaupt nur angestrebt werden sollte. Zudem tritt bei maßlosem Konsum irgendwann unvermeidlich eine Gewöhnung ein, die „Dosis" muss gesteigert werden (was nicht unbegrenzt möglich ist), die positive Wirkung verschwindet zumeist vollständig (oder wendet sich gar ins Gegenteil) und auch weitere, ebenfalls eher negative Konsequenzen drohen.

(77) C. G. Jung *Psychologie und Alchemie,* Patmos Verlag (1995) Düsseldorf, Seite 282. Nicht vergessen werden sollte im folgenden Zusammenhang - neben seinen unbestreitbar positiven Beiträgen zum „Verständnis" menschlicher Seelenprozesse (Archetypen, Individuation usw.) - Jungs eigene „Nachtseite" - die etwa in seiner Nähe zur und seiner recht zweifelhaften Argumentation für die antisemitische Nazi-Ideologie seiner Zeit zum Ausdruck kam.

(78) Die Geheimhaltung der Texte, Methoden und Prozesse ging so weit, dass der Begriff „hermetisch verschlossen" bis heute als symbolische Bezeichnung für absolute Versiegelung gilt.

(79) *Psychologie und Alchemie*, Seite 549/550.

(80) Ebenda, zum Beispiel auf Seite 28, aber auch an anderer Stelle.

(81) Zitiert aus *Am Puls der Erde.*

(82) Die Forschungen zu diesem Thema wurden mehrfach in Buchform publiziert. Unter anderem in K. Kerenyi *Die Mysterien von Eleusis*, Rhein Verlag (1962), Zürich, oder auch in R. Gordon Wasson, Albert Hofmann, Carl A. P. Ruck *The road to Eleusis* (1978), auf deutsch *Der Weg nach Eleusis*, Insel Verlag (1984), Frankfurt am Main.

(83) Was trotz größter Geheimhaltungsvorschriften ebenfalls belegt werden kann, ist die Verabreichung eines *heiligen Trankes - Kykeon* genannt -, der kurz vor dem Höhepunkt der siebentägigen Zeremonie eingenommen wurde. In diesem Zusammenhang wurde auch die begründbare Hypothese formuliert, dass (siehe vorheriges Kapitel) dieser Trank *psychoaktive Wirkstoffe* enthalten haben könnte - nicht zuletzt auch, weil im Grunde nur so die geradezu „programmmäßige" Versetzung von hunderten von Teilnehmern in einen „ekstatisch-visionären Zustand" zu erklären sei. Manche Forscher vermuten, dass die Wirkstoffe dieses Trankes unter anfderem *Lysergsäureamid und Lysergsäurehydroxyäthylamid* gewesen sein könnten - übrigens genau die *gleichen Wirkstoffe*, die in den Samen der erwähnten Windenarten zu finden sind, welche im Gebiet der Mazateken und der Zapoteken auch heute noch im rituellen Rahmen für Heilzeremonien und zur transzendierenden Schau verwendet werden - Wirkstoffe die, wie der Name schon sagt, natürlich eng verwandt sind mit dem *Lysergsäurediäthylamid* (LSD) und die im Mutterkornpilz des Wildgrases *Paspalum distichum* nachgewiesen werden können, welches im Mittelmeerraum - und somit also auch in der Umgebung der eleusischen Zusammenkünfte - bis heute weit verbreitet sind.

(84) Aus einer alten alchemistischen Schrift *(Rosarium, Lapis philosophorum*, Seite 219 bzw. Seite 269), zitiert in *Psychologie und Alchemie.*

(85) *Psychologie und Alchemie*, Seite 189.

(86) Auch das Bild eines *Rades*, das sich unablässig dreht, wird in der alchemistischen Literatur gerne verwandt. Oft wird sogar das gesamte Werk der Alchemie mit „circulare" = kreisförmig und „rota" = Rad bezeichnet.

(87) Spektrum der Wissenschaft 8/2017, Titelthema. Auch wenn das *Hierachieproblem* weiterhin Probleme bereitet und die *Supersymmetrie* als Lösungsvorschlag für dieses, nicht nur das Higgs-Boson betreffende, ungelöste Phänomen (das übrigens für das „Standardmodell" keineswegs das einzige ist) bereits seit Jahrzehnten diskutiert wird, lägen in *Objektivität, Systematik* und *Experiment* die *einzigen* Optionen einer „Erklärung der Welt".

(88) Es ist dies ein *so* verrücktes Phänomen unserer vertrauten und bestens verstanden geglaubten „objektiven" Realität, dass Einstein es „spukhafte Fernwirkung" nannte, an die er Zeit seines Lebens nicht glauben konnte, weshalb er unter anderem auch sehr hartnäckig - und leider auch zunehmend unbelehrbar - an der aufkommenden Quantenmechanik im Allgemeinen zweifelte (vor allem an der Nicht-Determinierbarkeit - Gott würfelt nicht - der Ereignisse, die er spätestens seit der berühmten Solvay-Konferenz 1927 unbeirrbar vertrat).

(89) Man bezeichnet diese Prinzip oder Phänomen quantenphysikalisch unter anderem auch als *Dekohärenz.*

(90) „Emergenz" bedeutet, dass es sich um *plötzliche Prozesse* handelt, bei denen aus genau definierbaren Ausgangszuständen *spontan* und *völlig unberechenbar* etwas *absolut Neues* entsteht. Wer sich näher für dieses faszinierende - und universell wahrscheinlich absolut grundlegende - Phänomen interessiert, sei unter anderem auf das sehr spannende und informative Buch des Nobelpreisträgers (in Quantenphysik) Robert B. Laughlin *Abschied von der Weltformel - Die Neuerfindung der Physik*, Piper Verlag (2005), München verwiesen.

(91) Der notwendige und vielfach geforderte Bewusstseinssprung wird aber wohl noch einige Zeit in Anspruch nehmen. Der „Leidensdruck" scheint einfach noch nicht wirklich groß genug zu sein. Wissenschaftler, Ärzte, Forscher usw. jedenfalls, die sich offen und möglichst unvoreingenommen mit der Thematik der Vereinbarkeit von Naturwissenschaft und Religion beschäftigen wollen, setzen auch heute noch leicht „ihren guten Ruf aufs Spiel" - und werden schnell aus der Wissenschaftsgemeinde ausgeschlossen (wofür es leider viel zu viele „gute Beispiele" aus der fernen, aber leider auch aus der nahen Vergangenheit gibt).

Sie werden schnell zu sogenannten „Outlaws", die einen anderen, einen *eigenen* Weg finden müssen, um die Ergebnisse ihrer Überlegungen und Forschungen zu veröffentlichen und entsprechend zu diskutieren. Bekanntere Beispiel aus der Geschichte der Wissenschaft sind unter anderem Giordano Bruno, Galileo Galilei, Alfred Wegener - bzw. aus neuerer Zeit Halton C. Arp, Rubert Sheldrake, Julian Barbour, Marco Bischof. Vgl. in diesem Zusammenhang zum Beispiel auch Pim van Lommel in *Endloses Bewusstsein.*

(92) Vgl. unter anderem M. Beauregard und D. O`Leary *The spiritual brain - How neuroscience is Revealling the Existence of the Soul*, Harper-One (New York), 2007, oder auch D. J. Chalmers *Consciousness and its place in nature*, in: *Philosophy of mind - Classical and contemporary Readings*, Oxford University press, 2002. In dieser Studie zur kognitiven Verhaltenstherapie und Placebo-Behandlung werden nachhaltige Veränderungen der Aktivitätsverteilungsmuster durch fMRT und Pet-Scans in *allen* Fällen nachgewiesen. Es reichte also ganz offensichtlich bereits *der Glaube* geholfen zu bekommen, damit Gehirnstrukturen sich nachweislich und messbar verändern konnten.

(93) Nicht wenige Zeitgenossen empfinden die Übernahme der „Macht" durch maschinelle Intelligenz den auch ernsthaft als unausweichlich notwendigen, nächsten Evolutionsschritt.

(94) Ein weiteres gutes Argument übrigens gegen die ausschließlich materialistische Argumentation, dass bis heute nicht wirklich angemessen zur Kenntnis genommen wird. Vgl. in diesem Zusammenhang unter anderem auch Julian Barbour, ebenfalls ein „Outlaw" der Mainstream-Kosmologie, *The end of time*, Orion Publishing & Co (2000).

(95) Es *gibt* in *der* Realität tatsächlich auch keine (objektiv messbare) Logik. Sie ist ebenfalls nur eine *Hilfskonstruktion*, um die oftmals verwirrenden Erscheinungen und Erfahrungen dieser Welt *zu sortieren* und *aufzuteilen.*

(96) Hay, D. *Exploring inner space,* Penguin (1982), Harmondsworth

(97) Diese Angst oder auch Ablehnung einer „nicht-materiellen" Erfahrung reicht mitunter sogar so weit, dass auch heute noch Patienten, die von ihren „paranormalen Erlebnissen" berichten wollen - zum Beispiel über ihre eingangs erwähnte Nahtoderfahrung - in der Psychiatrie landen können und mit Medikamenten „ruhig gestellt" (oder sogar „isoliert") werden.

Eine solche „Erfahrung" könne der materialistischer Lehrmeinung nach schlicht und ergreifend einfach nicht stattgefunden haben - beim Beispiel der NTE, weil keinerlei Hirnaktivität (EEG) mehr nachweisbar war. Deshalb seien „andere Ursachen" anzunehmen - unter anderem werden Wunschvorstellungen, Medikamentengabe, Sauerstoffmangel, Todesangst oder auch Halluzinationen genannt - auf die diese Erlebnisse dann „kausal zurückgeführt werden" könnten und müssten. Die Alternative einer *tatsächlichen* Erfahrung aber, die nur *subjektiv* erfassbar und verstehbar ist, niemals aber objektiv beweisbar oder auch messbar, würde das gesamte Weltbild der Naturwissenschaften in seinen Grundfesten tief erschüttern - und wird daher, wie bereits mehrfach geschildert, als Arbeitshypothese auch gar nicht erst in Erwägung gezogen. Aber bereits C. G. Jung, der die

„Objektivität" seiner Untersuchungen „der subjektiven Psyche" stets hervorhob, mahnte (nicht nur) in diesem Zusammenhang (Auszug aus dem Einleitungstext von *Psychologie und Alchemie*):

> „Ohne das Erlebnis der Gegensätzlichkeit gibt es keine Erfahrung der Ganzheit. Erfahrungen dieser Art können aber durch unsere menschlichen Mittel *nicht mit Notwendigkeit herbeigeführt werden.* Es sind dabei Faktoren zu berücksichtigen, die *nicht unter unserer Kontrolle stehen.*"

Jung (1875 - 1961) hatte 1944 während eines Herzinfarktes übrigens selbst eine sogenannte außerkörperliche Erfahrung, wie sie auch im Zusammenhang mit Nahtoderfahrungen beschrieben wird. Er nahm dabei die Erde aus sehr großer Höhe wahr und schilderte später unglaublich präzise faszinierende Details. Dies ist deshalb bemerkenswert, weil es damals technisch überhaupt noch nicht möglich war, so hoch zu reisen, seine Beschreibungen aber dennoch exakt mit dem übereinstimmen, was erst einige Zeit später (durch Satelliten usw.) überhaupt erst „objektiv erkundet" werden konnte. Vgl. C. G. Jung *Erinnerungen, Träume, Gedanken,* Walter Verlag (1979), Olten und Freiburg im Breisgau.

(98) Rubert Sheldrake *Die Wiedergeburt der Natur,* Scherz-Verlag, (1993), Bern, München, Wien.

(99) Aus: *In jedem Jetzt ist Ewigkeit.*

(100) Meditation ist immer auf vielfältige Art denkbar und möglich. Mein eigener Zugang zur Verbundenheit und der Erfahrung der inneren Stille umfasst mittlerweile einige verschiedene Ansätze, die ich versuche, auf persönliche Weise einzusetzen: Neben der traditionellen Sitzmeditation und der Entspannung sind das vor allem die Gartenarbeit, intensives Spazierengehen und andere Formen der Naturwahrnehmung.

Sie können Tanzen, Singen, Malen, ein Instrument spielen oder auch meditativ kochen. Aber was auch immer Sie tun: Geben Sie einfach auch Ihrer eigenen, individuellen Kreativität genügend *Raum* und *Zeit* - *Hier* und *Jetzt.*

(101) Vgl. *In jedem Jetzt ist Ewigkeit,* S. 22.

(102) Die *maskuline* Ausdrucksweise ist natürlich kulturell bedingt, und sollte offenen Geistern daher selbstverständlich stets als austauschbar gelten. Der „Weltengeist" an sich hat natürlich keinerlei Geschlecht, sondern ***ist*** die Einheit selbst.

(103) Und so kam es – als kleines Beispiel nur - im Februar 2016 zum ersten Treffen nach der Abspaltung der griechisch-orthodoxen Kirche vor über 1000 Jahren der beiden Bischöfe von Rom und Moskau. Wenn auch auf „neutralem Boden" (in Kuba), so war diese Begegnung zwischen dem Papst der Katholiken und seinem orthodoxen Pedant doch wahrlich revolutionär – und ein Zeichen für die wachsende Bereitschaft, die Probleme und Herausforderungen dieser Welt *gemeinsam* in Angriff zu nehmen, und jahrhundertelang für unüberbrückbar gehaltene Strukturen, Gräben und Dogmen zu überwinden.

(104) Albert Einstein kann uns, wie so oft, auch in dieser Hinsicht als Vorbild und „Leitwolf" dienen – zumindest in der ersten Hälfte seines Lebens, der *kreativen Phase.* Er verschlang in seiner Jugend eine unfassbar breite Palette unterschiedlicher literarischer Richtungen – darunter die *Naturwissenschaftlichen Volksbücher* von Aaron Bernstein, einem enthusiastischen Anhänger der demokratischen Revolution von 1848.

In diesen Büchern wird unter anderem ein Gedankenexperiment beschrieben, bei dem ein junger Mann auf einem Telegrafensignal durch die Welt reist und erzählt, was er dabei erlebt. Von da aus aber bis zu seinem berühmten „Ritt auf dem Lichtstrahl" (dem „zündenden Funken" der Relativitätstheorie) ist es nun nicht mehr allzu weit - wenn man die *revolutionäre Fantasie* und die *Offenheit* besitzt, diesen Gedanken *überhaupt* zu extrapolieren.

Auch die Idee, dass alle Materie aus grundlegenden und letztlich im Grunde völlig gleichen Atomen aufgebaut sei - eine damals übrigens noch höchst spekulative philosophische Diskussion - lernte er wohl in diesen Büchern kennen. Diesen phantasievollen (und keineswegs immer so ganz „logischen") Büchern für Jugendliche, eine Art zeitgenössischer „Sendung mit der Maus" für Fortgeschrittene, verdankte er vielleicht auch sein ungemein breit gefächertes Interesse, sein detailreiches Überblickwissen, sein Verständnis für Andersdenkende, sowie auch seine äußerst pazifistische und soziale Grundhaltung (einschließlich dem sicheren Gefühl dafür, was moralisch „richtig" und „falsch" ist).

Und vielleicht auch seine ***Liebe** für die Welt*, bzw. sein geradezu instinktives Wissen, dass alles mit allem *in Relativität* „vernetzt" und „verbunden" ist. Wie deterministisch auch immer er argumentiert haben mochte: Die spirituelle Dimension seiner Haltung und seines Wesens war dennoch immer klar erkennbar und sogar bezeichnend für ihn - nicht nur als Protest gegen die Nazis übrigens, weil er Jude war und sich als solcher bekannte. Vgl. unter anderem Albrecht Fölsing *Albert Einstein*, Suhrkamp Verlag (1993), Frankfurt am Main.

Interessanterweise deutet bereits Einsteins *Name* auf dessen wunderbare und unvergleichliche Integrationskraft hin. Denn verändert man nur einen Buchstaben seines berühmten Nachnamens, ergibt sich daraus tatsächlich Gestalt, Struktur und Sinn des gesamten Kosmos - das universelle ***Einssein***.

FSC
www.fsc.org
MIX
Papier | Fördert
gute Waldnutzung
FSC® C083411

Kolibri 360 GmbH
Ferdinand-Jühlke-Straße 7
99095 Erfurt, Deutschland
produktsicherheit@kolibri360.de